消费者权益保护研究系列

梁慧星　总主编

中国消费者权益保护研究报告 2022

张严方◎主编

中国社会科学出版社

图书在版编目（CIP）数据

中国消费者权益保护研究报告.2022/张严方主编.—北京：中国社会科学出版社，2023.5

ISBN 978 - 7 - 5227 - 2504 - 8

Ⅰ.①中… Ⅱ.①张… Ⅲ①消费者权益保护—研究报告—中国—2022 Ⅳ.①D922.294.4

中国国家版本馆 CIP 数据核字（2023）第 155202 号

出 版 人	赵剑英
责任编辑	张　潜
责任校对	贾森茸
责任印制	王　超

出　　版	中国社会科学出版社
社　　址	北京鼓楼西大街甲 158 号
邮　　编	100720
网　　址	http://www.csspw.cn
发 行 部	010 - 84083685
门 市 部	010 - 84029450
经　　销	新华书店及其他书店
印　　刷	北京明恒达印务有限公司
装　　订	廊坊市广阳区广增装订厂
版　　次	2023 年 5 月第 1 版
印　　次	2023 年 5 月第 1 次印刷
开　　本	710×1000　1/16
印　　张	18
字　　数	283 千字
定　　价	95.00 元

凡购买中国社会科学出版社图书，如有质量问题请与本社营销中心联系调换
电话：010 - 84083683
版权所有　侵权必究

序　　言

党的二十大报告强调，要着力扩大内需，增强消费对经济发展的基础性作用。中共中央制定发布的《国民经济和社会发展第十四个五年规划和二〇三五年远景目标纲要》提出，全面促进消费，顺应居民消费升级趋势，把扩大消费同改善人民生活品质结合起来，促进消费向绿色、健康、安全发展，稳步提高居民消费水平。提升传统消费，培育新型消费，发展服务消费，扩大节假日消费，持续释放消费潜力。强化消费者权益保护，完善质量标准和后评价体系，健全缺陷产品召回、产品伤害监测、产品质量担保等制度，完善多元化消费维权机制和纠纷解决机制。中国消费者权益保护事业，应紧随时代的发展走向进行调适，真正为保障消费者合法权益、维护社会经济秩序，促进社会主义市场经济健康发展作出应有贡献。

我国的消费者权益保护事业自《中华人民共和国消费者权益保护法》颁行以来，取得了长足的进展和成效，构建了政府监管、协会维权、舆论监督、理论支撑等全社会参与的消费者权益保护体系，初步形成了社会共治的良好局面。其一，政府监管。各级市场监督管理机关及其他行政主管部门在各自职权内，通过对市场经营主体的监督管理，制止违法经营、防止损害消费者权益行为的发生。通过对各类市场的监督管理，查处市场违法行为，维护市场交易秩序，为消费者提供公平、安全的消费环境等。其二，协会维权。中国消费者协会建构了消费者教育和咨询服务、对商品和服务的社会监督、保护消费者合法权益的救助等体系，从消费维权的事前、事中、事后三个环节保护消费者合法权益。其三，舆论监督。以《中国消费者报》《中国质量报》《市场监督管理》和《中国市场监管研究》为主体，积极宣传国家相关法律法规、制度政策，充分报导交流各地消费者权益保护工作进展成效、市场动向、各类商品及服务信息，并针对消费者普遍关心的热点问题及日常消费需求进行各种知识性宣传，帮助消费者充分履行知情权、选择权，从消费者的立场，替消费者维权发声、为消费者维权服务。其四，理论支撑。开展消费者权益保护立法、理论与实务研究，为消费者权益保护提供法律理论支撑。不过，总体来看，这一方面尚存在较大欠缺，消费者权益保护理论研究的成果较少。

中国消费者权益保护事业发展需要学术和理论研究的深度参与，必须奠基于科学理论之上。中国消费者权益保护法研究院正是为此而成立的，研究院设立的宗旨就是为中国消费者保护事业提供科学理论基础和对策建议，集科学研究、社会服务、人才培养和学科建设于一体，致力于消费者权益保护基本理论研究、对策性研究和比较研究。成立以来，研究院连续编辑出版了中国消费者保护研究年度报告，刊载权威法学专家、政府部门领导、杰出企业家、优秀律师等的研究成果。既有理论研究，又有实践研究；既有国内研究，又有域外研究。研究报告的出版，对新时代加强消费者权益保护，推动中国消费者权益保护事业的健康发展，乃至维护竞争、公平、有序的社会主义市场经济秩序，为经济社会发展保驾护航等有所助益。

中国消费者权益保护法研究院

名誉院长　梁慧星

目 录

引 言 ··· 1

第一章 消费者权益保护的立法近况 ·· 3
第一节 国内新实施的法律、法规 ·· 3
一 民法典 ··· 4
二 反食品浪费法 ·· 5
三 海南自由贸易港法 ··· 6
四 数据安全法 ··· 8
五 个人信息保护法 ·· 9
六 明码标价和禁止价格欺诈规定 ···································· 10
七 药品网络销售监督管理办法 ······································· 11
第二节 国内新修订的法律、法规 ·· 12
一 食品安全法 ··· 12
二 网络食品安全违法行为查处办法 ································ 13
三 反垄断法 ·· 14
四 农产品质量安全法 ··· 15
第三节 域外新修订的法律、法规 ·· 15
一 美国《消费者金融保护法》 ······································· 15
二 美国《航班取消退款法案》 ······································· 19
三 英国修订《2015 年替代性争议解决条例》 ··················· 20

四　英国政府承诺改革《消费者信贷法》……………………… 20
　　五　瑞典出台四项消费者保护法规 …………………………… 21
　　六　日本立法通过《网络交易消费者保护法》……………… 21
　　七　韩国修订《电子商务基本法》…………………………… 22

第二章　消费维权热点、难点 …………………………………… 24
第一节　消费维权热点与投诉分析 ……………………………… 24
　　一　消费维权热点 …………………………………………… 24
　　二　消费维权投诉分析 ……………………………………… 32
第二节　消费维权难点分析 ……………………………………… 41
　　一　风口问题 ………………………………………………… 41
　　二　难点问题 ………………………………………………… 66

第三章　区域消费维权建设状况 ………………………………… 86
第一节　京津冀地区 ……………………………………………… 86
　　一　投诉概况和相关数据 …………………………………… 86
　　二　联盟概况 ………………………………………………… 101
　　三　典型案例 ………………………………………………… 104
第二节　长三角地区 ……………………………………………… 107
　　一　投诉概况和相关数据 …………………………………… 107
　　二　联盟概况 ………………………………………………… 126
　　三　典型案例 ………………………………………………… 132
第三节　粤港澳大湾区 …………………………………………… 136
　　一　投诉概况和相关数据 …………………………………… 136
　　二　维权概况 ………………………………………………… 152
　　三　典型案例 ………………………………………………… 160
第四节　成渝地区双城经济圈 …………………………………… 162
　　一　投诉概况和相关数据 …………………………………… 162
　　二　维权概况 ………………………………………………… 173
　　三　典型案例 ………………………………………………… 177

目录

  第五节 海南自由贸易港 ………………………………………… 180
    一 投诉概况和相关数据 ……………………………………… 180
    二 维权概况 …………………………………………………… 186
    三 典型案例 …………………………………………………… 189

第四章 消费者保护维权动态 …………………………………………… 192
  第一节 国内消费者协会维权动态 ……………………………………… 192
    一 消费者协会维权动态 ……………………………………… 192
    二 各省、市、自治区消费者协会维权动态 ………………… 206
  第二节 国际消费者组织维权动态 ……………………………………… 253
    一 2020年世界消费者权益日主题：永续消费 ……………… 253
    二 2021年世界消费者权益日主题：对付塑料污染 ………… 253
    三 2022年世界消费者权益日主题：公平数字金融 ………… 254
    四 2022年国际消费者大会 …………………………………… 255
    五 国际消费者联会区域动态 ………………………………… 255
  第三节 联合国贸发会消费者保护动态 ………………………………… 265
    一 消费者保护法律和政策回顾 ……………………………… 266
    二 《联合国消费者保护准则》执行报告 ……………………… 267
    三 弱势消费者在公用事业方面的保护需求 ………………… 268
    四 新冠疫情期间及之后的消费者法律、政策和监管行动 …… 270
    五 审评消费者保护法律和政策方面的能力建设和技术援助 … 271

参考文献 ……………………………………………………………………… 275

后　记 ………………………………………………………………………… 277

引　言

消费是我国经济增长的重要引擎。消费能拉动经济增长，促进生产发展；消费是生产的动力和最终目的，消费所形成的新需求对生产的调整和升级具有导向作用。党的二十大提出增强消费对经济发展的基础性作用，完善公平、竞争、社会信用等市场经济基础制度，中共中央国务院印发《关于完善促进消费体制机制 进一步激发居民消费潜力的若干意见》、国务院办公厅发布《关于进一步释放消费潜力促进消费持续恢复的意见》，对增强消费对经济发展的基础作用，进一步激发居民消费潜力提出了明确要求，并提出五方面二十项重点举措，综合施策促进消费持续恢复，释放消费潜力。

当前，人民日益增长的美好生活需要与不平衡不充分的发展之间的矛盾，在消费领域表现得尤为突出。一是传统的消费领域存在明显缺陷，产品质量问题、虚假宣传、霸王条款、预付式消费"跑路"等问题一直存在于消费活动当中；二是消费模式变化所带来的消费风险升级扩散，导致个人信息受侵害、大数据杀熟、诱导式消费等一系列问题不断发生，引发社会关注；三是消费者在维权过程中仍面临取证难、投诉难等问题，现行法律仍然缺乏有效规制。

新时代以来，我国政府一直在持续加强消费者权益保护体系建设，《民法典》《产品质量法》《电子商务法》《数据安全法》《个人信息保护法》等一系列与消费者权益保护相关的法律法规的颁布和修订，全国各省市陆续对当地的消费者权益保护条例的修订，这些都对完善我国消费者权益保护法律体系起到重要作用，消费维权法律体系日渐成熟。

中国消费者协会认真履行消费者权益保护职责。近年来分别以"守护安全 畅通消费""共促消费公平"作为消费者权益日的主题，开展消费者权益保护活动，推动消费环境持续优化。伴随经济发展和技术进步，消费升级持续加速，不断涌现的消费新业态、新模式，在满足消费者多样化需求、提升消费便利度的同时，也暴露出安全保障不足、消费者被不公平对待等风险。强化底线思维，加强监督规制，促进各类消费业态、模式规范发展，切实保障消费者人身、财产、个人信息安全，实现更深层次、更大范围、更可持续的消费公平，是新形势下消协组织加强消费者保护的重点和工作的着力点。

新冠疫情在 2022 年依旧持续肆虐，与前两年相比，饱受疫情影响的交通、旅游、网购等领域的投诉纠纷已有不同程度的回落，部分已接近疫情前水平。与此相对的是，经营性互联网服务、培训服务、食品、服装鞋帽等领域的投诉纠纷则呈现上升的趋势：一方面对经营性互联网服务的投诉随着消费者数字生活比重的不断提高，而逐年增涨；另一方面，受到"双减"政策影响，校外教育培训领域关门跑路、退费困难等问题较为严重，呈上升态势；随着 2022 年疫情政策的调整，餐饮堂食、文体等场馆经营的回归，服务类投诉会有一定增长。

本研究报告主要包括以下内容：近年国内外消费者权益保护的立法近况；当前消费维权的难点与热点；我国区域消费维权建设状况；国内消协组织以及国际消联的动态等。本研究报告的编撰，期望能对宣传消费维权观念、促进经济健康发展以及更好地保障消费者权利等方面起到积极作用。

第一章　消费者权益保护的立法近况

第一节　国内新实施的法律、法规

2021年是中国共产党成立一百周年，是实施"十四五"规划和2035年远景目标的开局之年，开启了全面建设社会主义现代化国家新征程，向第二个百年奋斗目标进军。在2021年的政府工作报告中提出了"稳步提高消费能力，改善消费环境，让居民能消费、愿消费，以促进民生改善和经济发展"。2022年10月16日，中国共产党第二十次全国代表大会在北京胜利召开。报告中提出要"构建高水平社会主义市场经济体制，坚持和完善社会主义基本经济制度"。在充分肯定资本在发展社会主义市场经济中积极作用的同时，也要防止资本无序扩张，使资本能在法律法规的制度框架下健康发展。

两年来，我国相关部门修改、制定了《民法典》《食品安全法》《反食品浪费法》《数据安全法》《明码标价和禁止价格欺诈规定》等法律、法规，进一步完善了与消费者权益保护相关的法律制度，加强和加大了对于消费者权益的司法保护和行政保护力度，通过一系列的机制和举措有序推进对消费环境的改善，消协组织履行公益性职责也取得了显著成绩。

一　民法典

《中华人民共和国民法典》（以下简称《民法典》）由中华人民共和国第十三届全国人民代表大会第三次会议于 2020 年 5 月 28 日通过，自 2021 年 1 月 1 日起施行。

《民法典》是新中国成立以来首部以"法典"命名的法律，是新时代我国社会主义法治建设的重要成果。《民法典》涉及民事行为能力、合同、侵权责任等与消费者权益密切相关的内容，与其权益保护关系重大。

1983 年，国际消费者组织联盟做出决定，将每年的 3 月 15 日作为国际消费者权益保护日，2021 年 3 月 15 日，是《民法典》颁布实施后的第一个"国际消费者权益日"。《中华人民共和国消费者权益保护法》（以下简称《消费者权益保护法》）虽然未被《民法典》整合入典，也未对消费者权益作出专门规定，但在总则编、物权编、合同编、人格权编及侵权责任编等编章中，均对消费者权益保护做出了相关规定。

《民法典》与《消费者权益保护法》的关系如下。

（1）《民法典》保护民事主体的合法权益，调整平等主体之间的人身和财产关系；禁止任何组织或者个人侵犯民事主体的人身权利、财产权利以及其他的合法权益。

（2）《消费者权益保护法》是保护消费者为了生活消费而需要购买、使用商品或者接受服务时不受侵害。

（3）《民法典》对于《消费者权益保护法》而言是一般法与特别法的关系。在消费者权益保护方面，应当优先适用《消费者权益保护法》等法律法规。

《民法典》第一百二十八条"法律对未成年人、老年人、残疾人、妇女、消费者等的民事权利保护有特别规定的，依照其规定"，对于弱势群体的特殊保护中明确提到了，"消费者"除运用特别法维权外，还可以依据《民法典》的相关规定来维护自己的权益。

二　反食品浪费法

《中华人民共和国反食品浪费法》（以下简称《反食品浪费法》）于2021年4月29日由中华人民共和国第十三届全国人民代表大会常务委员会第二十八次会议通过，该法自公布之日起施行。

随着全社会营养健康意识的提高，特别是随着人口的增加、城市化的推进和人民生活水平的不断提高，对优质食品的需求也会呈现刚性增长趋势，优质食品供给不足的问题将更加突出。该法共32条，分别对定义、反食品浪费的原则和要求、政府及部门职责、各类主体责任、激励和约束措施、法律责任等做出规定。该法明确了食品是指《中华人民共和国食品安全法》规定的食品，包括各种供人食用或者饮用的食物；食品浪费，是指对可安全食用或者饮用的食品未能按照其功能目的利用。对于公务活动的用餐标准，该法也进行了严格限制，鼓励对实施"光盘行动"的消费者进行奖励，允许商家在消费者点餐消费时收取厨余垃圾处理费；对于各种浪费食品的现象做出处罚规定，诱导、误导超量点餐的商家最高可罚款1万元、严重食品浪费的食品生产经营者最高罚2万元；在抵制不良宣传方面，规定了对于制作、发布、传播暴饮暴食节目或者音视频信息的，最高可罚10万元。

（一）落实原则要求，划分政府职责

一是建立健全反食品浪费工作机制，明确各级人民政府对反食品浪费工作的领导，确定目标任务，加强监督管理；二是县级以上地方人民政府每年须按规定向社会公布反食品浪费工作情况，提出加强反食品浪费措施；三是重点明确国务院发展改革部门、商务主管部门、市场监督管理部门、粮食和物资储备部门有关反食品浪费的职责。

（二）明确主体责任，倡导厉行节约

做到约束与倡导相结合，一方面约束公务用餐的铺张浪费，规范餐饮行业和外卖平台，加强单位和学校食堂、校外供餐单位管理，明确旅游经

营者、食品经营者责任；另一方面倡导消费者养成减少浪费的良好习惯和生活方式。鼓励餐饮服务经营者主动公开反食品浪费情况，食品、餐饮行业协会等相关组织应每年向社会公布有关反食品浪费情况及监测评估结果。

（三）实行社会共治，促进协同发展

明确要求食品、餐饮行业协会加强行业自律，依法制定、实施反食品浪费等相关团体标准和行业自律规范；学校等教育部门及机构应将反食品浪费法的内容纳入课堂教学；积极开展反食品浪费相关公益宣传，禁止制作、发布、传播宣扬量大多吃、暴饮暴食等浪费食品的节目及视频信息。

（四）强化监督机制，严防食品浪费

一是明确各级人民政府及其有关部门建立反食品浪费监督检查机制。二是国家实行利于防止食品浪费的税收政策。县级以上人民政府应当对防止食品浪费的相关科学研究、技术开发等活动予以支持。三是任何单位和个人有权向有关主管部门举报食品浪费经营者。四是对未主动进行防止食品浪费提示提醒，制作、发布、传播宣扬浪费食品的节目或者音视频信息等违法行为规定相应的法律责任。

三　海南自由贸易港法

《中华人民共和国海南自由贸易港法》（以下简称《海南自由贸易港法》）由中华人民共和国第十三届全国人民代表大会常务委员会第二十九次会议于 2021 年 6 月 10 日通过，自公布之日起施行。

《海南自由贸易港法》是一部为高水平建设中国特色自由贸易港量身定制的重要法律，国家从立法层面为海南自由贸易港实现制度创新、系统协调推进改革提供了法律基础。该法的制定，保障了海南自由贸易港在法治轨道上有序运行，推动了海南建设成为新时代全面深化改革开放的新标杆，有利于打造出法治化、国际化的营商环境。该法充分展示了我国建立对外开放新格局、坚定不移扩大对外开放的意志和决心。该法围绕着贸易

投资自由化、便利化这一中心任务，坚持原则性与基础性定位，着眼于基本框架和关键制度，具体包括以下五个方面。

一是在授权立法和管理权限方面，建立海南自贸港建设领导机制与海南自贸港建设相适应的行政管理体制。根据实际需要，国务院及其有关部门可以依法授权或者委托海南人民政府及其有关部门行使相关管理职权，并授权海南省人民代表大会及其常务委员会根据本法结合实际需要制定海南自由贸易港法规。

二是在贸易自由化、便利化等方面，处于境外和海南自贸港之间，且属于负面清单外的货物、物品可以自由进出；由海南自贸港进入内地的货物则按照相应规定管理。关于服务贸易，在确立负面清单管理制度后，对于负面清单之外的跨境服务贸易，原则上以内外一致的标准管理。

三是在投资自由化、便利化方面，全面推行极简审批投资制度，放开投资准入，适用专门的外商投资准入负面清单和放宽市场准入特别清单，完善投资促进和投资保护制度，强化产权保护，逐步实施市场准入承诺即入制。

四是在税收制度方面，根据简税制、零关税、低税率的原则，明确海南自贸港封关时以及封关后对税制的简化要求，免征关税的情形、货物在内地与海南自由贸易港之间进出的税收安排，以及对符合上述情形的企业和个人实行所得税优惠。

五是生态环境保护方面，规定实行了最严格的生态环境保护制度，对环境保护目标完成情况实行一票否决制和生态环境损害责任终身追究制。

2021年9月，《海南自由贸易港法》的配套法规出炉——海南省第六届人大常委会第三十次会议高票通过多部法规，其中包括《海南自由贸易港优化营商环境条例》《海南自由贸易港反消费欺诈规定》《海南自由贸易港公平竞争条例》《海南自由贸易港社会信用条例》。

《海南自由贸易港优化营商环境条例》（简称《条例》），对标国际高水平营商环境规则和国内先进经验，以打造法治化、国际化、便利化的营商环境为目标，坚持市场主体需求导向，聚焦海南省营商环境建设中的堵点问题，不重复上位法，立短条例，从优化市场环境、政务环境、法治环境等方面做出规范。《条例》共三十九条，条条紧扣海南自贸港营商环境优化主题，公平竞争，强化竞争政策的基础性地位，明确依法平等对待各类市场主体。

《海南自由贸易港反消费欺诈规定》作为全国首个反消费欺诈领域专项地方立法，结合了海南国际旅游消费中心和海南自贸港建设实际，突出以问题为导向，围绕适用范围、经营者的义务、交易市场开办者的管理要求、政府及相关主体的职责、典型的消费欺诈违法行为、法律责任等重点内容，将过去散见于不同法律法规中有关消费欺诈的规定进行统一规制，分类分档设定处罚，具有较强的自贸港特色和实际操作性。

《海南自由贸易港社会信用条例》定位为自由贸易港信用体系建设的基础性法规，规范社会信用信息管理。

四　数据安全法

《中华人民共和国数据安全法》（简称《数据安全法》）由中华人民共和国第十三届全国人民代表大会常务委员会第二十九次会议于2021年6月10日通过，自2021年9月1日起施行，这是我国第一部有关数据安全的专门法律，也是国家安全领域的一部重要法律。

数据安全首先关系国家安全。作为网络运行的核心与关键，数据承载着多方面的信息，涉及政治、经济、外交、军事、科技、生物等方面的敏感信息及保密信息一旦被泄露，如被恶意利用，会给国家安全带来危机；此外，数据垄断和霸权会对我国的经济造成制约，乃至引发一系列社会问题。

数据安全关系到消费者的财产安全。电信网络诈骗案件的频发，是影响治安的难点问题，该类案件的猖獗与个人数据的大量泄漏密不可分，常常给消费者造成难以挽回的损失。

数据安全关系到消费者的人身安全。被恶意泄露的数据中包含个人身份、家庭、经济状况、兴趣爱好等隐私信息，或者包含人脸、指纹、DNA等不可逆转的生物特征信息，如被不法分子利用，可能会威胁到消费者的人身安全，安全隐患不容小觑。

近年来，我国已制定了《民法典》《网络安全法》《电子商务法》等相关法律和法规，基本上已经构成了具有中国特色的数据领域法律体系。

实践中，消费者不清楚自己的数据是否是在合法合规的范围内被加以利用，甚至被侵权后也无法找到证据，现行《民法典》目前无法解决数据处理者侵犯个人隐私的现象。

另外，平台商家长期以默示同意或不告知的方式收集消费者的交易数据，私自进行处理和利用，从而能够获取每个消费者的消费习惯并精准营销，利用大数据《"杀熟"》，严重侵害了消费者的合法权益。

因此，《数据安全法》的制定，就是为了规范数据处理活动，保障数据安全，促进数据开发利用，保护个人、组织的合法权益，维护国家主权、安全和发展利益。

五　个人信息保护法

《中华人民共和国个人信息保护法》（以下简称《个人信息保护法》）由中华人民共和国第十三届全国人民代表大会常务委员会第三十次会议于2021年8月20日通过，自2021年11月1日起施行。

酝酿多年的《个人信息保护法》终在2021年8月20日出台，并于2021年11月1日正式实施，该法既参考了域外立法智慧，也借鉴了本土实务经验，熔"个人信息权益"的私权保护与"个人信息处理"的公法监管于一炉，兼顾了个人信息的保护和利用，为我国网络社会和数字经济的法律法规奠定了基础。

《个人信息保护法》自2018年9月起就被纳入"十三届全国人大常委会立法规划"，属于69部"条件比较成熟、任期内拟提请审议"的法律草案之一，到如今《个人信息保护法》正式颁行，虽然不过4年的时间，但若追根溯源，距2012年《全国人大常委会关于加强网络信息保护的决定》已有12年，而距2003年国务院信息化办公室部署个人信息保护法立法研究工作则有19年之久。在这将近20年的立法进程中，我国个人信息保护在《网络安全法》《消费者权益保护法》《电子商务法》《民法典》等法律当中也作出了相应规定，及时回应了国家、社会、个人对个人信息保护的期待。然而，体系性和操作性欠缺、权利救济和监管措施不足是这种分散式立法的困境，因此，一部统一的《个人信息保护法》正当其时。

进入信息化社会，人们在体验各种便利的同时，面临的信息过度采集、非法买卖、擅自公开、盗取泄露的风险也不断凸显。滥用人脸识别等信息技术、不合理应用自动化决策等新情况屡屡成为舆论焦点。在信息数据已经成为资本、技术以外的新型战略资源和竞争优势的背景下，数字经济活动急须系统的法律规则指引。随着信息产业应用全球化发展，个人信息跨境流动日益成为各国政府监管的重点。加强个人信息保护法治建设，既是尊重和保护人权，维护和实现人民群众个人信息权益的必然要求，也是明确信息处理边界和合规预期，实现数字经济健康长远发展的现实需要。

《个人信息保护法》准确把握了网络发展的规律和特点，回应了个人权益保护的迫切需求，该法的出台标志着我国进入了更高水平的个人信息保护的法治时代，切实赋予身处网络时代的消费者最关心、最直接、最现实的权益保护。

六　明码标价和禁止价格欺诈规定

随着我国经济的飞速发展，2000 年颁布的《关于商品和服务实行明码标价的规定》与 2001 年颁布的《禁止价格欺诈行为的规定》，已经难以适应价格监管执法的需求，亟须制定更科学、更标准的标价行为以及价格欺诈认定规则。《明码标价和禁止价格欺诈规定》于 2022 年 3 月 22 日市场监管总局第 5 次局务会议通过，（国家市场监督管理总局令第 56 号），于 2022 年 6 月 9 日发布，自 2022 年 7 月 1 日起施行，该规定具有以下三个特点。

一是与时俱进，细化更新相应规定。传统的标价内容"六要素""标价签监制"等规定已经逐渐脱离实际，新规就明码标价和价格欺诈，分别作出了更加针对性的规定，以适应新形势下网络交易的状况。

二是强调社会共治与平台治理责任。对交易场所提供者、平台内经营者的法律责任作出新的规定，此外对平台的标价模板也提出了规范性要求。

三是弹性执法。对于能够主动消除或者减轻危害后果的经营者，新规对此有从轻或者减轻处罚的规定。

《明码标价和禁止价格欺诈规定》能够有效规范经营者标价行为，预防和制止经营者实施价格欺诈，对维护市场竞争秩序、保障消费者与经营者合法权益具有重要意义。

七 药品网络销售监督管理办法

随着我国电子商务的快速发展，网络销售药品也逐渐常态化。尤其自新冠肺炎疫情发生以来，药品网络销售凭借渠道和技术优势，体现出其便利的优越性，在满足人民群众用药需求方面发挥着重要作用。药品电商的快速发展，必然会带来一系列的问题与矛盾，因此，加强药品质量安全保障和消费者权益保障势在必行。

在此背景下，《药品网络销售监督管理办法》（以下简称《管理办法》）于 2022 年 7 月 15 日市场监管总局第 9 次局务会议通过，（国家市场监督管理总局令 58 号），于 2022 年 8 月 3 日发布，自 2022 年 12 月 1 日起施行。《管理办法》的颁布标志着我国药品网络销售行业进入新的发展阶段，其主要有以下特点。

一是细化网络销售处方药的相关监管要求。明确规制广泛存在的违规销售处方药问题，要求企业和第三方平台与电子处方提供单位签订协议，力求避免出现重复处方；对各相关主体的资格进行严格监管。

二是细化药品网络销售企业的药品销售要求。对企业进行多层面细化、规范，力求实现对销售流程更全面和严格的监督管理。

三是强化第三方平台的管理与审核。要求第三方平台制定符合管理要求的规定，明确平台对加强对入驻企业销售行为的监督管理。

四是明确网络销售药品配送的质量管理要求。规定企业自行配送和委托第三方配送两种方式，并对配送要求进行统一性规定，从法律角度保障药品在配送过程中符合质管要求。

《管理办法》的落地，使网售药品能接受有关部门常态化、全方位的监管，为平台、企业提供了更加明确的合规指引，对促进医药产业高质量发展具有重要意义。

第二节　国内新修订的法律、法规

一　食品安全法

《中华人民共和国食品安全法》（以下简称《食品安全法》）由中华人民共和国第十一届全国人民代表大会常务委员会第七次会议于2009年2月28日通过，自2009年6月1日起施行。

《食品安全法》于2015年4月24日第十二届全国人民代表大会常务委员会第十四次会议进行修订；根据2018年12月29日第十三届全国人民代表大会常务委员会第七次会议《关于修改〈中华人民共和国产品质量法〉等五部法律的决定》进行第一次修正；根据2021年4月29日第十三届全国人民代表大会常务委员会第二十八次会议《关于修改〈中华人民共和国道路交通安全法〉等八部法律的决定》进行第二次修正。

从《中华人民共和国食品卫生法》（简称《食品卫生法》）到2009年出台实施《食品安全法》，食品安全的理念深入人心，其在食品生产经营者和消费者心中生根发芽，维护、保证食品安全成为全社会的共识。

食品安全事关消费者身体健康与生命安全。党和政府历来高度重视食品安全工作，采取各种措施，不断改善我国的食品安全总体水平，让百姓吃得放心，吃得安心。《食品安全法》的颁布实施，是保证食品安全的重要举措，也是贯彻落实科学发展观和执政为民的具体体现。从《食品安全法》的立法过程来看，无论是从注重食品卫生到注重食品安全、建立食品安全监管体制，还是从向社会广泛征求意见到《食品安全法》及其实施条例的同步实施，都充分体现了党中央、国务院对改善民生的高度关注和保障人民群众饮食安全的信心与决心。

自《食品安全法》颁布以来，我国食品安全整体水平稳步提升，食品安全总体形势不断好转，但仍存在部门间协调配合不够顺畅，部分食品安全标准之间衔接不够紧密，食品贮存、运输环节不够规范，食品虚假宣传时有发生等问题，需要进一步解决；同时，监管实践中形成的一些有效做法也需要总结、上升为法律规范，在经历了2015年、2018年、2021年三次修订后，对食品生产经营行为有了越来越严格的要求，对违法行为也有了越来越严厉又趋理性的规定，食品生产经营者对基本的自律要求和违法"红线"有了清晰认知，守法生产经营的意识也在逐步形成。新修订的《食品安全法》确立食品安全工作要实行预防为主、风险管理、全程控制、社会共治的基本原则，要建立科学、严格的监管制度的新理念。

与《食品安全法》相配套的是 2009 年颁布的《食品安全法实施条例》（以下简称《条例》），该《条例》历经两次修订，最新修订于 2019 年 3 月 26 日国务院第 42 次常务会议修订通过，并于 10 月第 721 号国务院令签署，2019 年 12 月 1 日起正式实施。《条例》细化并严格落实新食品安全法，坚持问题导向，补短板、强弱项，注重可操作性。《条例》主要有包括以下内容。一是要求县级以上人民政府建立统一权威的食品安全监管体制，加强监管能力建设。二是强调部门依法履职、加强协调配合，规定有关部门在食品安全风险监测和评估、事故处置、监督管理等方面的会商、协作、配合义务。三是丰富监管手段，规定食品安全监管部门在日常属地管理的基础上，可以采取上级部门随机监督检查、组织异地检查等监督检查方式。对可能掺杂掺假的食品，按照现有食品安全标准等无法检验的，国务院食品安全监管部门可以制定补充检验项目和检验方法。四是完善举报奖励制度，明确奖励资金纳入各级人民政府预算，并加大对违法单位内部举报人的奖励。五是建立黑名单，实施联合惩戒，将食品安全信用状况与准入、融资、信贷、征信等相衔接。

二　网络食品安全违法行为查处办法

《网络食品安全违法行为查处办法》（以下简称《办法》）于 2016 年 3 月 15 日经国家食品药品监督管理总局局务会议审议通过，自 2016 年 10 月 1 日起施行；根据 2021 年 4 月 2 日《国家市场监督管理总局关于废止和修改部分规章的决定》进行修改，主要针对因机构改革而产生的职能部门名称变更事宜。

"民以食为天，食以安为先。"修订后的《办法》，使互联网经济能够更好的造福于广大消费者，让消费者感觉到网络食品更安全。

三 反垄断法

《中华人民共和国反垄断法》（以下简称《反垄断法》）于中华人民共和国第十届全国人民代表大会常务委员会第二十九次会议于2007年8月30日通过，自2008年8月1日起施行。由于我国经济的快速发展与全球经济环境发生变化，现行《反垄断法》部分条款已不能完全适应如今的发展状况以及市场未来可能面临的挑战，因此《反垄断法》的修正势在必行。根据2022年6月24日第十三届全国人民代表大会常务委员会第三十五次会议《关于修改〈中华人民共和国反垄断法〉的决定》进行修正，自2022年8月1日起正式施行。本次《反垄断法》的修改有以下亮点。

一是加大违法行为的处罚力度。实行"双罚制"，既处罚单位，也处罚负责人；大幅提高违法行为的罚款金额；增加失信惩戒等多种处罚形式。

二是对经营者滥用算法、技术、平台规则等手段的规制。新修订条款明确经营者不得利用数据和算法、技术、资本优势以及平台规则等从事垄断行为。

三是确立"安全港"制度。该制度有助于提高中小型企业对垄断协议风险的可预测性，在满足一定的条件下，由于所占的市场份额较小，对相关市场竞争造成的影响有限，经营者之间即使形式上构成垄断协议，也不予禁止。

四是对轴辐协议的监管。新修订条款要求企业确保不能为其他企业达成垄断协议提供任何帮助或便利。

五是打击行政垄断。对行政性垄断行为从事中事后的监管到事前预防事中事后禁止的全过程监管，该制度对于发挥公平竞争审查制度有着积极作用。

《反垄断法》的修改和完善，将推进企业加强反垄断的合规防控，保障市场经济公平竞争，落实公平竞争审查制度，统一开放、竞争有序的市场体系的形成，促进社会经济健康长足发展，更好地保护消费者和经营者的合法权益。

四　农产品质量安全法

《中华人民共和国农产品质量安全法》（以下简称《农产品质量安全法》）由中华人民共和国第十届全国人民代表大会常务委员会第二十一次会议于 2006 年 4 月 29 日通过，自 2006 年 11 月 1 日起施行。

《农产品质量安全法》根据 2018 年 10 月 26 日第十三届全国人民代表大会常务委员会第六次会议《关于修改〈中华人民共和国野生动物保护法〉等十五部法律的决定》进行修正；2022 年 9 月 2 日第十三届全国人民代表大会常务委员会第三十六次会议修订，自 2023 年 1 月 1 日起施行。修订后的《农产品质量安全法》完善了农产品质量安全监督管理制度，进一步强化了农产品质量安全法治保障。主要修订内容如下。

一是农产品质量安全承诺达标合格证制度的实施。该制度能够更好地落实生产者主体责任、促进产地与市场有效衔接，为农产品的质量安全增加了一道防线。

二是加大绿色优质农产品供给。为此，需要从标准化生产、品质提升以及质量标志管理三方面入手，形成高水平监管、高质量发展的新格局。

三是夯实基层监管能力。农产品质量安全工作的重心在基层，确保"最初一公里"的农产品质量安全，需要提高基层监管能力，压实基层监管责任。

为确保新修订《农产品质量安全法》的落地和实施，应加强这部法律的宣传和解读，完善相关配套规定，使其与现有法律法规能够形成合力，进一步提升农产品质量安全，维护消费者权益，保障食品安全。

第三节　域外新修订的法律、法规

一　美国《消费者金融保护法》

2022 年 10 月 27 日，一份名为《消费者金融保护法》（Dodd-Frank Wall Street Reform and Consumer Protection Act）第 1033 条实施条例的新规

大纲发布（以下简称"新规"），发布者为美国消费者金融保护局（CFPB），该新规是关于消费者数据权利的。新规规定了消费者享有以电子形式获取其金融信息的权利，同时规定了该权利的例外情况，即涉及商业秘密和正常业务中无法检索到的信息等特殊情况。CFPB 相关负责人表示，拟议的新规目的在于推动消费者数据的权利保护以及推动市场竞争。

（一）立法动机：促进金融数据市场竞争

CFPB 负责人表示，制定该消费者金融数据权利实施规则的目的是"寻求创造更多竞争的催化剂"。

数据技术与金融服务的结合，既给予了消费者更多的便利与创新服务，同时大型金融企业也通过技术手段，收集了大量的个人数据，从而垄断了个人金融数据的控制与使用，最终构筑起了数据壁垒。而由于个人金融数据往往转移不变，消费者很容易会对某平台产生粘性，从而阻挡了金融服务市场的竞争。

因此，该新规为了提高金融数据的流动性，促进市场公平竞争，故规定金融企业须将消费者的金融数据转移给第三方，倒逼金融企业只能通过不断改进自身产品和服务来吸引客户，从而保护消费者的选择权。

（二）拟议的消费者金融数据权利

除了上述新规大纲外，CFPB 还发布了另一份对新规的高级摘要和讨论指南。指南描述了 CFPB 根据《1996 年小企业监管执法公平法案》需要与受法规影响的小企业协商并获得反馈，CFPB 拟议的第 1033 条实施规则提案以及对小企业潜在的经济影响。

1. 立法计划

为了保证《消费者金融保护法》第 1033 条的顺利实施，CFPB 从 2016 年起便着手相关规则的制定。2016 年 10 月，CFPB 在联邦公报上发布信息，目的是征求公众对消费者获取此类信息的意见；2017 年 10 月，CFPB 发布了一份名为"消费者保护原则：消费者授权金融数据共享和聚合"的文件，文中除了介绍数据获取、数据范围和使用、控制和同意外，还介绍了授权支付、安全性、透明性、准确性、问责机制等内容；2020 年 2 月，

CFPB 举办了关于消费者获取金融记录的研讨会，会议的目的在于听取该新规的利益相关者的意见，同时审查 CFPB 对消费者授权第三方访问财务记录的方法；2020 年 10 月，CFPB 再次发布制定拟议新规的预告通知；

2022 年 10 月 27 日，CFPB 正式发布实施新规大纲。

后续 CFPB 计划召开小型企业咨询审查小组（Small Business Advisory Review Panel）会议，以征求小企业的意见，并于 2023 年 1 月 15 日结束意见征集，预计将于 2023 年第 1 季度发布关于征集意见的报告，然后发布拟议新规，并预计 2024 年最终确定该新规且正式实施。

2. 实施新规内容

本次拟议的新规包括五个部分，均围绕消费者和授权第三方有权让金融企业共享金融数据，这五部分分别为：（1）数据提供者的覆盖范围；（2）信息接收者；（3）需要提供的信息类型；（4）提供信息的方式；（5）第三方义务。

关于数据的提供者，主要含盖范围为"金融机构"与"发卡机构"。

为了在消费者的权益与数据提供者的负担之间取得平衡，豁免某些数据提供者的义务也是 CFPB 需要考虑的事情之一。至于豁免标准主要有两种方案：一是根据资产规模设定进行划分；二是根据活跃水平划分，如账户数量。该新规既能体现监管思路，也能让中小企业的发展得到保护。

关于信息的接收者，主要包括消费者和第三方。第三方如需获取信息，则需要提供"授权披露书"、告知消费者关键的访问条款、获得带有消费者签名或电子签名的知情和明示同意等材料，并向消费者证明其遵守特定义务。

在需要提供的信息类型方面，新规中包括六个类别的信息：已结算的交易和存款信息；尚未结算的交易和存款信息；未记载于定期报表或数据门户上的历史交易信息；消费者已提起但尚未发生的网银交易信息；账户身份信息；其他资料。此外，还规定了四种法定例外情况：（1）商业机密和算法；（2）为防止欺诈或洗钱或发现具有违法行为的信息；（3）其他法律规定需要保密的信息；（4）正常业务中无法检索到的信息。

在提供信息的方式上，为了使数据的利用和创新更便利，新规要求数据提供者要以人和机器均可读的格式导出所涉信息。在向第三方提供信息时，要求数据提供者建立基于数据共享协议的第三方数据门户，使第三方在不拥有或保留消费者凭证（如密码）的情况下进行访问，避免第三方通过使用消费者识别凭证和屏幕抓取等技术手段抓取数据，从而增加数据安全风险，同时促进标准化信息格式的开发和使用。

关于第三方义务，新规对消费者金融数据的保护作了一系列规定。包括限制消费者金融信息的收集、使用和保存；要求授权第三方满足一定的数据安全标准，制订、实施和维护一个全面的数据安全计划；确保数据准确性，提供争议解决的程序；向消费者披露收集使用保存信息的情况等。

此外，为了便于日后接受 CFPB 监督和评估合规状况，新规要求数据提供者和第三方都应当具有该记录保存义务。

（三）逾期对金融市场竞争的影响

CFPB 负责人认为，该新规将"使人们能够与提供不良服务的银行分手，并引发更多的市场竞争"，"将降低现有企业建立护城河和中间商充当看门人的能力，为那些提供最好产品、服务和价格的人提供巨大优势"。

1. 提高消费者的选择权

CFPB 负责人以电信领域"携号转网"为例进行类比，联邦通信委员会因为允许客户在保留电话号码的情况下转移到新的运营商，降低了消费者的转换成本，从而引发了更多的市场竞争。本次新规将同样使得消费者能够便捷地携带自身的账目和交易数据一同转移至另一家金融机构，以继续获得个性化的服务。消费者基于这点优势，在面对金融机构时，议价能力将获得提升，从而获得更好的产品和服务。同时，消费者金融数据的共享，也让金融机构对消费者的承保和信用评分更加透明公平。

2. 提高消费者金融数据安全性

过去由于缺乏有效的数据共享机制，第三方在登录数据提供商的在线财务账户管理门户时，往往是通过使用消费者密码等凭证的方式，然后通过自动爬虫软件抓取数据，这种方式经常会引发越权、信息泄露、准确性不足等安全风险。为了解决上述问题，新规提出通过建立第三方门户的方式，使第三方在不掌握消费者身份凭证的情况下直接获取数据。

3. 构建金融领域去中心化

新规通过促进金融数据要素流通、加强数据共享、打破数据壁垒，从而改善竞争环境，为消费者带来最大的利益，同时也使得金融领域形成了去中心化、开放的生态系统。该生态系统将促使现有的金融机构不断地提升自身产品和服务质量来开展竞争，而不是像以往依靠数据的捆绑。此外，新兴企业也能够以此来提供定制化的产品和服务以改进业务。

二 美国《航班取消退款法案》

2022年8月3日，美国运输部提出了新规定，以加强对航空公司乘客的保护。美国政府官员注意到近期航空公司的大规模延误和退款安排不周，打算推动《航班取消退款法案》（The Cash Refunds for Flight Cancellations Act），提出该法案的是美国民主党参议员爱德华·马基（Edward Markey），他表示，对于浪费大量的时间，去向航空公司争取本应享有的退款权利这件事情，旅客已经彻底厌倦了，在可能危害到健康的情形下，冒险出发也不妥当。

该法案内容如下。

（1）要求航空公司保障乘客因某些与疫情相关的原因而无法飞行时的退款权利，并明确退款时间；

（2）针对近来美国航空交通持续出现大量航班延误、超卖机位、临时取消、遗失行李等乱象，航空公司对此须做出合理补偿；

（3）多位美国政府官员要求推动机票退款法案，保障消费者享有选择全数现金退款的权利；

（4）要求美国运输部作出规定：航空公司因人手不足、技术问题等原因临时取消或延误航班时，须有完善的现金退款安排，同时在航班取消30日内，向旅客提供现金退款或提供不限日期的机票代用券选择权利；

（5）如乘客在起飞时间前最少48小时要求取消机位的，亦可享有获得现金退款安排的权利。

三　英国修订《2015 年替代性争议解决条例》

英国政府计划通过改善消费市场的替代性争议解决服务，以支持消费者和企业在没有经过法院诉讼的情况下能够解决更多争议。其中就包括修订《2015 年替代性争议解决条例》（简称《条例》），通过修订该《条例》可以提高替代性争议解决服务的质量，对于向消费者提供争议解决服务的企业，也被要求须按照新《条例》获得认证。

除此以外，英国政府还在 4 月 20 日宣布启动改革，此次改革重点在于保护公众免受欺诈和促进市场竞争，具体内容包括明确禁止企业通过花钱请人的方式撰写虚假评论；明确消费者应能够更容易地取消订阅服务；保障消费者预付费资金安全；加强对"猎杀式收购"的审查等等。

四　英国政府承诺改革《消费者信贷法》

英国《消费者信贷法》（Consumer Credit Act）于 1974 年生效，该法主要负责管理信用卡消费和个人贷款业务。然而其中许多条款已经无法满足半个世纪后如今的市场环境，很多情况下规定的内容不仅给消费者带来了疑惑，也为企业增加了不必要的成本。2022 年 6 月 16 日，英国财政部宣布将对《消费者信贷法》进行改革，并将其修订工作交由英国金融行为监管局（FCA）负责，以求能够应对消费信贷市场的新发展，简化旧条款当中含糊不清的术语，达到明确消费者保护措施，提升企业合规效率的目的。例如，为电动汽车和其他新兴技术提供信贷的难度，在本次改革将得到下降，此举能帮助数百万人享受技术创新的效益。据悉，本次改革将以 FCA 的保留条款报告和伍拉德审查报告（Woolard Review）的建议为基础。英国政府公布咨询报告，届时将汇总概述相关行动建议，并征求利益相关方的意见以顺利改革该法。

五　瑞典出台四项消费者保护法规

2022年9月1日，瑞典四项保护消费者的新法律将生效。

（1）为了制止公司在打折前临时提价，公司在销售前30天必须说明最低价格，此举将有效地遏制虚假折扣。

（2）公司必须确保用户评论来自真实使用该产品的客户，这就要求评论的来源必须清晰。

（3）必须规范活动门票的销售数量。禁止使用计算机程序大量购买门票然后再二次高价出售。

（4）要求电子商务中卖方的信息更加清晰明了，使消费者能更清楚地知道卖方身份。商家违反新规则，扰乱市场，须付出更高昂的代价。新法律取消了之前罚款1000万瑞典克朗的上限，改为公司上一年营业额的4%。

六　日本立法通过《网络交易消费者保护法》

由于网购等网络上的交易数量持续增加，而消费者购买到缺陷产品、假冒产品、虚假广告等现象也层出不穷，日本在本次通过的新法案将立足于保护消费者权利。

该法案内容如下：

（1）明确"网络平台供应商"是指提供在互联网上进行交易的场所的企业；

（2）针对消费者对企业的投诉，企业有义务积极配合消费者进行调查；

（3）企业需根据国家相关规定，删除非法的商品展示等信息；

（4）消费者在受到侵害后，有权要求平台企业公开销售者的联系方式等信息。

七　韩国修订《电子商务基本法》

（一）概念的重新定义（第 2 条）：将"通讯销售从业者"改为"线上销售从业者"；修法草案全面废止了现行《电子商务基本法》中规定的从业者类型，并对其重新做出定义。

1. 线上平台经营从业者：SNS、C2C 二手平台、电商百货平台、外卖平台等。

2. 线上平台使用从业者：入驻电商百货平台的从业者，使用 SNS 进行销售的从业者。

3. 自营网站从业者：电视购物经营者开办的平台，综合型百货自行开办的平台，个体经营者自行开办的平台。

其中，"线上平台使用从业者"和"自营网站从业者"统称为"线上销售从业者"（第 6 条第 1 款）。

所谓"线上销售从业者"，是指直接与消费者签订销售合同、出售商品的经营主体，而"线上经营从业者"则是指为"线上销售从业者"和消费者提供中介服务的经营主体。

（二）落实线上平台经营从业者的责任（第 25 条）：平台从业者的"连带责任"。

根据修订草案，在下列情形中，线上平台经营从业者依法将与线上平台使用从业者承担连带责任：

1. 消费者误以为自己是与线上平台经营从业者进行交易；

2. 线上平台经营从业者的行为和所扮演的角色给消费者带来损失的。

线上平台经营从业者在具体的标示、交易过程中，应避免消费者对平台和具体经营主体产生混淆。与此同时，线上平台经营从业者应向消费者公开其在交易中承担的具体业务内容，如代为支付、负责退换货、配送等。

值得注意的是，韩国现行《电子商务基本法》中对通讯销售中介从业者的连带责任设定了免责条款，即"通讯销售中介从业者告知其并非通讯销售从业者的，不承担连带赔偿责任"。但修法草案删除了该条款。即便如此，线上平台经营从业者依然可以通过此类告知来预防消费者在交易过程中产生混淆。

（三）C2C 电商交易中的消费者保护（第 29 条）：与个人信息保护的冲突。这是修法草案中最有争议的内容。

根据修法草案，如果是个体户入驻线上平台进行商品销售，则线上平台经营从业者应留存该自然人的姓名、电话、住址等身份信息，且在消费者与该个体户发生交易纠纷时，有权将上述身份信息提供给消费者，协助其解决纠纷。

此规定虽然可有效预防 C2C 电商交易中频繁发生的拒绝退款、收款后失踪、欺诈等现象，但同时又存在侵犯个人隐私、引发人肉搜索等风险。对此，韩国个人信息保护委员会在 2021 年 4 月 14 日表示"强制要求提供中介服务时搜集与核心业务无关的信息的做法，违背了个人信息最小限度搜集原则"，故而建议公正委员会对上述条款进行适当修改。对此，公正委员会明确表示接受个人信息保护委员会的修改建议，表示会删除条款中关于提供住址的义务，但仍旧保留留存和提供姓名的义务。

第二章　消费维权热点、难点

第一节　消费维权热点与投诉分析

一　消费维权热点

据国家统计局数据显示，2021年，全国居民人均消费支出24100元，比上年名义增长13.6%，扣除价格因素影响，实际增长12.6%；比2019年增长11.8%，两年平均增长5.7%，扣除价格因素，两年平均实际增长4.0%；2022年上半年全国居民人均消费支出11756元，比上年同期名义增长2.5%，扣除价格因素影响，实际增长0.8%。在物质生活水平不断提升的当下，我国的消费规模不断扩大、消费结构快速升级，消费市场呈现稳中向好的发展趋势。同时，随着科技的进步和数字经济的发展，越来越多的新型消费种类不断涌现，逐渐成为人们生活中不可缺少的一部分，满足了消费者品质化、个性化和中高端化的消费需求。与此同时，这些新消费引起的消费纠纷也更加复杂、多样，成为舆论热议话题。

2022年初，中国消费者协会（以下简称"中消协"）联合人民网舆情数据中心梳理出"2021年十大消费维权舆情热点"，本书在此基础上，结合2022年《3·15晚会》报道及每日舆情内容，希望通过梳理话题列表和解读热点，引起社会各界对消费维权问题的关注，进一步促进消费潜力释放，更好发挥消费对经济增长的基础性作用。

第二章　消费维权热点、难点

（一）食品安全事件持续受到关注

2021年来，一些餐饮品牌门店被曝光食品卫生问题和安全隐患，引发舆论热议。在星巴克私换配料标签使用过期食材、"奈雪的茶"使用腐烂水果、胖哥俩肉蟹煲用隔夜死蟹冒充活蟹、吉野家使用发臭肉末等一系列事件中，涉事主体既包括近几年走热的新兴餐饮品牌，更包括深受消费者信赖、被视为行业标杆和品质保证的餐饮连锁大品牌。2022年《3·15晚会》上曝光老坛酸菜乱象，岳阳市多家酱腌菜生产企业收购"土坑"酸菜或生产环境问题使得舆论再次聚焦食品安全。

舆论认为，食品是典型的"信任品"，餐饮品牌门店频繁曝出"问题后厨""黑暗食材"等新闻，严重破坏了消费者对品牌、行业的信赖，这背后折射出的是餐饮企业安全意识淡薄及在管理中存在漏洞。舆论呼吁，食品安全是不可突破的底线，一方面，有关部门应以"食品安全问题零容忍"之姿对食品安全等民生领域违法行为进行重点打击；另一方面，餐饮行业也应切实做到规范操作，强化责任意识，各方努力，共同守护"舌尖上的安全"，重拾消费者对行业的信任。

（二）消费者个人信息"裸奔"问题突出

2021年以来，部分App或微信小程序违规、过度收集个人信息，快递面单成为泄露消费者隐私"黑洞"，涉"脸"个人信息侵权等话题屡见不鲜。对此，网信办、工信部、公安部、市场监管总局等部门开展专项治理、"回头看"等行动，持续加大对App侵害用户权益的整治力度，多次通报、下架违法违规App。与此同时，中消协认为，一些餐厅仅提供"扫码点餐"，涉嫌过度收集消费者个人信息，侵害消费者的公平交易权。此外，近两年的《3·15晚会》对消费者浏览网页就被泄露手机号的原因、一些未经消费者同意通过摄像头擅自收集人脸信息的企业等也进行了曝光。

在互联网迅猛发展的当下，消费者个人信息保护的重要性得到进一步凸显。舆论期待，有关部门进一步加大对侵犯消费者个人信息违法犯罪活动的打击力度，持续形成高压态势，压实信息采集方的主体责任，强化行业自律，借助防窃密、防篡改等技术手段，筑牢个人信息保护防线，切实解决滥用个人信息、对个人信息数据管理不力等问题；相关企业承担起保护消费者个人信息的责任与义务，严守相关法律法规，谨守合规红线；消费者提升权益保护意识，注意防范可能的信息泄露，如遇个人隐私被泄露，可借助电话录音、网页公证等手段保留证据并及时向公安机关报案。

（三）"网红"商品被指过度营销

近年来，一些品牌在社交媒体运营及内容传播方面独具匠心，收获消费者关注，成为"网红"。然而，也有个别品牌涉嫌过度营销、溢价严重甚至虚假宣传，比如"茶芝兰"奶茶店、"小仙炖"燕窝、"雪糕刺客"钟薛高等，或老板卷钱跑路，或宣称的商品原料场地、品质等与真实情况不符，不但口碑翻车，更是严重侵犯消费者的合法权益。

舆论认为，"网红"商品被赋予了社交属性、情感需求等附加值，其定价往往关涉运营费用、品牌价值等因素，在成本方面，商家宣传、炒作等营销费用占了大头，而最终的产品品质并无优势。尽管此类品牌营销迎合新生代消费群体的社交需求，有益于开拓市场、提升销量，但不应该"本末倒置"，只顾谋取短期利益，空有"流量"外壳而欠缺核心品质，高端溢价没有支撑点，乃至步入虚假宣传误区侵害消费者权益。货真价实应是"网红"商品的根基所在。

（四）教培机构跑路及退费风波

疫情之前我国校外培训机构发展迅速，在利益驱动下，很多经营者纷纷加入教培行业，教培领域一度火爆，服务质量也参差不齐，由教培合同引发的消费纠纷一直不断。受到2020年疫情和2021年"双减"政策的影响，越来越多的教培机构因为资金断裂或资质不合格等面临停业或转型的困境，而教培领域往往是通过预付费的形式先收款后教课，一些不良商家"卷钱跑路"，很多消费者付费后既没有享受到相应的服务，也无法获得退费补偿。据媒体报道，有的教培机构只是口头同意向家长退款，但一直没有兑现，甚至相关工作人员也表示自己都未能拿到工资；有的教培机构则直接向家长表示不能退款，只能提供一些替代方案，比如可以用未开启的课程置换购物积分等。

针对校外培训机构"花样百出"躲避退费、侵害消费者权益的现象，教育部等六部门印发《关于加强校外培训机构预收费监管工作的通知》，严防、妥处"退费难""卷钱跑路"等问题；中消协敦促校外培训机构严格遵守国家法律规定和有关政策要求，摒弃不良营销手法，切实保障消费者权益。此外，舆论认为，"双减"政策对学科类校外培训机构进行严厉打击，或将为非学科类校外培训机构带来发展机遇，此外，职业教育的发展态势也不容小觑。在这一背景下，监管部门也要将目光对准非学科类校外培训机构和职业培训等领域，加强对培训市场的规范管理，如制定培训机构准入标准，明确这些机构的适用范围、开办资金、培训内容等；搭建预付费管理平台，分门别类进行预付监管；培训机构也应当依法依规经营，使教育培训行业健康有序发展；消费者应谨慎决策，签订合同时加强审查，理性消费。

（五）"车顶维权"事件暴露车企服务漏洞

2021年4月19日，上海车展开幕式上，一名车主因特斯拉刹车失灵多次维权无果后，在特斯拉展位通过跳到车顶的方式维权，但被安保人员拖走。该事件被人拍摄后发布到网络，受到广泛传播，引发舆论哗然，特斯拉公司相关负责人的表态也引发争议。随着事态升级，市场监管总局、中消协等有关部门也先后对此事件进行发声，回应舆论关切。

无独有偶，车展成为不少消费者的维权选择，2021年11月广州车展上，也出现了车主现场维权的情况。车展维权现象频繁出现，暴露出以下三方面的问题：一是汽车领域特别是智能网联汽车领域，消费者进行维权的途径、方式较少，存在一些痛点、难点和堵点，消费者只能选择曝光来倒逼商家做出让人满意的答复；二是在出现消费纠纷时，作为有专业优势一方的车企不能及时回应消费者的诉求，没有通过给消费者合理的解释等方式有效化解争议，甚至因为一些较为傲慢的回应加剧与消费者的矛盾；三是车展维权事件造成过多负面舆情，也会影响汽车行业在广大消费者心中的形象，不利于汽车产业高质量发展。针对上述问题，从两方面进行呼吁，对于车企自身来说，首先要高度重视生产质量管控，保障车辆使用安全，从源头预防事故的发生和纠纷的产生，同时也要做好售后服务，不能在车辆售前和售出完全两副面孔，出现纠纷时无视消费者的诉求，应当理解消费者的关切，及时制定出切实有效的解决方案。对于监管而言，有关部门及各级消协应当进一步畅通消费者投诉渠道，提供更加高效的纠纷解决机制，让消费者通过合理合法的手段就能实现维护权益的目的。

（六）个别跨国企业无理拒绝新疆棉花产品侵害消费者权益

2021年，H&M、耐克、阿迪达斯等跨国公司宣称拒绝使用新疆棉花产品，引发国内网民的广泛探讨和抵制热潮，多位艺人也发表声明与相应品牌方停止合作。对此，商务部表示，国外媒体所称中国新疆地区存在"强迫劳动"的言论，完全是子虚乌有，纯白无瑕的新疆棉花不容任何势力抹黑玷污，对于个别企业基于虚假信息做出的所谓"商业决策"，中国消费者已经用实际行动做出了回应。外交部表示，中国人民友善开放，但中国民意不可欺、不可违。中消协也发声称会严重关切该类事件，此种做法侵害了消费者的合法权益。

舆论认为，个别跨国企业既想在中国发展，赚取中国消费者的钱财，又迎合谣言抹黑抵制新疆棉花产品，欺骗中国消费者的感情，是典型的"吃饭砸锅"之举。中国消费者有非常热烈的爱国之心和民族自豪感，不会任由这些企业做出伤害我国民族尊严的事情。我国法律规定消费者享有知情权、自主选择权和人格尊严受尊重权，跨国企业罔顾事实真相，跟着造谣抹黑中国，触碰中国消费者的底线，侵犯消费者权益，终会自食其果。舆论呼吁，相关行业组织和跨国企业应纠正不诚信、不公平、不道德的商业行为，真正担负起跨国企业应尽的法定责任和社会责任，以实际行动体现对中国消费者的尊重。

（七）未成年人线上线下过度消费问题频出

2021年以来，因未成年人引发的消费纠纷频现。首先是关于未成年人消费家长退款被拒的事件时有发生。很多未成年人花数千元购买手机、宠物、游戏卡牌，甚至还有花费数万元给网络游戏账号充值、给主播打赏礼物，家长或要求退货或申请退款都遭到商家和平台的拒绝。这类事件也一度引发热议。有人认为未成年人背着家长消费，家长有权追回，平台或商家要承担大部分责任；但也有人认为一些家长没有尽到自身的监护职责甚至可能故意钻空子，让他们任意退费也侵害了平台或商家的权利。其次是个别商家也可能利用未成年人自控能力低等特点，主动进行"饭圈"营销，鼓吹未成年人为爱发电，给自己的偶像"打投"，消费金额颇高。多起事件表明，未成年人大额消费、过度消费中的权益保障问题仍值得各方重视。

舆论认为，在网络消费发达、支付方式多样的当下，未成年人的消费更应被谨慎对待。相关争议事件中，孩子吞吞吐吐，受到隐瞒的家长着急上火，故意找茬的家长也理直气壮，商家也表示冤枉，各说各有理，即使最终警方介入处理，或是对簿公堂，在证据提供等方面也存在非常多的困难。舆论呼吁，解决此类问题的核心还在于监护人和经营者都能为保护未成年人切实负责。一方面，家长要加强与自己孩子之间的沟通，帮助、引导未成年人树立正确的消费观念，同时管理好自己的银行卡、电子支付设备，防止未成年人因炫富、攀比等因素，背着家长甚至偷取家里的钱财进行盲目消费；另一方面，商家有责任和义务引导未成年人正确消费。当未成年人独自以较大金额购买商品、服务时，商家应审视购买人的消费行为是否与其年龄、智力相适应，以免产生不必要的消费纠纷，更不能以"算法"等手段诱导未成年人沉迷网络、过度消费，谋取不当利益。

（八）视频平台"超前点播"被指"套路"

2021年8月，热播剧《扫黑风暴》采取了"超前点播"的更新方式，其中"必须按顺序解锁剧集"的规定受到质疑。网民认为当下视频平台在剧集播放上推出了越来越多的"套路"，变着法地收取费用，"吃相难看"。对此，上海市消保委发声称，"按顺序解锁观看"涉嫌捆绑销售，是对消费者选择权的漠视。中消协也针对"超前点播"、广告特权、自动续费、会员协议等发布观点。2021年10月，爱奇艺、腾讯视频、优酷等视频平台接连宣布取消剧集"超前点播"服务。

2019年以来，"超前点播""会员广告特权"等视频付费模式花样百出，为视频平台带来了收益，却没有形成正向反馈。不少消费者反映，

"超前点播"这一饱受争议的付费行为出现了越来越多的"套路",极大影响消费体验。舆论认为,视频平台通过深挖用户需求,并由此催生出差异化、配适型的盈利方式,这本无可厚非。但收费应秉持契约精神,尊重消费者的合法权益。舆论呼吁,视频网站应"多一些真诚,少一些套路",恪守诚信原则,依法承担应尽义务和责任,努力提高作品质量的同时,不断丰富用户体验。有关部门也应完善管理规定,规范平台服务标准,营造安全健康的消费环境。

(九)奢侈品牌中外退货政策"双标"引不满

2021年11月,有消费者投诉称,自己在加拿大鹅专柜购买的羽绒服存在商标绣错、缝线粗糙、面料有刺鼻异味等问题,并在多次与商家沟通中碰壁。相关纠纷争议中,加拿大鹅中外退货政策不一致,中国大陆门店不得退货等信息迅速引发舆论关注,加拿大鹅被舆论指责"双标",其退换条款的合理性与公平性受到舆论质疑。对此,上海市消保委对其进行了约谈。中消协表示,任何品牌在消费者面前都没有特权,呼吁消费者理性消费、主动监督,拒绝盲目品牌崇拜和炫耀性、攀比式消费,面对经营者的傲慢与偏见要敢于说"不"。

近年来,国际品牌区别对待中外消费者事件频发,而加拿大鹅消费维权事件再次刺痛了公众神经。舆论认为,任何一个品牌都要遵守所在地的法律法规,尊重消费者合法权益,而不是表现出明显的"品牌傲慢"。中国市场作为全球重要的消费市场之一,国际品牌要想在庞大的中国市场赢得消费者信任,使品牌具有长足的生命力,就需要诚信经营,保障产品与服务质量,妥善处理消费者诉求,切实保障消费者权益。

(十)电商平台"宠物活体盲盒"存侵权风险

据媒体报道,在"盲盒热"消费潮流下,多个网购平台悄然兴起一类"宠物活体盲盒"商品,售价从十几元到上千元不等。卖家打着盲盒的旗号在网上售卖活体动物,并声称"不接受规定品种、盲盒发出不接受退换与中差评、商品评论不允许晒出盲盒内容",引发舆论热议。有的消费者发现,购买到手的活体盲盒里是"病猫病狗"。

"宠物""盲盒"等元素是当下年轻消费者的心头之好，不少电商商家据此调整营销策略，"活体宠物盲盒"随之粉墨登场。对此，消费者协会提示，相关各方对诸如"活体宠物盲盒"等披着新消费模式外衣的所谓"新"消费业态、"新"营销"引流"手段，亟待适时研究关注、强化干预引导和惩治规诫。舆论认为，此类消费模式所涉及商品本身质量就可能存在不小的问题，如"宠物活体盲盒"就存在检验检疫缺失甚至危害人身安全等多重风险，而一些商家打着"盲盒"等营销噱头，具有很强的信息不对称性，消费者只能依据商家的广告宣传来选购，难以正确判断商品价值；也有部分商家以"附赠品""抽奖品"等借口逃避应当承担的质量保证和售后服务责任，导致消费者权益受到损害。舆论呼吁，监管要加强源头管控，杜绝此类乱象扰乱市场正常秩序；消费者也要认清并防范商家营销"陷阱"，理性消费。

（十一）医美陷阱乱象亟待规制

随着人民生活质量的提高、颜值经济的兴起，大众的生活理念也在发生着翻天覆地的变化。最近几年，医疗美容的发展越来越快，铺天盖地的医美项目宣传营销下，消费者在医美市场的消费频次日益高涨。但医美市场鱼龙混杂，有的医美机构夸大项目功效，加之咨询师的不负责任的允诺，使消费者盲目信任，高额消费但未得到自己想要的效果；甚至有的机构、医生缺乏相应的资质、使用假冒产品，给部分消费者带来不可逆的"毁容"。2022年《3·15晚会》上，一消费者因打玻尿酸至脑梗的新闻再次将该行业乱象推向舆论高潮。

尽管2021年出台了一系列"史上最严"医美相关政策法规，并且国家卫健委等八部门在2021年后半年开展了为期半年的打击非法医疗美容服务的专项整治工作，对未符合资质的产品、未合规采购的医疗美容机构等进行打击。但从效果来看，医美机构、从业人员违规行为依然多发，对于医美的监管仍然需要进一步加强。舆论呼吁，医美行业应当严格规范自身行为，只有真正去粗取精，去伪存真，才能得到长远的发展。

二 消费维权投诉分析

(一) 市场监管部门[①]

根据国家市场监管总局发布的数据显示，2021年，全国市场监管部门通过全国12315平台、电话、传真、窗口等渠道共受理消费者投诉举报咨询2381.2万件，同比增长11.8%；为消费者挽回经济损失55.5亿元，同比增长26%。主要呈现以下特点。

(1) 通过对热线平台的整合优化、上线"全国12315移动工作平台"、增加线上办理进度查询和线上调解功能，实现消费维权"零跑动"。

(2) 全国市场监管部门共受理消费者投诉911万件，同比增长31.5%，质量问题、售后服务、合同问题、食品安全、广告问题等相对突出（如图2-1）。

(3) 全国市场监管部门共受理举报336.5万件，同比下降25.6%，是近六年首次下降，其中广告违法行为、侵害消费者权益行为、食品违法行为，合计占比为66.4%；价格违法、不正当竞争、广告违法行为举报量同比大幅下降。

(4) 全国12315平台共受理网购投诉举报483.4万件，同比增长25.8%，占平台受理总量的38.8%，网购诉求持续增加。网购投诉主要涉及质量问题、售后服务、合同问题；网购举报主要涉及广告违法行为、侵害消费者权益行为、产品质量违法行为。

(5) 随着直播带货、网红产品等消费领域新业态的兴起和发展，新消费诉求不断攀升。2021年，全国12315平台共接收新消费投诉举报12.3万件，同比增长110.2%，其中直播带货最为突出，占比83.7%。

(6) 市场监管部门大力推进在线消费纠纷解决系统（ODR系统）机制建设，已发展ODR企业8.7万家入驻12315平台，直接与消费者在线协商纠纷158万件；消费者满意度4.1分（满分5分）。与传统调解方式相

[①] 参见市场监督管理总局网，https：//www.samr.gov.cn/xw/zj/202203/t20220316_340521.html。

比，和解成功率高出 16 个百分点，平均处理时长缩短 7 天；ODR 城市覆盖率达 94.1%，ODR 机制成效凸显；

（7）按照《国务院办公厅关于进一步优化地方政务服务便民热线的指导意见》要求，各地 12315 主动与 12345 建立衔接协同机制，将各地 312 个话务平台（新增 36 个）的热线处理全过程纳入全国 12315 平台中，102 个城市实现了 12345 接收与 12315 办理的实时协同联动、跨部门业务共享。通过上下联动，国家药监局联动处置举报 85 件，省级联动处置举报 13.9 万件、市级联动处置举报 138.6 万件，较好地适应市场监管特殊管辖要求，形成上下齐抓共管格局，保障了市场监管投诉举报工作"五级贯通、横向协作、上下联动、业务延续"。

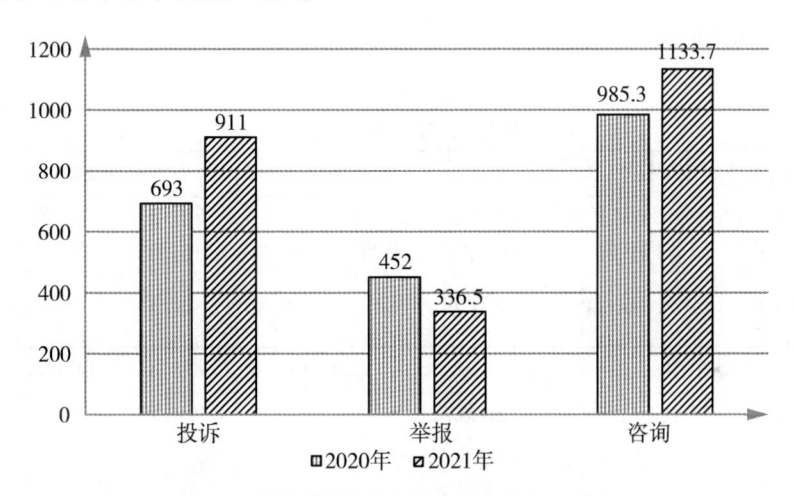

图 2-1　投诉举报咨询同比情况（单位：万件）

（二）消协组织

根据全国消协组织受理投诉情况统计，2020 年全国消协组织共受理消费者投诉 982249 件，解决 749317 件，投诉解决率 76.29%，为消费者挽回经济损失 156393 万元。

2021 年全国消协组织共受理消费者投诉 1044861 件，解决 836072 件，投诉解决率 80.02%，为消费者挽回经济损失 151，592 万元；

2022 年全国消协组织共受理消费者投诉 1151912 件，解决 915752 件，解决率 79.5%，为消费者挽回经济损失 137767 万元。其中，因经营者有欺诈行为得到加倍赔偿的投诉 18,032 件，加倍赔偿金额 453 万元。2022 年共接待消费者来访和咨询 149 万人次。①

1. 投诉性质分析

根据投诉性质（如表 2-1、图 2-2 所示），售后服务问题、合同问题、质量问题在 2020 年到 2022 年期间，一直占据投诉前三的位置，其他较多投诉的有价格、虚假宣传、安全、假冒、人格尊严、计量及其他问题。

其中，从 2020 年到 2022 年上半年，售后服务投诉比重一直呈上升趋势，2022 年下半年有所下降；合同问题投诉比重在 2021 年上半年时有较大增幅，随后回落；质量问题投诉比重在 2022 年下半年有较大幅度提升；价格问题比重在 2020 年下半年有较大降幅，随后没有较大变化幅度；其余类投诉变化幅度都较小。

表 2-1　　　　　　　　投诉量按性质分类情况表

投诉性质	2022年下半年 投诉数量(件)	投诉比重(%)	2022年上半年 投诉数量(件)	投诉比重(%)	2021年下半年 投诉数量(件)	投诉比重(%)	2021年上半年 投诉数量(件)	投诉比重(%)	2020年下半年 投诉数量(件)	投诉比重(%)	2020年上半年 投诉数量(件)	投诉比重(%)
售后服务	201746	33.62	186746	33.84	165160	31.58	164401	31.50	123648	29.39	155004	27.60
合同	158820	26.46	147183	26.67	133606	25.54	150755	28.88	106475	25.31	140182	24.96
质量	116335	19.38	111893	20.28	108752	20.79	100170	19.19	83731	19.90	119068	21.20
价格	29257	4.88	22985	4.17	23625	4.52	22584	4.33	18948	4.50	57952	10.32
虚假宣传	21778	3.63	22746	4.12	25528	4.88	20593	3.95	20834	4.95	26065	4.64
安全	17451	2.91	14623	2.65	17358	3.32	13399	2.57	11627	2.76	18412	3.28
假冒	7175	1.2	7749	1.40	9236	1.77	6506	1.25	5351	1.27	7266	1.29
人格尊严	4459	0.74	5853	1.06	3934	0.75	3593	0.69	3660	0.87	6001	1.07
计量	3937	0.66	4051	0.73	3657	0.70	3805	0.73	2643	0.63	4390	0.78
其他	39174	6.53	27951	5.07	32211	6.16	36170	6.93	43810	10.41	27182	4.84

---

① 参见中国消费者协会网，https：//www.cca.org.cn/tsdh/detail/30582.html。

图 2-2　投诉量按性质分类趋势图（单位：件）

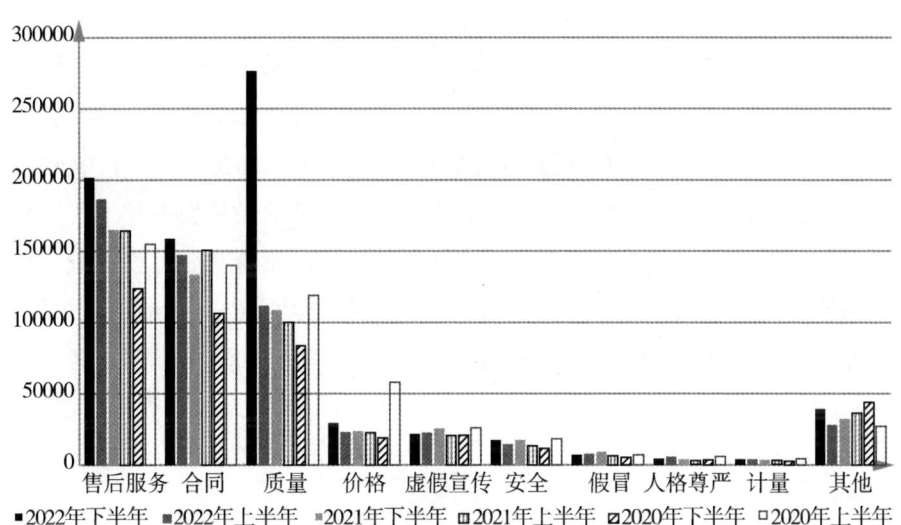

2. 商品和服务类别分析

2020 年商品类投诉为 439351 件，占总投诉量的 44.73%；服务类投诉为 499491 件，占总投诉量的 50.85%；其他类投诉为 43407 件，占总投诉数量的 4.42%。

2021 年商品类投诉为 491040 件，占总投诉量的 47%，与 2020 年同期相比，比重上升 2.27 个百分点；服务类投诉为 517153 件，占总投诉量的 49.49%，比重下降 1.36 个百分点；其他类投诉为 36668 件，占总投诉数量的 3.51%。

2022 年商品类投诉为 592603 件，占总投诉量的 51.45%，与 2021 年年相比，比重上升 4.45 个百分点；服务类投诉为 525088 件，占总投诉量的 45.58%，比重下降 3.91 个百分点；其他类投诉为 34221 件，占总投诉量的 2.97%。

根据 2020 年到 2022 年商品大类投诉数据（如表 2-2、图 2-3 所示），除了在疫情刚刚爆发的 2020 年的上半年，医药及医疗用品类投诉量排到了第四位之外，从 2020 年下半年到 2022 年，日用商品类、家用电子电器类、食品类、服装鞋帽类和交通工具类投诉量居前五位，其中，日用商品类的投诉比重在2022年上半年首次跃居第一位。

根据2020年到2022年服务大类投诉数据（如表2-3、图2-4所示）显示，生活社会服务类、互联网服务、教育培训服务、文化娱乐体育服务和销售服务整体上居于服务类投诉量前五位。其中，2020年上半年，销售类服务投诉量超过了教育培训服务类位于第三，公共设施服务类取代文化娱乐体育服务居于投诉量第五位，与近两年相比，旅游类服务投诉量也相对较高；文化娱乐体育服务在2021年上半年有较大的上升随后回落，销售类服务投诉量有所下降，到2022年上半年，电信服务超过销售类服务位于第五。

表2-2　　　　　　　　商品大类投诉量变化表

（以商品大类投诉总量为基数计算比重）

商品类别	2022年下半年 投诉数量(件)	投诉比重(%)	2022年上半年 投诉数量(件)	投诉比重(%)	2021年下半年 投诉数量(件)	投诉比重(%)	2021年上半年 投诉数量(件)	投诉比重(%)	2020年下半年 投诉数量(件)	投诉比重(%)	2020年上半年 投诉数量(件)	投诉比重(%)
日用商品类	62149	20.17	58973	20.73	46597	18.62	42476	17.64	33461	17.47	40870	16.49
家用电子电器类	66675	21.64	54849	19.28	56794	22.69	51627	21.44	46075	24.05	48291	19.49
服装鞋帽类	42398	13.76	47466	16.69	38424	15.35	35818	14.88	27881	14.56	28310	11.42
食品类	49220	15.97	44258	15.56	39936	15.96	37365	15.52	25563	13.34	38788	15.65
交通工具类	36774	11.93	29414	10.34	28352	11.33	30725	12.76	24954	13.03	27475	11.09
房屋及建材类	17504	5.68	18009	6.33	16599	6.63	16729	6.95	13723	7.16	17361	7.01
首饰及文体用品类	13618	4.42	12991	4.57	10344	4.13	11348	4.71	8554	4.47	8140	3.28
烟酒和饮料类	8896	2.89	9391	3.30	7178	2.87	7884	3.27	5249	2.74	6364	2.57
医药及医疗用品类	8965	2.91	7055	2.48	4649	1.86	5200	2.16	4756	2.48	30397	12.27
农用生产资料类	1976	0.64	2022	0.71	1411	0.56	1584	0.66	1339	0.70	1800	0.73

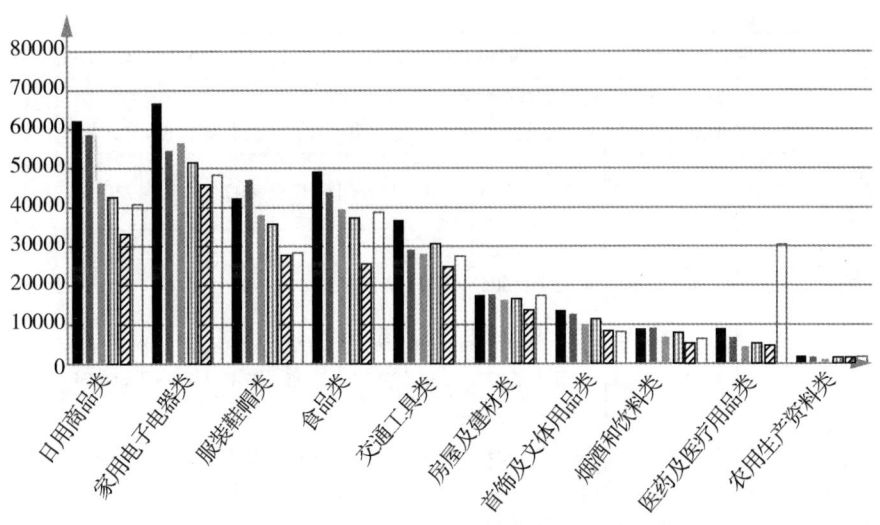

第二章　消费维权热点、难点

图 2-3　商品大类投诉量趋势图（单位：件）

表 2-3　　　　　　　　　服务大类投诉量变化表

（以服务大类投诉总量为基数计算比重）

服务类别	2022年下半年 投诉数量(件)	投诉比重(%)	2022年上半年 投诉数量(件)	投诉比重(%)	2021年下半年 投诉数量(件)	投诉比重(%)	2021年上半年 投诉数量(件)	投诉比重(%)	2020年下半年 投诉数量(件)	投诉比重(%)	2020年上半年 投诉数量(件)	投诉比重(%)
生活社会服务类	82821	30.81	69236	27.79	64812	25.10	79712	30.79	58780	27.90	79890	27.66
互联网服务类	53182	19.79	53592	21.51	47417	18.36	55257	21.34	45430	21.56	50485	17.48
教育培训服务类	37003	13.77	32161	12.91	49244	19.07	31284	12.08	29297	13.90	26868	9.30
文化娱乐体育服务类	21766	8.1	17675	7.09	21267	8.24	26109	10.08	19734	9.37	18942	6.56
电信服务类	21950	8.17	17027	6.83	11902	4.61	11606	4.48	7039	3.34	16290	5.64
销售服务类	18919	7.04	15755	6.32	15524	6.01	17736	6.85	21716	10.31	38188	13.22

·37·

续表

服务类别	2022年下半年 投诉数量(件)	投诉比重(%)	2022年上半年 投诉数量(件)	投诉比重(%)	2021年下半年 投诉数量(件)	投诉比重(%)	2021年上半年 投诉数量(件)	投诉比重(%)	2020年下半年 投诉数量(件)	投诉比重(%)	2020年上半年 投诉数量(件)	投诉比重(%)
公共设施服务类	12194	4.54	11939	4.79	15753	6.10	11966	4.62	10028	4.76	22015	7.62
房屋装修及物业服务类	10912	4.06	11840	4.75	11605	4.49	10260	3.96	7286	3.46	8513	2.95
邮政业服务类	10046	3.74	11733	4.71	8732	3.38	5833	2.25	3745	1.78	6547	2.27
金融服务类	1697	0.63	2826	1.13	3927	1.52	2999	1.16	1972	0.94	4339	1.50
旅游服务类	1893	0.7	2073	0.83	4550	1.76	2827	1.09	3256	1.55	13824	4.79
卫生保健服务类	2273	0.85	2000	0.80	2363	0.92	2111	0.82	1591	0.76	2039	0.71
保险服务类	1279	0.48	1296	0.52	1142	0.44	1215	0.47	820	0.39	857	0.30

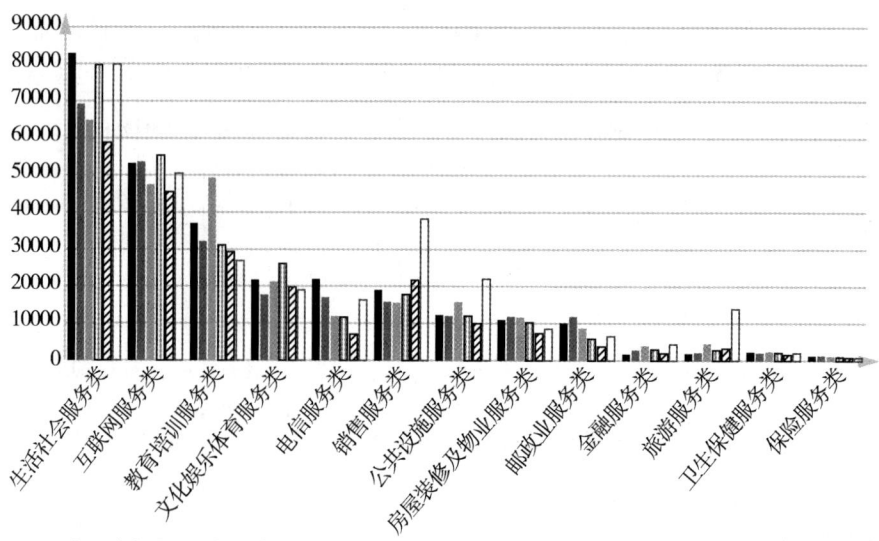

图 2-4 服务大类投诉量趋势图（单位：件）

3. 商品和服务投诉量变化分析

在具体商品投诉中（如图 2-5、表 2-4 所示），2020 年上半年间，医疗器械类投诉排到第二位，有关卫生、清洁用品也在商品投诉排名第十位；从 2020 下半年到 2022 年上半年，投诉量居前五位的分别为：食品、服装、汽车及零部件、通讯类产品、鞋。

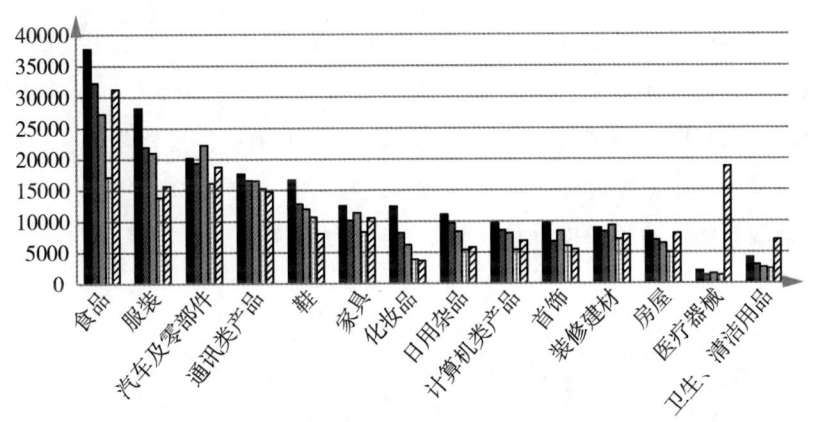

图 2-5 商品细分领域位居前列种类图（单位：件）

表 2-4　　　　　投诉量居位居前列的商品（单位：件）

商品类别	2022 年上半年	2021 年下半年	2021 年上半年	2020 年下半年	2020 年上半年
食品	37716	32308	27284	17089	31230
服装	28255	21910	21006	13846	15675
汽车及零部件	20182	19356	22268	16140	18757
通讯类产品	17621	16550	16474	15293	14786
鞋	16627	12760	11969	10706	8033
家具	12504	10096	11395	8268	10563
化妆品	12380	8130	6228	3885	3678
日用杂品	11083	9747	8336	5419	5796
计算机类产品	9723	8555	8123	5397	6877
首饰	9689	6768	8448	6056	5480
装修建材	8928	8335	9297	7106	7837

续表

商品类别	2022年上半年	2021年下半年	2021年上半年	2020年下半年	2020年上半年
房屋	8314	6970	6413	5036	8040
医疗器械	2007	1256	1488	1268	18783
卫生清洁用品	4134	3030	2522	2347	6988

在具体服务投诉中（如表2-5、图2-6所示），2022年上半年经营性互联网服务、餐饮服务、培训服务整体排前三位，网络接入、美容美发、健身以及教育服务等排名也较为靠前。2020年上半年，远程购物、交通运输和网络接入服务投诉量超过培训服务，进入前五位；2022年上半年，移动电话服务和快递服务投诉量较前2年有较大增幅。

表2-5　　　　投诉量位居前列的服务（单位：件）

服务类别	2022年上半年	2021年下半年	2021年上半年	2020年下半年	2020年上半年
经营性互联网服务	35680	27940	35790	36114	23574
餐饮服务	20509	17667	19537	10858	23089
培训服务	20223	31397	17131	13455	14395
移动电话服务	15524	8939	9464	3532	11052
网络接入服务	14527	17526	17412	6272	18445
美容美发	14306	13164	16459	10617	10270
快递服务	10753	7498	5022	2896	4840
健身服务	10507	13740	15754	11939	11064
教育服务	10303	14693	10482	11717	7415
交通运输	9762	12350	9428	7678	19845
住宿服务	9028	10392	12029	8648	10484
保养和修理服务	8628	8530	11041	8510	10494
远程购物	7739	7560	8996	12876	20703
店面销售	3551	3384	3881	3514	14819
旅游	1924	3575	2827	2519	12111

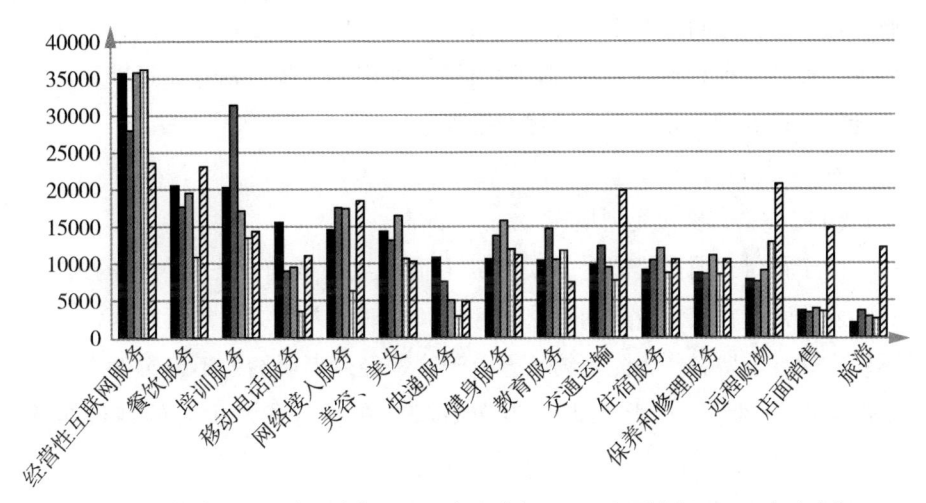

图 2-6　服务细分领域投诉数据居前列种类图（单位：件）

第二节　消费维权难点分析

一　风口问题

（一）预付式消费

1. 现状

中消协公布的《2021 年网络消费领域消费者权益保护报告》[①] 中指出："预付式消费损害消费者权益，拒绝提供合理退出渠道，拒绝消费者转让其合同债权，或者为消费者转让债权设置不合理障碍。"的现象依旧不容忽视；另一份人民网公布的《2021 年消费维权数据报告》[②] 中则指出，作为"传统线下消费维权痛点"的预付式消费退费难问题依然广泛分布于教育培训、健身服务、家政服务、美容美发等领域。其中，在教育培训消费方面尤为突出，主要表现为：退费困难，不少培训机构设置退款障

---

① 参见中国消费者协会网，https://www.cca.org.cn/zxsd/detail/30365.html。
② 参见人民网，http://finance.people.com.cn/n1/2022/0315/c1004-32375601.html。

碍，拖延退款时间，不兑现退费承诺；虚假宣传，部分机构肆意夸大课程内容、教学效果和师资力量；教学质量不稳定，一些机构存在频繁更换培训老师、地点或单方面调整课程安排等问题。

2. 存在的问题

（1）公平交易权受到损害

由于预付式消费模式是消费者获取商品或服务前预先支付费的模式，意味着经营者在支付费用和享受服务中间的时间差里，履约具有非常大的不确定性，消费者作为先履约一方由于这种经营者履约的不确定性承担了不应承担的风险，因此难以认为交易双方在预付费发生时的地位是平等的。

（2）经营者虚假宣传侵犯消费者的知情权

在预付式消费中，由于信息不对称，消费者无法真实、全面、准确、及时地获取经营者以及商品或者服务的信息，导致消费者知情权被侵害的事件时有发生。部分经营者在销售宣传过程中，往往利用自身优势以及良好的销售团队，对预付凭证的使用范围、商品或者服务的情况进行虚假、片面、诱导且具有隐瞒性的宣传。

（3）隐私权与个人信息安全难以保证

在信息时代，消费者各种个人信息对市场上各类经营者而言，具有巨大的经济价值，这种包含隐私信息在内的个人信息的收集、保存以及使用对消费者而言，也存在着风险，预付式消费模式下经营者对收集到的信息的使用并不透明，存在非法泄露、使用或转卖的风险，不仅威胁着消费者的财产安全，还有侵犯消费者的隐私和个人信息权利之嫌。

（4）财产安全权受到侵害

消费者在消费过程中，最重要的权利就是获得商品或服务。由于预付式消费模式是消费者预先支付相应费用之后再接受某种商品或服务，一些无良商家会利用预付式消费这一特点进行欺诈，首先利用推销，然后广泛发行预付凭证，待收到足够的预付资金后就会跑路。还有很多经营者因经营者管理不当而倒闭，此类经营者起初并非有意欺诈消费者，但由于商家停业，未消费的商品或服务的价款没有退还给消费者。这些行为都侵犯了消费者的财产安全权，导致消费者预付的财产遭受损失。

3. 案例

案例 1：办健身卡，工作调动后转让被拒

消费者韩先生在某知名健身品牌门店办理了两年的健身会员卡，并获赠一节免费私教体验课。体验课程结束后，在店内销售人员的极力推销下，其一时冲动又购买了 60 节总价 21000 元的私教课程。随后韩先生因工作调动需要到深圳长期工作，于是韩先生向经营者提出解约，经营者称按照双方合同约定，单方面解约需要扣除 30%的违约金，建议韩先生采用转让合同的形式减少损失。于是韩先生辗转找到一位朋友愿意接受其中 30 节私教课程转让。但此时经营者又反悔，声称无法帮韩先生转让，并暗示韩先生和朋友私下处理。

韩先生多次找经营者协商无果后，无奈向广州市消委会求助。随后，消委会多次向该健身品牌经营者致电展开调解，但经营者依旧答复只能按合同条款处理，使调解一度陷入僵局。

案例 2：培训机构无限期停课并拒绝退费

2021 年 6 月 13 日，寇女士在一家培训机构为 9 岁女儿购买了 13800 元共 90 节的少儿模特培训课程。上了 3 次培训课后，该培训机构突然通知寇女士无限期停课并且一再推诿拒绝退费，寇女士不得已向深圳市消委会求助。经调查，寇女士在报名培训班后就开始跟进课程进度，但该机构的销售一直以报名人数太多为由没有及时安排课程，直到 7 月份才正式上课。被通知停课后，寇女士最初是与销售确认开课情况，均被告知课程延期。9 月，寇女士表达了想退费以及同机构负责人直接沟通的需求，但直到 12 月份，机构负责人依然拒绝面谈。

经过市消委会多次调解，该培训机构负责人郭先生同意退款，双方签订退款协议，约定郭先生须在 2022 年 1—5 月分 5 期进行退款。但直到 2022 年 3 月，寇女士也未收到任何款项，其再次向市消委会求助，而市消委会调解员多次致电郭先生，均无法取得联系。

4. 现行规定及不足

2012 年 9 月 21 日，商务部令 2012 年第 9 号公布了《单用途商业预付卡管理办法（试行）》自 2012 年 11 月 1 施行，根据 2016 年 8 月 18 日商务部令 2016 年第 2 号《商务部关于废止和修改部分规章和规范性文件的决定》修正（以下简称《办法》），但这个《办法》规定得比较简略，法律层级低，管理效力有限，与当前预付式消费的实际情况有一定程度的脱节。《办法》适用对象仅限于零售业、住宿餐饮业和居民服务业三大行业中的 8 大类 41 小类的企业法人，不能覆盖健身、教育、文娱、美容美发等侵权高发领域及个体工商户，而教育培训、游泳健身和美容美发，却是消费投诉的重灾区。

上位法的依据不足，导致有关部门无法过度介入预付式消费相关纠纷，消费纠纷发生时，职责部门大多以事后干预为主，手段和效果有限，陷入被动局面，企业违法成本低，无法形成威慑。虽然北京、上海等地已经陆续推出当地的预付式消费管理规定，但是也仅限局部地域，尽快完善预付式消费立法，弥补上位法支撑不足的缺陷，显得尤为重要。

在监管主体方面，《单用途商业预付卡管理办法（试行）》是商务部颁布的，指定的预付式消费监管主体为"县级以上地方人民政府商务主管部门负责本行政区域内单用途卡监督管理工作"。但 2018 年机构改革之后，负责市场监管的主体是市场监管部门。从现实层面看，市场监管部门也更熟悉预付式消费相关活动的监管和危机处置。这种监管主体不明的情况，使得预付式消费活动一直缺乏明确的监管主体、长期半游离于监管之外，且多为事后监管，面对消费者的投诉只能尽力找商家调解。如果商家失联，往往也无能为力。

在预付式消费监管机制方面，2020 年 9 月商务部等 8 部门联合印发了《商务部 公安部 文化旅游部 人民银行 税务总局 市场监管局 体育总局 银保监会 关于促进单用途预付卡规范发展的意见》（商建发〔2020〕190 号），虽已明确了各部门职责但未上升到法津层面，执行力度不够。当前，商务部门主要依靠备案的方式监管，但大量预付式消费商家没有在商务部门备案。各地在预付卡监管工作上的力度和方式也缺乏规范和指导意见，在具体的工作方式和监管内容等方面不够系统，对发卡市场主体的备案管理率不高，对预付资金使用等情况监管不够到位。市场监管部门虽也能对预付式消费活动实施监管，但没有法律法规授予其行政处罚权、行政强制权，缺乏有效监管手段实施监管。

5. 建议

（1）完善配套法律制度

我国预付式消费模式近些年才起步，对应的法律法规层级相对较低，完善度较差，还不能很好地保护消费者的自主选择权、知情权、公平交易权等，加紧建立健全预付式消费服务法律体系是提升预付式消费监管能力的根本之策。在法律层面建立统一的预付式消费权益保护法律法规，明确预付式消费的含义、发行机构、单用途预付式消费法律关系、监管主体、违约责任、救济途径等，设立一个系统的监管规定，实现对单用途预付卡监管，为预付式消费纠纷提供法律依据。

（2）建立严格的市场准入制度

由于预付式消费的金融属性与风险属性，应当严格管控、设立较高的准入门槛。为避免发卡主体处于监管的真空状态，规定所有单用途发卡主体均需备案，并将所有预付式服务、经营行为均纳入预付式消费法律监管。监管部门应当对备案的经营者按照标准进行审查，严格审查经营者的资质，严格评估商业信誉等级等，如所发预付卡的额度与经营者资产规模、服务水平相适应，经营者及其法定代表个人征信情况，企业经营年限及业务范围与预付卡服务范围是否适应的规定等，对不符合规定的经营者不予允许发行预付卡，在一定程度上保障预付式消费的健康有序。

（3）健全预付资金安全体系

在预付式消费模式下，经营者无偿吸收和占用一部分的社会资金，从发行到资金清算期间都处于金融监管体系之外。经营者收取的预付消费资金处于自我管理、自我支配状态，资金安全仅靠经营者自身信用模式。部分经营者以不计成本的超低消费折扣方式积聚大量预付资金，已逐渐向变相融资、非法集资行为的趋势演变，社会风险极大。因此，需要健全预付资金安全体系，防范金融风险。

建议金融监管部门通过建立资金监管制度，规定企业在开展预付式消费经营活动时，必须依照有关规定，在信用监管平台上采取第三方托管、专用存款账户管理、履约保证和保险的方式确保资金安全。主管部门负责落实资金管理制度，排查预付资金风险隐患，加强监测预警，加大违法行为查处力度，防范区域性系统性风险。

（4）引入信用评级与惩戒制度

市场监管部门应当依据消费者投诉数量等指标，按照预付卡的不同类别，对相关企业信用进行评级，并定期公布其信用情况。对投诉数量较多的经营者，降低其信用等级。对备付金较为雄厚、日常账目较为规范的经营者，则提高其信用等级。在信用评级的基础上，可以由市场监管部门牵头，与银行、保险公司、税务、住建、银保监会等部门互联互通，建立项目资金信用监管平台。

通过将预付卡经营者失信信息向各级政府公共信用信息服务平台归集，对严重失信的企业进行信用惩戒。充分发挥信用对企业的约束作用，以此提高企业在预付费领域的保质服务意识和合规的经营意识。但在此需要明确的是，应遵循不当联结禁止原则，避免出现"一处失信，处处受限"的违反行政法治原则的情况，将失信惩戒限定于经商、信贷等相关领域，不得与其他领域做不正当的关联。

（二）价格欺诈

1. 现状

随着网络的发展和信息技术的进步，消费模式、消费内容和消费结构都发生了巨大变化，消费者的选择日趋丰富。经营者为了推广自己的产品和服务，采取了很多新型的销售手法，比如利用大数据和人工智能分析，对供给和需求进行精准匹配。但销售过程中也可能夹杂了一些不正当竞争的手段，有的经营者会通过"宰人"甚至价格欺诈的方式牟利，干扰破坏正常的价格秩序，引发消费纠纷，侵害了消费者和其他经营者的合法权益。尤其是近几年各大电商竞争日趋白热化，"价格战"成为主要竞争方式之一，由此带来的因价格标注不规范引发的价格欺诈案件开始增多，常见问题包括虚构原价、虚构优惠折价、虚构优惠时段、结算价格高于页面标示价格等。此外，网购产品和描述相差过大、体验不好的情况同样频繁出现，一些消费者记录下真实感受也会被卖家或平台删除或隐藏，有的消费者给出差评后还可能被打击报复。

2. 存在的问题

（1）侵犯消费者的知情权

消费者在购买商品或者接受服务时，有知晓商品真实价格和服务收费标准的权利。由于经营者与消费者掌握的信息不对称性，部分不法经营者利用信息优势而隐瞒真实情况，损害消费者权益，常见的有经营者不主动或不如实告知事项、经营者拒绝或虚假回复消费者的询问等等。

（2）侵犯消费者的自主选择权

自主选择权是指消费者在交易过程中享有自主选择商品或者服务的权利。近年来，部分社区团购企业利用资金优势，大量开展价格补贴，以低于成本的价格大量抛售商品。虽然从短期看，经营者低价倾销行为是对消费者有利的，但从长远来看，这种行为的目的是排挤竞争对手，以求独占市场，最终导致消费者的自主选择权受到限制。

（3）侵犯消费者的公平交易权

部分经营者"虚高定价""虚假打折""先涨后降"等价格欺诈行为，使消费者不能以合理的价格取得消费需要的商品或服务，侵害了消费者的公平交易权。

（4）侵犯消费者的财产安全权

财产安全权是指消费者在购买、使用商品和接受服务时，享有人身、财产安全不受损害的权利。消费者有权要求经营者提供的商品和服务符合财产安全的要求。价格欺诈的营销方式，违背价值规律，存在侵犯消费者财产安全权的风险。

3. 案例

案例1：南京市秦淮区冰蓉茶馆价格欺诈案[①]

2020年10月21日，南京市秦淮区市场监管局对冰蓉茶馆进行检查，发现该店菜单上的"鸭血粉丝汤"标价为22元/份，但结账时收取价格为30元/份，每份多收取了8元。茶馆负责人声称，店里2020年10月1日对"鸭血粉丝汤"的配方进行了一定调整，成本有所上升，所以调高了售卖价格，但由于工作疏忽，没有在公示的内容中更改价格，后来发现了该错

---

① 参见 https：//baijiahao. baidu. com/s？id＝1711416842225862562&wfr＝spider&for＝pc。

误也未更改,坚持按 30 元/份收取费用。

本案中当事人以较低的价格明码标价,结算时以高价收取费用,对消费者构成欺诈。据工作人员统计,当事人以欺诈方式销售的"鸭血粉丝汤"共 3723 份,违法所得 29784 元。依据相关规定,2021 年 1 月 19 日,市场监管局责令当事人停止违法行为,给予没收违法所得 29784 元、罚款 148920 元的行政处罚。

案例 2:江苏大德隆医药连锁有限公司价格欺诈案①

2021 年 5 月 12 日,邳州市市场监管局接到群众举报,根据所得线索,对当事人在"五一"期间的促销活动进行检查,经调查发现,当事人于 2021 年 4 月 28 日,通过微信公众号和宣传彩页,发布城区所有直营店开展"五一大放价 4.30—5.2 日三天感恩大回馈"商品促销活动的信息,时间为 2021 年 4 月 30 日至 5 月 2 日。依照其宣传内容和结算系统数据,发现当事人本次活动存在以下价格欺诈行为:一是宣传页面有多种商品显示"特价"出售,并附上原价和现价对比,但经调查,这些商品在本次促销活动前七日内的价格与促销期间价格是相等的,并不存在"特价";二是宣传页面上显示"'惊爆价'维生素 E 软胶囊、'惊爆价'六味地黄胶囊"等等宣传标语,这些误导性的语言标价行为违反了《中华人民共和国价格法》和《禁止价格欺诈行为的规定》关于价格欺诈行为的相关规定。依据相关规定,该局责令当事人及时停止违法行为,并做出罚款 35 万元的行政处罚。

案例 3:顶格处罚,社区团购企业实施不正当价格行为②

国家市场监管总局于 2021 年 3 月 3 日发文,对橙心优选、多多买菜等五家社区团购企业的不正当价格行为做出行政处罚。其中,被处罚 150 万元的有橙心优选、多多买菜、美团优选、十荟团,食享会被处罚 50 万元,理由均为因违反相应条款而顶格处罚。

五家企业在销售商品时均存在低价倾销和价格欺诈的行为,其中,通过标示虚假的原价、折扣,谎称降价等方式诱骗消费者购买、未明确标明价格比较划线价含义的行为,违反了《禁止价格欺诈行为的规定》《规范

---

① 参见 https://baijiahao.baidu.com/s?id=1711416842225862562&wfr=spider&for=pc。
② 参见 https://baijiahao.baidu.com/s?id=1693186374671020973&wfr=spider&for=pc。

促销行为暂行规定》和《中华人民共和国价格法》的有关规定,构成价格欺诈。

案例4：各地开展行动遏制"天价"月饼①

2022年6月,国家发展改革委等四部门联合发布《关于遏制"天价"月饼、促进行业健康发展的公告》(以下简称《公告》),对单价超过500元的盒装月饼实行重点监管。

随着互联网经济的发展,通过电商平台等线上渠道销售的月饼数量逐年增加,线上销售行为透明度较低,是出现"天价"月饼概率较大的领域,添加名贵馅料、搭售高价商品、虚标月饼售价、提供"天价"月饼定制服务等问题多发,有的在设置符合要求的单价后标注"拍两盒发一盒",实际双倍售价；有的会要求补差价、收取高额快递费；有的还会根据客户需求,提供豪华包装、与指定的高价商品进行组合,以月饼名义开具发票,为定制"天价"月饼提供便利。

面对线上卖家为逃避监管,"挂羊头卖狗肉"的行为,国家发改委也进行部署,每日监测线上月饼销售,多渠道收集涉及"天价"月饼的问题线索,督促有关电商平台进行整改。国家发改委已正式向有关部门移交一批涉及单价500元以上盒装月饼的问题线索,有关部门正在核实情况,对确认存在违法违规行为的,将依法予以查处。

4. 建议

(1) 完善法律、法规及规章政策体系

2022年4月发布的《明码标价和禁止价格欺诈规定》,明确了经营者不得实施的7种价格欺诈行为,同时对网络交易经营者、网络交易平台经营者的价格行为也进行了细化规定。部门规章的上位法《中华人民共和国价格法》(简称《价格法》)自1998年实施以来已有24年,作为规范和调整"价格"这一市场经济中最核心要素的法律,有必要根据新时代的新形势、新实践对其进行修订：完善不正当价格行为的界定,规范电子商务平台等新兴商业的价格行为；细化不正当价格行为的规定,进一步对价格串通、价格歧视、哄抬价格、牟取暴利等行为的表现形式进行明确；建议

---

① 参见https：//health.gmw.cn/2022-09/06/content_ 36003099.htm。

将"明码标价"改为"明码实价"，确保商家清楚、明确地公示、标明商品的实际价格，且价格需要保持一定的稳定性；明确监管部门法定职责，强化价格执法手段，加强价格监管力度，增强价格监管的可操作性等；提高处罚金额标准，加重违法成本。

与此同时，应进一步完善与《价格法》配套的、具备操作性的价格监管法规、规章，从立法层面补充、完善《价格法》的监管空白。

（2）加强价格监管机构建设

一是要确立各监管部门的职能和职权范围，避免重复执法或缺乏执法效力等问题；二是要提高价格监管人员专业素质，选配专业素质高、能力强、业务熟的执法人员，提高执法人员的办案能力和水平，加强执法力量；三是创新监管理念，强化监管服务意识，要坚持以服务为导向，主动履责，积极作为，勇于担当。

（3）营造诚信经营环境

一是通过制定行业规则和标准，规范经营者的竞争行为，促进行业自律，净化市场环境，在客观上也能对法律、法规无法介入的部分进行有效的补充和完善；二是通过加强与各行业协会的合作，加大教育宣传培训力度，科学引导经营者诚信经营，遵循公平、合法和诚实信用的原则合理定价，树立诚信经营模范榜样；三是建立和完善社会信用体系，开展经营者信用等级评价，对诚实守信单位予以表彰，并通过媒体广泛宣传，将严重失信者列入社会信用体系黑名单，并在国家法律法规允许的范围内向社会公布，逐步形成动态的制约机制。

（4）建立预警防范机制

一是完善价格违法行为监测预警制度。通过分析价格举报信息、对收集的价格异动舆情建立重点的行业数据库，跟踪市场价格变动情况及趋势，对发现的价格潜在性违法问题，进一步预判价格违法的影响程度，关注发展态势，实时发出预警预报的信号，提出价格监管处置的对策措施，提高应急处置能力。二是要完善价格行为提醒告诫制度。在重大节假日、公共活动、突发事件期间，加大对价格政策法规的宣传，加强对价格行为的提醒告诫，实时发布消费价格警示，督促经营者合理营销守法经营，引导消费者理性消费。

（三）盲盒经济

1. 现状

盲盒起源于日本，明治末期的日本东京银座的百货公司曾在某个新年前将一些积压的商品装入布袋或者纸盒中，以不公开商品内容的方式进行低价出售，后来演变成一种常规的促销手段，这种布袋或者纸盒被称为"福袋"。[①] 20世纪20年代前后，美国出现的扭蛋机，属于福袋销售模式的一种变形，起初是用来销售口香糖的，后来就被用来放在杂货店给小孩子玩，可以扭出一些小零食和小玩具。日本的玩具公司"ペニイ商会"（潘民商会）将扭蛋机引进到日本，一经推出，就获得了广大日本群众的追捧，日本的扭蛋发展到后期，扭蛋的内容已经逐渐成为各种动漫IP或者品牌产品。20世纪90年代，这种玩法以"集卡式营销"的形式传到中国，比如在方便面包装里附加卡片。到了21世纪初逐渐发展为盲盒，经营者在盒子中放置同种类型但不同款式的产品，消费者购买前不能拆盒，购买后才能知道其中的内容，全凭运气抽中自己喜欢的商品，这种不期而至的神秘感受到不少年轻人的拥趸。随着日本出品的Bearbrick小熊和Sonny Angel（索尼天使）在国内兴起，潮玩与盲盒的结合成为主流。

2016年，泡泡玛特推出MOLLY系列产品，国产盲盒进入大众视野并迅速风靡全国。目前在中国，盲盒已经发展成为集IP孵化运营和文化推广营销于一体的全产业链的潮流玩具。不少品牌开始和潮玩IP联名，或推出自己的盲盒系列，这些有着巨大粉丝基数的玩具形象可以打通零售与娱乐的边界，成为中国新的IP形象。

随着盲盒经济的发展，盲盒消费不再是简单的产品购买行为，而是成为一种全新的营销模式。盲盒热潮带来了众多跨界创新产品："故宫淘宝"推出"宫廷宝贝""猫祥瑞"等主题盲盒；麦当劳、瑞幸、奈雪的茶等餐饮品牌以"盲盒营销"吸引消费者；考古盲盒让买家体验到了考古工作的艰辛以及发现历史的惊喜感和满足感……盲盒所涉的领域从最初的玩具扩

---

① 参见刘森林《"装在盒子里的人"："Z世代"盲盒消费景观及其形成机制》，载《中国青年研究》2022年第2期。

展到文具、图书、美妆、餐饮、机票等行业,盲盒经济的热度持续上升。

从宏观消费环境来看,"盲盒经济"的热潮有其合理性。在这个物质高度丰富的时代,销售已从贩卖商品发展为贩卖娱乐,盲盒消费体现了一部分年轻人的新型消费观念,如缓解压力、未知惊喜、为快乐买单等。值得肯定的是,盲盒既有利于塑造品牌形象、增加销售量,又能够传播相关品牌的文化和理念。但日益火爆的盲盒经济也衍生出不少问题,与盲盒有关的敏感信息正在不断累积。

2. 存在的问题

(1) 过度营销、虚假宣传等行为侵害了消费者知情权和公平交易权

因为盲盒的特殊销售模式,其对产品产品的款式需要保密,但关系产品质量和服务的信息是公平交易的基础,盲盒内在物品的商品价值、出现概率、分布方式等关键信息应当公开透明。

(2) 产品质量瑕疵侵害消费者的健康权

假冒伪劣商品、过期变质商品、"三无"产品等都可能存在安全隐患;活体动物可能携带大量病菌进入流通环节,这将给消费者带去巨大健康风险;在未成年消费领域,有些商家将产品适用年龄标准设定在 14 岁以上,但产品的设计本身却明显对 14 岁以下甚至更小的儿童更具有吸引力,对未成年人的健康造成威胁。

(3) 经营者不支持退货退款的规定涉嫌不公平格式条款

有的经营者规定的"如有质量问题 15 天内包换"格式条款,属于免除了自己退货的责任,同时也排除了消费者退货的权利,这样的霸王条款明显违法,虽然盲盒这种商业模式依赖于其偶然性,不适合与一般商品一样无理由退货,但这也要建立在商品价值和销售价格相匹配的基础上,随机的是款式不是质量,因质量问题而退换是消费者的基本权利。

(4) "脱单盲盒"造成个人信息泄露,带来很多未知风险

消费者放入盲盒内的信息众人可见,也就意味着众人可用,信息流出盲盒后去向未知,那么用户留下的信息越详尽,就越容易掉入"杀猪盘"、电信诈骗等陷阱之中。

(5) 侵蚀消费者的身心健康

盲盒有一定射幸性质,存在诱导赌博之嫌,成年人尚且有一定自控能

力，并且可以对自己的行为负责；但对未成年人来讲，不规范的盲盒销售模式一方面不利于少年儿童树立正确的消费观念，易养成不良消费习惯；另一方面也不利于少年儿童心理健康发展，易产生"盲盒成瘾"的心理机制。

（6）盲盒泛滥还会带来浪费，造成对生态环境的破坏

"宠物盲盒"造成动物被遗弃死亡，违背动物伦理；餐饮企业搭配盲盒销售，消费者不是为了食用而超量购买，造成食品浪费；文具类盲盒产品的过度包装，学生不是为学习使用而购买，造成资源浪费，以上这些都与国家倡导的"文明、健康、节约资源和保护环境的消费方式"相悖。

3. 案例

案例1：文具盲盒应有边界

2021年，上海市消保委经过组织调查后发现，部分文具盲盒存在溢价明显的现象，且二级市场有炒作的嫌疑。经过工作人员对比，市面上大多所售卖的盲盒笔，相比普通的笔往往只是增加了一层包装，多了个"盲"的属性，价格却翻了一番。以某电商平台上的售价为例，某款卡通系列的中性笔盲盒共有14种普通人物款和2种隐藏人物款，如果消费者选择随机发货，那么一支笔的价格是6.8元，如果指定某个普通人物款，价格为7.8元，但是若想指定隐藏人物款的话，那么价格竟然飙升到68.8元。而如果去掉盲盒外包装，仅仅回归传统模式售卖的话，每支笔的零售均价不超过4元。此外，根据调查，线上和线下销售文具盲盒的商家，会利用各种吸引人的方式或者字眼，诱导学生去购买文具盲盒。有的学生甚至不惜向同学借钱购买，此举使得学生过早地养成了超需消费和盲目攀比的习惯，金钱观、消费观也受到严重误导，为了不影响祖国未来花朵的身心健康，有关部门应当对此方面重点关注。

案例2：宠物盲盒引争议[1]

2021年5月3日，有群众在网上爆料，在成都市区某快递配送点内，出现了大量的宠物盲盒，并且网友们发现其中有相当多的宠物（猫、狗）已经奄奄一息，该事件引发网络热议。据报道，事发当晚热心市民在该快

---

[1] 参见 https://baijiahao.baidu.com/s?id=1698844918760985030&wfr=spider&for=pc。

递网点现场发现被打包的猫狗 160 余只，它们被发现时正准备被当作普通货物发往外地，该快递和托运人没有出示相关猫狗的检疫合格证明。100 多只小猫小狗快递途中已死亡。

《中华人民共和国邮政法实施细则》第三十三条，"禁止寄递或者在邮件内夹带下列物品"其中就包括"各种活的动物"。此规定既是由于普通快递在运输过程中无法保证动物的安全，也是由于活体动物在运送前必须要有严格的检疫流程，否则存在疫病传播的风险。上述行为已经严重违反该规定。

案例3：拆盲盒发现瑕疵品，商家不换不退[①]

2021 年 1 月 8 日，台州市椒江区市场监管局接到一位消费者投诉，称其在某玩具店购买了 2 个价格为 79 元的盲盒，其付款后现场立即打开盲盒时，却发现盲盒当中的两件商品质量都有瑕疵。其中一个由商家通过胶水进行修复，另一件商品要求退货退款或者更换，商家却予以拒绝。

受理该投诉后，监管部门立即前往该店铺了解具体情况，并组织双方当事人进行现场调解。商家认为涂色不均、轻微划痕等情况，均属于盲盒制作过程中存在的正常现象，消费者抽到的盲盒本身设计宽松，运输过程容易碰撞，应不属于产品有严重瑕疵，以此为由拒绝退货。消费者认为，商家需要用胶水进行修复的行为，已经证明商品存在质量问题。后经过工作人员的耐心调解，双方最终达成一致，由玩具店对盲盒产品进行更换。

案例4：脱单盲盒涉嫌个人信息泄露

2021 年的"双十一"，部分电商购物平台推出了单身狗证、单身奖状、扫码脱单神器等多种"脱单神器"，且拥有不错的销量。经调查，目前市面上也有类似"微信扫码脱单神器"的"脱单盲盒"售卖。上海就有一快递驿站以帮助附近的居民脱单为名，推出"脱单盲盒"。有这方面意愿的居民，在自愿的前提下，可免费存放个人信息和相关需求，双方还可约在驿站见面。对此，专家认为，在经过用户同意后向他人提供微信二维码信息，不属于违法行为。若在没有经过用户同意情况下，擅自售卖个人信息，则属于侵权行为，不仅要承担民事责任，还需承担行政处罚责任。如

---

① 参见 https：//m. thepaper. cn/baijiahao_ 17144238。

倒卖个人信息的数量达到相关法律所规定的标准，还会构成侵犯公民个人信息罪。

除了线下的"脱单驿站""脱单小摊"等脱单盲盒外，线上也出现了许多类似的脱单小程序、公众号、App 等，备受年轻人追捧，因此也带来了不少问题，比如表面上是脱单盲盒实际上是刷流量的行为。其中一款名为"月老办事处"的小程序声称，用户在看完程序内的广告后，可以免费存或取一张含有他人联系方式的纸条，但是经过专门验证，联系方式大多都是虚构的。个别商家甚至采用类似传销和分销的"拉人头"模式，利用各种广告语吸引消费者加入，再收取服务费。监管部门对此应给予关注。

案例5：盲盒存在质量问题，商家只退不换

有多位消费者投诉，所购买的盲盒存在质量问题，但申请退货的要求遭到商家拒绝。商家客服表示：不支持退货，但可以换货。交易条款中已说明"非质量问题不得退换货"；商家的这种托词属于霸王条款，已涉嫌违法。专家认为，消费者购买的盲盒产品如存在质量问题，消费者可以及时退货，不符合法定解除合同条件的，也可以要求经营者履行更换、修理等义务。

案例6：新网购模式"电子盲盒"中奖概率可调，涉嫌变相赌博

2021年，有一种新型网购模式在网络上出现，消费者在指定盲盒网站上充值，即可获得随机盲盒商品，平台声称有可能开出价值不菲的品牌货。经调查发现，这是平台利用消费者以小博大的心理来售卖盲盒，本质上就是抽奖，但中奖概率却并不透明，甚至有后台操控嫌疑。网络上，已出现不少网民反映，自己多次在平台上充值，却一直未能抽中想要的商品，消费的金额往往已高于本身商品的价格。专家认为，"电子盲盒"平台若存在操纵中奖概率的行为，则可能涉嫌欺诈或变相赌博。

4. 现行规定

为了规范盲盒经营活动，保障消费者合法权益以及维护社会公共利益，国家市场监管总局制定发布《盲盒经营活动规范指引（试行）》（以下简称《指引》），通过对盲盒的价格体系、抽取规则、保底机制、售后保障、营销炒作行为以及未成年人保护机制等一系列的规则设计，不仅对盲盒市场乱象的整治具有积极作用，同时针对盲盒消费领域投诉中暴露出

的不公平格式条款、虚假宣传、售后服务难、信息不透明及标准缺失等具体问题做出更加明确严格的规定，并为盲盒经营活动划出了红线，切实维护消费者合法权益。

（1）保护消费者的知情权

《指引》对盲盒的价格进行规范限制。在《明码标价和禁止价格欺诈规定》对价格监管的新要求下，进一步强调了盲盒经营者明码标价的义务，要求盲盒经营者提供商品或者服务时应当明码标价，不得在标价之外加价出售商品，不得实施不按规定明码标价、哄抬价格、价格欺诈等违法行为，有效维护了消费者对购买商品价格的知情权，同时也避免了市场的价格战，市场上"黄牛"的作用被削弱。

《指引》明确了盲盒经营者对商品信息的披露范围和方式。基于盲盒的特殊销售模式，要求盲盒经营者应将盲盒内在物品的商品价值、出现概率、分布方式等关键信息以显著方式对外公示，保证消费者在购买前知晓真实情况，据此规制经营者利用信息优势，隐瞒真实情况，实施损害消费者权益的行为，明确要求经营者在其产品外包装、宣传海报中应对上述关键信息进行提示和标注，必要时还应对抽取规则、抽取概率等进行释明。

（2）维护消费者的公平交易权

《指引》强调了经营者定价行为的基本依据。规定盲盒经营者应根据生产经营成本和市场供求状况，合理确定盲盒价格；以盲盒形式销售的同一套系产品或服务成本差距不应过大、盲盒商品价格与同质同类非盲盒销售商品价格不应差距过大，杜绝经营者实施差别待遇，防止经营者利用消费者以小博大的心理进行营销，将盲盒经营形式与有奖销售及赌博等违法行为进行区分，使条件相同的消费者地位趋于公平，确保消费者付出的价格与实际拿到的商品的价值对等，有效保障了消费者的财产安全和公平交易的权利，尽可能地减少限制竞争带来的危害。

《指引》细化了盲盒抽取规则。明确规定盲盒经营者不得通过后台操作改变抽取结果、随意调整抽取概率等方式变相诱导消费；不得以折现、回购、换购等方式拒绝或者故意拖延发放盲盒；不得设置空盒。引导经营者诚信经营，遵循公平、合法和诚实信用的原则，保障消费者基于平等、合理、非歧视的规则进行安全交易。

(3) 保障消费者的安全权

《指引》规定盲盒经营者应建立健全企业质量保障体系，加强生产、仓储、物流等环节的管理，保证商品来源可靠、质量合格。在质量标准方面，根据产品类型，对于法律法规有质量和安全要求的、属于强制性产品认证范围的、存在行业标准的，都要符合相应的规范要求。在无国家标准和行业标准的情况下，盲盒经营者应制定相应的企业标准，对供应渠道、原材料、设计安全性能等方面严格把关；盲盒经营模式虽依赖于其偶然性，但应建立在商品价值和销售价格相匹配的基础上，随机的只是款式而不应包括质量，《指引》明确规定了盲盒经营者不能以盲盒的性质与普通商品不同为借口，借用消费者开盒前无法验货的潜规则，逃避质量监管要求，生产销售伪劣产品，侵害消费者的合法权益。

《指引》沿袭了《消费者权益保护法》扩大"三包"规定适用范围，再次明确规定商品或者服务不符合质量要求情况下的"退、换、修、补"，消费者的优先退货权，强调盲盒经营者提供的商品或者服务不符合质量要求的或者与经营者明示不符的，不得故意拖延或者无理拒绝，不得以"附赠品""抽奖品"等借口免除应当承担的质量保证和售后服务义务，保障了消费者在产品质量出现问题时的退换货的权利。盲盒经营者应承担产品瑕疵责任，保证交易的实质公平，维护消费者人身和财产的安全。

(4) 强化经营者接受监督义务

《指引》规定盲盒经营者应建立和完善商品生产经营记录制度，保留抽取概率设定、结果抽取的完整记录，并以此为依据进行实际的市场投放和向消费者发放盲盒。消费者有权对盲盒经营者是否按照公示的抽取概率生产与投放进行监督，借此解决长期以来消费者反映较多并质疑的盲盒隐藏款的投放数量。

《指引》从溯源治理的层面，引导盲盒经营者进行全流程的登记，倒逼经营者规范经营的同时，根据实际情况，采取切实可行的措施接受消费者的监督。

《指引》强调了盲盒经营者的记录留存义务。规定通过在线方式销售盲盒的，经营者应建立追踪记录制度，确保消费者所抽取的商品发放到位，并自觉接受监督。相关记录留存时间一般不少于3年。

（5）明确经营者在线交易的售后服务义务

《指引》细化了无理由退货权在盲盒领域的具体适用规则。对经营者排除适用网络购物无理由退货规则的情形做出了严格限制，要求只有在盲盒经营者充分告知提示，并经消费者确认后，以互联网形式销售的盲盒商品拆封后可以不适用七天无理由退货。拆盒带来的不确定性是盲盒的卖点之一，拆封后再退货与盲盒交易模式的性质相冲突，不适用无理由退货规则。

《指引》强调了盲盒经营者不得以默认勾选方式替代消费者确认环节，由于盲盒并不属于《消费者权益保护法》规定的不适用七天无理由退货的商品类型，必须经消费者在购买时确认不宜退货后，才可以不适用无理由退货，消费者有接受或拒绝商家不适用七天无理由退货规定的权利，经营者不能以推定明知的方式侵犯消费者的知情权和选择权。

《指引》为了保护处于弱势地位的消费者，对于没有拆开包装的盲盒或者被拆封的但以全包形式销售的整套系列盲盒商品，明确规定应当适用七天无理由退货规则。

《指引》要求盲盒经营者、网络交易平台经营者等相关主体应建立便捷、有效的投诉处理机制，公开投诉方式、处理流程、退换货标准等信息，配合监管部门的监督指导，提高消费争议解决效率，落实在线交易服务提供者的售后责任。

（6）倡导节约粮食的价值取向

《指引》明确禁止餐饮服务经营者诱导、误导消费者超量点餐。食品经营者在从事食品销售、餐饮服务过程中使用盲盒商品开展促销活动的，应遵守《反食品浪费法》有关规定。

《指引》关注餐饮服务经营者搭配盲盒销售造成食品浪费现象，强调了盲盒经营者应当将防止食品浪费作为经营准则，引导消费者审慎克制的价值取向，积极承担起企业应尽的社会责任，为建设节约型社会献计出力。

（7）搭建未成年人保护机制

《指引》对盲盒销售对象的年龄进行了严格限制，要求经营者不得向8周岁以下未成年人销售盲盒，向8周岁及以上的未成年人销售盲盒商品时，应以显著方式提醒其购买盲盒应取得相关监护人同意，只有确认其已取得同意后才可将商品售出。该规定与《民法典》中民事行为能力的认定保持一致，有利于防止未成年人的非理性消费和依赖性消费，引导未成年人树立正确的消费观。

《指引》鼓励地方有关部门出台保护性措施，避免商家用"理性消费"的一句"指引"规避责任，提出对小学校园周围的盲盒销售模式包括距离、内容等进行具体规范，有效净化学校周边消费环境。

《指引》在未成年人消费者权益保护方面做出了积极尝试，但关于未成年消费者购买盲盒的规定也给一线执法人员和盲盒经营者的工作带来挑战。实践中如何判断消费者是否已满8周岁或者为未成年人，以及如何确认未成年人已取得了监护人的同意，都存在较大难度。对此，建议实体店经营者对看到没有成年人陪同的消费者可以通过现场了解情况如查看证件等方式进行年龄的确认，经营者通过自动售货机、互联网等方式售卖时，应当以《关于防止未成年人沉迷网络游戏的通知》中关于网络游戏实名认证的规定为参考，鼓励经营者将消费者身份认证等环节作为购物的前提，将未成年人保护机制落到实处。

（四）个人信息保护

1. 现状

2012年大数据时代的到来，成为与个人信息保护最密切的场景标签。高效能的碎片化信息分析、处理、整合功能，使大数据技术成为撬动个人信息经济效用的智能杠杆。信息的聚合挖掘、算法决策、用户画像、个性化推荐在数字社会习以为常，与之相伴的是，信息滥用与泄露的弊端逐渐显现。国内外个人信息安全事件频霸热搜：支付宝年度账单违法收集使用用户个人信息[1]；"剑桥分析"窃取脸书用户数据操纵政治选举[2]；华住酒

---

[1] 参见 https：//baike.baidu.com/item/2017%E5%B9%B4%E6%94%AF%E4%BB%98%E5%AE%9D%E5%B9%B4%E5%BA%A6%E8%B4%A6%E5%8D%95/22315752?fr=aladdin。

[2] 参见 https：//www.sohu.com/a/226263122_351301。

店住客信息被"暗网"非法交易①；喜达屋宾客预订数据库遭黑客入侵②，还有基于商业目的和个人利益的人脸识别应用等。2020年年初新冠肺炎疫情爆发，各类违法违规信息利用行为曝光，如微信群或新闻报道直接公开有疫区接触史人员的隐私信息，医院患者、小区居民、单位员工等各类信息泄露事件频发。③

2021年9月1日，《数据安全法》和《关键信息基础设施安全保护条例》陆续出台；11月1日，《个人信息保护法》正式施行。至此，《个人信息保护法》与《网络安全法》《数据安全法》三法并行，成为国内网络空间治理和数据保护的"三驾马车"，共同编织成一张公民个人信息安全的保护网，也标志着我国网络安全制度建设逐步走向成熟，对我国的法治化建设进程以及网络强国战略有着深远意义。

但个人信息保护与数据利用之间，还有诸多需要持续关注的难点与重点。

2. 存在问题

（1）用户画像

消费者在利用互联网进行多种交易活动的过程中，必然会产生海量信息，如地址、手机号码、姓名等在大数据技术的处理下，成为了商家进行用户画像的素材。互联网企业通过特定算法对网络空间中的用户的信息片段加以整合、分析，推导出消费者的消费习惯、消费水平以及消费者的爱好和需求，并以此为基础构建出其"画像"。该行为可以为消费者提供精准的个性化服务，更好地满足其需求，也可以为企业推广节约广告成本、提高效率；同时该行为也给消费者带来了个人信息泄露、侵权、部分企业进行价格歧视、利用大数据"杀熟"等问题。

（2）算法歧视

近年来，大数据"杀熟"、算法歧视等问题，侵害了消费者的合法权益，损害了公平竞争的市场秩序。2021年7月国家市场监督管理总局公布

---

① 参见 https：//baijiahao.baidu.com/s? id＝1610178335124064395&wfr＝spider&for＝pc。
② 参见 https：//baijiahao.baidu.com/s? id＝1618637234297939632&wfr＝spider&for＝pc。
③ 参见秦倩《个人信息保护的权利基础探析》，《重庆大学学报（社会科学版）》2021年5月。

的《价格违法行为行政处罚规定（修订征求意见稿）》中，明确了"新业态中的价格违法行为"，针对电子商务平台经营者利用大数据分析、算法等技术手段，根据消费者或者其他经营者的偏好、交易习惯等特征，基于成本或正当营销策略之外的因素，对同一商品或服务在同等交易条件下设置不同价格的情况给予处罚。

在北京市消费者协会公布的互联网消费大数据"杀熟"问题调查活动的最新结果中——86.91%的受访者认为自己有过被大数据"杀熟"的经历，82.37%的受访者认为互联网消费大数据"杀熟"问题普遍存在，92.33%的受访者认为大数据"杀熟"的原因是利用大数据技术开展差异化营销。①

在面对大数据"杀熟"时，消费者天然处于劣势地位，平台对于消费者拥有压倒性优势，消费者往往面临着举证不易、维权困难的困境。一方面，个人信息保护不到位。各个平台已经收集了海量用户信息，可以对用户进行精准画像，以评估和预测用户的消费行为，从而向用户提供全方位的个性化营销服务，但这些营销服务不一定都对用户有利，有一些服务会隐蔽地侵害用户的合法权益。这一点在《个人信息保护法》出台后有所缓解。另一方面，算法定价具有隐蔽性。借助深度学习技术，平台利用算法定价以降低人工定价的成本。算法具有"黑箱"的特征，有一些由算法定价的结果缺乏可解释性。但由于平台规则或算法规则呈现出程序刚性的特点，接受者只能遵守算法规则参与"游戏"。平台经营者或算法设计者以单方面制定或修改规则的方式影响接受者的判断和行为，平台对用户具有较强的支配力、控制力和影响力，平台实际上拥有算法权力。②

如何对其进行监管，采取有效措施遏制大数据"杀熟"现象，是摆在监管部门面前的一道难题。

(3) 个人信息泄露

由于个人信息处理者业务上云的普及，云端数据存储量增大，线上业务持续增长，线上教学、远程办公等场景加大了数据泄漏的风险。据市场

---

① 参见 http：//www.bj315.org/shjj/gzdt/202203/t20220301_32337.shtml。
② 参见 https：//www.163.com/dy/article/G9BS5UK90530W1MT.html。

调研公司 Canalys（科纳仕）统计，2020 年全球个人信息泄露事件超过去 15 年总和。在所有数据泄露事件中，个人信息泄露问题尤为突出，占数据泄漏事件的 60%，成为影响个人权益、企业发展甚至国家安全的重要因素。①

目前，个人信息泄露呈现出泄露规模体量大、涉及行业多、持续时间长、引发原因多样等趋势。据此，需要加强个人信息泄露的治理工作，通过立法保障、行政监管、司法保护等多种手段实现对个人信息泄露的有效治理。

(4) 人脸识别的滥用

伴随着人工智能的发展，人脸识别技术已经应用到生活的各个角落。人脸识别应用场景毋庸置疑给我们的生活带来了便利，但也带来了很多问题。

第一，技术上的不完善。对人脸识别数据进行收集、存储、使用、共享、转让、公开披露、删除等人脸数据处理的活动，涉及多个环节，技术本身处在发展阶段，各环节有不完善之处，利用人脸照片或视频绕过识别机制的对抗技术层出不穷，这对人脸识别技术的安全性提出挑战。

第二，人脸识别数据存储存在管理漏洞。人脸识别数据与其他公民个人信息结合进行比对，人脸识别数据存储才具有重要性。目前人脸数据库除国家出于公共利益的需求建立的体量庞大的人脸数据库外，有的单位安装人脸打卡设备、有的小区安装了人脸识别，银行、网站大多通过人脸识别认证提供服务。如果这些人脸识别数据库遭到网络攻击，那么人脸特征数据及其绑定的公民个人信息将被作为电子数据进行非法交易，公民的隐私权、财产权极可能被严重侵犯。

第三，对面部信息的处理不合法。"人脸识别"的本质在于对人脸信息的处理，《个人信息保护法》第五条规定，处理个人信息应当遵循合法、正当、必要和诚信原则。以 2021 年《3·15 晚会》曝光的宝马、科勒等企业为例，都是在消费者不知情的情况下安装了"人脸识别"摄像头，并且对私自收集的顾客面部信息加以处理。以杭州"人脸识别第一案"为例，

---

① 参见杨婕《解析我国规制个人信息泄露问题的法律路径》，《信息通信技术与政策》2021 年第 9 期。

野生动物园是以在大堂张贴海报的方式对游客进行告知，一方面无法保证每一位游客都能看到，另一方面也根本没有给游客拒绝的权利，这种简单、低效的告知模式与个人信息保护的重要性明显脱节；明示同意与默示同意交叉存在，由于当事人的同意在实践中也没有具体标准，在形式上也缺乏统一的规制，因此，在"刷脸"逐渐成为社会公众普遍接受的新生事物时，其背后所蕴含信息的知情权、选择权的核心正在被忽视。当"同意"这一概念开始淡化时，信息的知情和选择更是无从谈起。

第四，面部信息私密性认知不足。大多数信息处理者认为人脸信息作为公开性的信息，对其的处理是无须经过当事人同意的，人脸信息本来就难免被不特定的公众所知悉，不应属于私密信息，保护力度不应像保护隐私权那般严格，这种认知侵犯了消费者的隐私权。

3. 案例

案例1：胡女士诉上海携程商务有限公司侵权纠纷案

2020年7月18日，消费者胡女士通过携程App，花费2889元预订了舟山希尔顿酒店的一间豪华湖景大床房，但第二天她发现该房型的实际费用只需要1377.63元，于是胡女士将上海携程商务有限公司诉至法院。胡女士认为携程存在对贵宾用户进行大数据"杀熟"的可能；同时，胡女士以上海携程商务有限公司非法采集其个人非必要信息，进行大数据"杀熟"等为由，要求携程App为其增加不同意"服务协议"和"隐私政策"时仍可继续使用的选项。

法院经审理后认为，虽然大数据"杀熟"较难取证，但可以追究其损害责任。携程App作为中介平台，本案中其没有对产品的价格尽到如实报告义务；此外，携程钻石贵宾本应享有优惠价，平台方却没有相关的价格监管，使其购买了一款溢价产品，构成违约。携程存在价格欺诈、虚假宣传，应当退一赔三；此外，携程App的新用户必须点击同意携程"服务协议""隐私政策"方能使用，如不同意将直接退出App而无法使用，实际上是强制用户同意的行为。携程应当允许消费者在不同意的基础上继续使用App，或者为原告修订App内的"服务协议"和"隐私政策"，去除对用户非必要信息采集和使用的相关内容，修订版本须经法院审定同意。

案例2：圆通"内鬼"致40万条个人信息泄露

2020年12月，有媒体报道称，在河北省邯郸市公安近期侦办的一起案件中，不法分子为了盗取公民个人信息，与圆通快递5名"内鬼"勾结，有偿租用圆通内部员工系统账号后，登录其物流系统导出快递信息，再层层将获取到的公民个人信息倒卖至一些电信诈骗高发地区，涉案嫌疑人涉及河北、河南、山东等全国多个省市。经测算，此次被泄露信息数量实际超40万条，被泄露的信息中包括发件人和收件人双方的姓名、地址、电话6个维度，据嫌疑人供述，其将信息打包卖出，每条信息单价约为1元，涉案金额120余万元。

案例3：杭州人脸识别第一案①

2019年4月，消费者郭某购买了杭州野生动物世界"畅游365天"双人年卡，价格为1360元，入园方式为指纹识别。郭某与其妻子留存了姓名、身份证号码、电话号码等，并录入指纹信息。2019年7月、10月，该野生动物世界两次向郭某发送短信，通知其因入园识别系统需要更换，故需要郭某与其妻子重新录入人脸信息，否则无法正常入园。郭某认为人脸信息属于高度敏感个人隐私，不同意采用该方式识别入园，遂要求园方退卡。双方协商未果后，郭某向法院提起诉讼。一审法院判令野生动物世界赔偿郭某合同利益损失及交通费共计1038元；删除郭某办理指纹年卡时提交的包括照片在内的面部特征信息；驳回郭某要求确认店堂告示、短信通知中相关内容无效等其他诉讼请求。郭兵与野生动物世界均表示不服并提起上诉。杭州中院二审判决维持一审判决第一项、第二项，即判决野生动物世界赔偿郭某利益损失和交通费；同时判决野生动物世界删除郭某留存的照片及指纹的个人识别信息。

对此，郭某认为二审判决对杭州野生动物世界要求人脸识别入园的合法性问题存在回避审查的情况，因此决定向浙江省高级人民法院提起再审。

案例4：天津人脸识别第一案②

天津市和平区诚基经贸中心小区以人脸识别作为出入验证方式，小区住户顾某与该小区物业工作人员多次沟通，要求删除其个人的人脸信息，

---

① 参见 https://baijiahao.baidu.com/s?id=1696611366281750488&wfr=spider&for=pc。
② 参见 https://baijiahao.baidu.com/s?id=1737123182781875800&wfr=spider&for=pc。

并提供其他出入小区的方式,均被拒绝。2021年9月,顾某将该物业公司告上法庭,要求物业公司停止对其人脸信息的处理并删除,提供其他能够保证其隐私权的出入方式。

一审法院认为,顾某没有提供其个人信息存在泄露、篡改、丢失的相关证据,并不能证明被告侵犯其隐私权。顾某的诉讼请求没有事实和法律依据,决定不予支持,驳回全部诉讼请求,顾某上诉。二审法院认为:本案案由为个人信息保护纠纷,主要举证责任应为被告物业公司一方。最终,二审法院对一审判决做出改判,二审法院判决要求被告删除原告的人脸信息,并提供其他出入小区的验证方式。

4. 建议[①]

(1) 强化全生命周期监管

一是推动建立统一的监管体系与监管机制,制定相关监管标准与流程,开展针对个人信息安全保护的全生命周期监管,线上线下共治,强化违规处罚力度与自律激励机制,推动行业自律,引导全系统形成自我监督、自我完善的自律机制;二是针对监管机构技术人才经验缺乏,财力投入有限的问题,鼓励通过第三方监管机构,提高监管效率和监管成效。

(2) 推动产业技术升级

产业层面,国家加大政策资金扶持力度,大力研发关键技术,掌握核心科技,提升IT系统国产化率,摆脱长期以来国外产品与技术的现状,打牢信息安全保护基层。技术层面,加大对个人数据保护技术研发,有效提高个人信息保护的技术水平,加强身份认证技术的研究,有效提升个人信息安全的防盗用能力。

(3) 建立敏感个人信息监管队伍,加大监管力度

我国在人脸识别技术的实际应用中,缺少来自专业监管机构的有效监管。现行《个人信息保护法》第六十条规定由国家网信部门和国务院有关部门履行个人信息保护职责,国家网信部门负责统筹各类互联网信息的内容管理和监管等工作,问题是,国务院有关部门并未予以明确,执法面临职权划分不清晰、组织机构不专业的问题。对此,英国的做法可借鉴:由

---

① 参见 https://zhuanlan.zhihu.com/p/414978659。

生物识别专员、警方、信息专员等组成人脸识别应用监督和咨询委员会。

建议国家网信部门尽早组织成立敏感个人信息监管队伍，并邀请个人信息保护研究领域的专家学者、技术人员、国家网信部门的执法代表等进入队伍。在监督管理的同时，加强各部门联动，共同治理滥用人脸识别技术、违法处理人脸信息的行为。敏感个人信息监管队伍也可与公安部等相关部门在全国范围内开展专项整治行动，对当前社会存在的人脸识别技术的质疑和关切积极回应，并加大对人脸识别技术滥用行为的打击力度，运用法律惩治、行政指导和信用约束等手段，形成有效遏制和防范人脸识别技术滥用行为的长效机制。

(4) 明确市场准入机制

"人脸识别"技术在越来越多的行业得到推广，但在资本逐利和流量的催生下，经营者不合理使用该技术的现象频发，使该技术让越来越多的人难以信任。科技的发展不能以牺牲公民个人信息为代价，应当加强新型科技的市场准入机制，明确能够使用的行业范围，遏制门槛外的鱼目混珠，防止泛滥成灾的恶况出现，进一步促使门槛内的经营者自我提升，不断完善。

二 难点问题

(一) 虚假医疗广告

1. 现状

2021年播出的央视《3·15晚会》中，曝光了360搜索、UC浏览器等搜索引擎投放虚假医疗广告的违法违规行为。报道称，央视记者在UC浏览器以"减肥""降血糖"等关键词搜索，搜索结果的前几条均是疾病相关的广告。广告多为很多无资质的公司投放，且在文章中多次出现醒目标红老师的微信号，加上该老师微信号后，其便向记者推销一款名为"白背三七诺丽果粉"的产品用以治疗疾病。查询后可知，这仅仅是一款普通食品，根本没有疾病治疗的功效。360搜索也有不少类似广告，消费者稍有不慎就会上当受骗。

近年来，针对互联网中普遍存在的虚假广告问题，3·15晚会已经进行过多次曝光以及跟踪报道，2020年3月，国家市场监督管理总局等十一部门联合印发通知，强调严厉打击保健食品、医疗、药品等事关人民群众健康和财产安全的虚假违法广告。目前对于广告违规的现状，不少代理公司都心知肚明，但在利益驱动下，即使对方资质没达到要求，也会把广告投放出去。有的只需一个微信号和产品类型，代理公司能在很短时间内，就制作出一篇内容为减肥、降血糖的自述广告和一篇有问必答、快速问医师的专家答疑广告，其中的评论也是事先写好的，就连点赞数量也可以根据需要任意设定。

2. 存在的问题

（1）竞价排名

搜索广告（Search Advertising）是不少品牌采用的吸引客流的方式，对于谷歌、百度这类搜索引擎平台来说，也是其重要的广告收入来源。搜索广告的核心是关键词，广告主会购买一些与自己产品或品牌相关的关键词，并依据关键词制作自己的广告内容，当用户的搜索中涵盖这些关键词时，广告主制作的相应广告内容便会出现在搜索结果里。

大多数关键词由于不止一个广告主购买，因此便出现了竞价排名——通俗地说，出价高的广告主，其广告更容易出现靠前的位置。但现实操作中，为了保证广告质量、防止恶性竞争，大多平台并不会只采用竞价排名来展示广告。

以谷歌为例，谷歌的搜索广告展示算法除了关键词竞价，还包括广告内容相关性、广告内容质量、着陆页质量（指用户点击广告后被导流的广告主页面）等等，如果广告主本身广告内容有问题，或者着陆页质量过差，即使该广告主出再高的价格，也不会出现在搜索结果的靠前位置。

但是在本次UC浏览器和360搜索中，除了不正规的代理商，平台本身也存在算法漏洞，才会导致虚假广告或是不合规的广告出现在用户的搜索页面中。

（2）虚假医药广告

电脑端及移动端的搜索引擎竞价模式，在互联网时代一直广为诟病，搜索网站承担了现实中的"世界地图"加"交通枢纽"的双重角色。常用的搜索网站通常是无数网民浏览器的首页，互联网巨头成为了搜索信息可靠性的背书。在此背景下，虚假医疗广告的搜索引擎问题较为突出，其直接影响、侵害的是消费者的健康甚至生命。

虚假医药广告的治理不能仅依靠违规企业及制作、发布、传播广告的各方参与者的自律来解决，应当得到相应的法律规制，形成源头和渠道的合力，保护消费者的健康和生命利益。

我国在 2013 年，原国家工商总局等八部门曾联手启动了为期 3 个月的整治虚假违法医药广告专项行动。2020 年 3 月，国家市场监督管理总局等十一部门联合印发《整治虚假违法广告部际联席会议 2020 年工作要点》和《整治虚假违法广告部际联席会议工作制度》，强调"严厉打击保健食品、医疗、药品等事关人民群众健康和财产安全的虚假违法广告，集中曝光典型违法广告案件"，要求"加强重点媒体、媒介广告监管，夯实互联网平台责任"。

3. 案例

案例 1：上海览海门诊部有限公司发布虚假广告案①

2021 年 6 月，浦东新区市场监管局接到消费者投诉，根据线索反映的情况，对当事人开展调查。经调查，被投诉人在广告中所宣称的项目疗效，与其实际所用的医疗器械注册证上批准的治疗范围严重不符，被投诉人在网店内宣传其能利用激光/强脉冲光治疗仪，对疤痕、妊娠纹、血管性病变、雀斑等进行有效的疗效。该行为夸大了器械的疗效范围，构成了虚假宣传。

被投诉人发布虚假广告的行为违反了《中华人民共和国广告法》第四条的相关规定，浦东新区市场监管局依据《中华人民共和国广告法》第五十五条的相关规定，依法对当事人做出行政处罚。

案例 2：女子轻信减肥广告被"套路"②

2021 年 11 月，江苏陈女士在网上看到一则奥利司他胶囊的瘦身广告，正好有减重需求的她花费 796 元购买了两个疗程，并添加了销售公司李助

---

① 参见 https：//xw.qq.com/cmsid/20210827A0EX5400。
② 参见 https：//baijiahao.baidu.com/s?id=1720490559004887074&wfr=spider&for=pc。

理的微信。服用两天后，李助理就建议陈女士再搭配公司其他产品使用，还向其推荐了体脂规划师李先生。随后，规划师李先生声称为陈女士量身制定了一套"70天减40斤"的减脂方案，陈女士花费3600元进行了购买。一周后，陈女士认为减肥效果不理想，而李先生却不断诱导陈女士购买产品，平时则只要求其控制饮食，坚持每天运动。陈女士一方面质疑："运动和节食本来就能瘦，我交这么多钱给公司意义何在？"另一方面，她发现该公司没有药品经营许可证，却销售奥利司他胶囊，涉嫌违规经营。针对陈女士所反映的情况，负责人称其公司坚决杜绝这类行为，但不排除有个别业务员使用虚假承诺、诱导消费、恐吓等方式追求业绩。

长沙天心区文源市场监督管理所在接到消费者陈女士的投诉后，立即安排工作人员上门核查，并敦促相关企业妥善解决消费者诉求。同时，监管部门也将对该公司开展不定期检查，督促其合法经营。经调解，陈女士已收到退款11000元。

4. 建议

(1) 建立医疗广告联席会议制度

强化部门协作配合，形成医疗广告监管合力，保持严厉打击虚假广告的高压态势，防范和化解虚假医疗广告造成的风险。

市场监管部门负责查处违法广告案件，同时要向公众公告典型的违法虚假广告，提醒消费者注意不要受骗，并定期向卫生行政部门通报处罚案件；卫生行政部门则加强医疗机构管理和教育，规范医疗机构自设网站发布医疗广告和医疗服务信息，将医疗机构发布违法广告情况进行不良执业记分并纳入医疗机构校验管理；而且卫生行政部门还可将发现的医疗广告违法线索移送市场管理部门进一步处理，畅通双向移送渠道。

(2) 落实连带责任制度

近年来，网络主播数量快速增长，直播带货也成为热门，由于门槛较低，网络主播良莠不齐，虚假宣传、假冒伪劣等引发的消费纠纷也被频频曝光。《中华人民共和国广告法》第五十六条规定"关系消费者生命健康的商品或者服务的虚假广告，造成消费者损害的，其广告经营者、广告发布者、广告代言人应当与广告主承担连带责任"。明确网络主播的法律责任，严格规范其直播带货行为，有利于遏制虚假广告泛滥。

（3）推一步发展医疗广告市场智慧监管模式

一方面可以利用先进信息技术，在搜索引擎中设置屏蔽词等，过滤、屏蔽违法医疗广告内容，并在执法过程中不断对词库进行更新，提高监管效率；另一方面也要畅通社会监督机制，畅通投诉反馈渠道，鼓励和发挥具有专业特长的医务人员介入医疗广告社会监督。

（二）自动续费

1. 现状

近年来，移动支付成为日常交易主要支付方式，各大交易平台为提升交易效率，简化交易流程，相继推出扫码支付、刷脸支付、免密支付等多种支付手段，为交易带来便利，却也增加了消费者的交易风险。现实中因App自动续费引发的投诉纠纷并非个案。2021年8月，银保监会曾下发《关于开展互联网保险乱象专项整治工作的通知》，其中便提到了套路续费相关问题：批评一些保险合同在订立过程中，特别是在网上投保时，网上投保页面设置不规范、不科学，诱导消费者勾选"自动续费"，而后续扣费不提前提醒，也不经客户选择或确认，直接通过系统扣费。截至2021年11月，在黑猫投诉平台上，以"自动续费"为关键词的投诉多达6万余条。[1] 2021年11月下旬，针对App会员的"自动续费"问题，浙江省消保委曾约谈了乐视、爱奇艺、芒果TV等7家视频网站。

2. 存在的问题

（1）消费者被迫自动续费

消费者权益保护法赋予消费者知情权和选择权。商家在提供自动续费服务前，需要将服务的内容、方式、费用等情况如实告知消费者，并且征得消费者同意。有的商家采取默认替消费者勾选的方式让消费者在不知情的情况下开通自动续费；有的商家在会员订阅页面只有3个付费选项："连续包年""连续包季""连续包月"，没有提供仅单次支付的选择，侵犯了消费者知情权和选择权。

---

[1] 参见 https：//www.douyin.com/video/7034444509953953038。

(2) 续费容易退订难

一些商家为了延长消费者的续费期限，通过设置层层阻碍让消费者难以取消甚至无法取消自动续费，消费者订阅自动续费时一秒完成，退订时却困难重重。有的 App 上取消自动续费的入口难以找到、退订流程烦琐；有的 App 绑定自动续费服务后，会在下一服务计费周期开始之前，就扣除下一周期的会费，而且无法退款；更有甚者，有的 App 已经下架依然在扣费，消费者连 App 都无法进入更不用说进行退订操作。

(3) 消费者维权困难

一方面是消费者普遍法律意识薄弱，很少运用法律武器来维护自身合法权益；另一方面消费者所要面对的可能是用各种法律知识武装的专业团队，靠个人的法律知识以及有限的时间和精力，难以应对。

3. 案例

案例 1：金某与某科技公司、某支付平台网络侵权责任纠纷案[①]

金某于 2021 年 7 月 6 日免费订阅了某科技公司提供的一款软件。9 月 3 日，金某突然收到某支付平台的短信提示，要求其支付 498 元。后经查证，金某得知上述费用是用于支付 7 月 6 日订阅的软件款。对此，该软件的开发方某科技公司称，曾在 7 月 6 日和 8 月 6 日分别发送过提醒扣费的邮件给金某，告知其免费期限已过以及后续订阅收费事宜。

因交涉无果，金某遂将科技公司、支付平台诉至法院，要求其返还订购费。法院经审理认为，一方面科技公司无法对告知事实进行举证，虽发送了电子邮件，但金某并未点击查看，因此对其主张的已告知事实不予采信；另一方面，金某注册软件时的协议所载内容为格式条款，对于涉及自动续费及免密代扣的协议条款，没有尽到加粗加黑等提示说明义务，属无效条款。经调解，该科技公司同意将自动续费费用退还金某。

本案中，作为格式条款的提供方，应当对不利于消费者一方的条款充分提示并且说明，否则该合同条款应被视为无效。消费者也应增强风险防范意识，在签订相关格式条款时，要重点关注及审慎开通免密支付、自动续费等服务，避免合法权益受损。

---

① 参见 https://www.cqn.com.cn/ms/content/2022-03/16/content_ 8795604.htm。

案例 2：平台自动续费前没有通知消费者①

某报社接到消费者罗先生投诉称，其在使用哔哩哔哩 App 期间，在不知情的情况下被自动续费。据悉，罗先生在去年使用 App 时，因新用户续费有优惠，故而勾选了自动续费，本意到今年过期时便不再选择自动续费，但是平台在没有通知罗先生的情况下擅自进行了下一期的自动续费。

罗先生找客服反映该问题时，平台客服明确表示这种情况无法退款，因为平台已经通过短信等方式提醒过罗先生，对此罗先生表示没有收到平台的续费通知，且其会员日期尚未到期就被自动扣费了，客服回答罗先生在勾选自动续费时另附有相关协议说明，因此不予退款。

4. 建议

（1）加强监管

《网络交易监督管理办法》明确，市场监督管理部门在依法开展监督检查、案件调查等监管执法活动时，可以要求网络交易平台经营者提供有关的商品或者服务信息。平台的交易规则按照规定必须公开，这样监管部门在对合同进行检查、取证工作时，就能够及时发现商家利用格式条款给消费者设置套路的违法情形。因此，应当切实加强对平台交易规则的监管，着重对平台上有关格式条款的合法性进行审查，同时积极鼓励消费者监督举报。

（2）完善电子商务法规

由事后处罚转化为事前监管，对续费的字号、位置、取消选项设置等细化标准，以常态化抽查、抽检，对违法行为要微察秋毫和重拳出击，对侵犯消费者权益的商家绝不姑息，才能营造良好的市场环境，要让肆意侵害消费者权益的 App 无立足之地。

（3）落实企业责任

根据《网络交易监督管理办法》第十八条规定"网络交易经营者采取自动展期、自动续费等方式提供服务的，应当在消费者接受服务前和自动展期、自动续费等日期前五日，以显著方式提请消费者注意，由消费者自主选择"。企业不仅需要提前五天通知消费者，还需要以显著方式提醒，

---

① 参见 https：//baijiahao.baidu.com/s？id＝1748456233922242164&wfr＝spider&for＝pc。

明确企业的提醒责任，才能进一步加强消费者权益的保护。

（4）完善救济渠道

很多 App 自动续费的金额每一期并不会很多，消费者即便是被额外扣除了一些费用，往往也不会因小钱而浪费大量精力去跟打擦边球的机构打官司。一般消费者单靠个人的努力很难与强势的平台方进行对抗，不易维护自身权益。这就需要监管机构、媒体和消费者协会等共同加入，综合各种手段应对这些问题。具体的，可以加强消费者投诉、建议渠道，监管部门也要对消费者提供的线索做出及时反馈，提高监管机构的效率和监管力度。

（5）制定标准

制定自动续费标准，进一步明确消费者续约或者解约的选择权，能有效平衡交易双方的权利义务。中央网信办、市场监督管理总局公示起草的《信息安全技术互联网平台自动续费服务要求》提出，互联网平台应在每次自动续费前都告知用户，并取得用户明示同意；未取得用户明示同意的，应终止自动续费服务并不再扣费。

（三）网络游戏

1. 现状

随着智能手机技术的飞速发展，人们的娱乐方式变得多种多样，很多人在闲暇时间都会拿起手机刷短视频、打游戏。短视频和手游可以说是老少皆宜，与此同时，网络游戏运营商诱导消费、擅自更改游戏内道具、装备等商品的属性等问题也频发。

未成年人群体是网络游戏的最忠实用户。2021 年 7 月发布的《2020 年全国未成年人互联网使用情况研究报告》显示：2020 年我国未成年网民规模达到 1.83 亿，未成年人的互联网普及率达到 94.9%。上网玩游戏的未成年网民比例为 62.5%，初中生网民群体中上网玩游戏的占比更高，达 72.7%。在智能社会，未成年人的阅读位置已逐渐被虚拟化、游戏化的东西挤占。[①]

[①] 参见苏竣、孙浩《网络游戏对青少年教育期望影响研究》，《清华大学学报（哲学社会科学版）》2022 年第 2 期。

2021年8月，国家新闻出版署印发《关于进一步严格管理 切实防止未成年人沉迷网络游戏的通知》（以下简称《通知》）。《通知》中规定，所有网络企业仅可在周五、周六、周日和法定节假日每日20时至21时向未成年人提供1小时服务。与此同时，需要严格落实网络游戏用户账号实名注册和登录要求，不得以任何形式向未实名注册和登录的用户提供游戏服务。

9月24日，为贯彻中央宣传部《关于开展文娱领域综合治理工作的通知》和国家新闻出版署《通知》有关精神，中国音像与数字出版协会（音数协）游戏出版工作委员会联合游戏工委全体理事单位及相关企业发布《网络游戏行业防沉迷自律公约》（以下简称《公约》）。包括腾讯、网易在内的213家单位参与了联合发布。

2. 存在的问题

（1）对未成年消费观念的侵蚀

如今的手游已经成为最受欢迎、游戏玩家最多的游戏类型，不管是七八岁的小孩，还是二三十岁的年轻人，不少都沉沦在手游的世界中不能自拔。每年我们都能够看到不少未成年人给手游乱充钱，导致父母银行卡余额归零的新闻报道。未成年人的金钱观尚未建立，往往对金钱的数额大小不敏感，并没有"我花了很多钱"的概念，以至于会在一款游戏中充值几万甚至十几万元，而在有着正确金钱观和价值观的成年人身上则往往不会出现类似的行为，如何限制未成年人在游戏中的消费行为，成为了当下亟待解决的热点问题。

（2）对未成年人身体、道德、品行的影响

一般而言成年人的自制力比较强，不会过度沉迷游戏，但未成年人容易受到环境的影响，导致过度沉迷游戏，无心学习。未成年沉迷网络，不仅会引起成绩下降、厌学、逃学，甚至对身体和心理健康以及身体发育都产生危害。部分网络游戏和短视频里面，暴力血腥的场面层出不穷，色情的场面也不时出现，受其影响，使本来辨别能力就不强的未成年难免会把它们带到正常的学习和生活中来，影响未成年的人生观和价值观。

（3）导致未成年人混淆现实与虚拟

随着互联网逐步渗透生活，人类社会已深陷"真实虚拟的文化"。青少年由于自我意识的快速发展、价值观形成的不稳定性，为了获得网民和同学的尊重，很容易导致网络成瘾。在一些武侠游戏中他们可能是拯救世界的侠客或英雄，或者在一些枪战游戏中他们可以体验现实生活中无法触碰的枪械武器。角色转换消极的一面是，一些青少年可能会因为这种成就感而沉迷其中，脱离现实生活，引发各种矛盾，可能会导致思想和情感与现实脱节，在心理上表现出个性发展的障碍，于是影响学业，甚至付出惨痛的代价，如有报道称"13 岁的青少年沉迷于网络游戏，在现实里模仿游戏中的翻墙跳楼行为动作而死亡"。[1] 类似的事件频频发生，提醒我们必须予以关注。

（4）侵害消费者的财产权益

网络游戏账号及其中的虚拟货币、游戏道具（如角色、武器、装备、皮肤）等是消费者通过付出大量的金钱、时间和精力获取的，是属于消费者的虚拟财产，凝聚了消费者的心血，具有财产属性和精神价值，受法律保护。经营者擅自更改游戏内商品属性参数、突然宣布停止服务、单方面修改协议条款、发布停止服务通知前开展诱导充值的活动等行为，侵害了消费者的财产权益，有违诚实信用原则，有负消费者合理期待和信赖。

3. 案例

案例 1：11 岁男孩半小时花 8 万余元买游戏账号[2]

因为疫情隔离在家，11 岁的男孩小尼（化名）在使用家人的手机上网课、提交作业期间，趁家人不知情，私自在拼多多购物平台多次进行了游戏相关的消费，超 10.6 万元，甚至曾在半小时内消费了 8.78 万元，仅仅被用来购买 5 个价值较高的游戏账号。家人在购买物品时看到银行卡的提示后才发现此事，并立即向平台方投诉，并与出售账号的游戏公司联系，希望能够把支付的款项退回，但因涉及账号贬值等原因，游戏公司并不愿意全额退款。在平台的协助调解下，游戏公司只愿意退还 7 万多元。双方无法达成一致，为了挽回更多的损失，小尼家人将游戏公司诉至法院，

---

[1] 参见孙佳琦、董世军《网络游戏对青少年价值观形成影响探析》，《湖南工业职业技术学院学报》2022 年 4 月第 22 卷第 2 期。

[2] 参见 https：//baijiahao.baidu.com/s? id＝1695110097958686282&wfr＝spider&for＝pc。

2021年3月24日，该案经成都高新法院审理，在法院的调解下，游戏公司同意再退还小尼家人1万元，小尼家人也适当承担部分责任。

案例2：网游停服，消费者账号、数据"一删了之"

2022年4月，中消协发文称收到不少消费者有关网络游戏停服事件的投诉，主要反映网游运营企业突然宣布停止服务，单方面修改协议条款，并声称将删除玩家游戏账号、游戏道具（如角色、武器、装备、皮肤）等所有数据，未消费余额只能兑换其他网络游戏的礼包，且在发布停止服务通知的1个月前还在开展活动诱导消费者充值。

中消协认为，网络游戏不是法外之地，网游运营企业不应只图利益而不担责任。网络游戏账号及其上的虚拟货币、游戏道具（如角色、武器、装备、皮肤）等是消费者通过付出大量的金钱、时间和精力获取的，是属于消费者的虚拟财产，凝聚了消费者的心血，具有财产属性和精神价值，受法律保护，其并非一般的个人信息，网游运营企业不应当以停服为由，在未取得消费者同意的情况下擅自处置，更不能一删了之。

案例3：应用商店存在付款漏洞，未成年支付多笔费用

2022年6月，上海市嘉定区消费者权益保护委员会接到消费者张先生投诉，其称近日无意中发现支付宝账户余额不符，查询明细后发现，自5月12日起，从该账户上陆陆续续地出现了115笔支付款项，共计12.39万元。后得知原来是其11岁的孩子利用上网课的机会，偷偷使用母亲的身份证下载并注册了一款手机游戏，在设置人脸自动识别后，从应用商店中获取到身份和支付认证。张先生认为，该应用商店的付款方式存在非常大的漏洞，游戏公司的注册环节也没有要求进行身份识别。投诉至手机应用商店后，对方答复张先生的诉求不符合退款要求，不予退款。嘉定区消保委介入后，应用商店为张先生先行赔付了上述游戏充值金额。

4. 建议

（1）优化网络游戏实名认证流程

2021年8月30日，国家新闻出版署下发的《关于进一步严格管理切实防止未成年人沉迷网络游戏的通知》要求限制向未成年人提供网络游戏服务的时间，严格落实网络游戏用户账号实名注册和登录。但在实际中，由于在进行实名注册时的身份认证程序要求较为简单，非常容易被"绕过"。

落实用户实名制,不仅要实名注册,还要进行实名认证,防止假冒他人身份、借用他人身份进行注册登记。

(2) 合理利用人脸识别系统

人脸识别系统仍是现阶段最有效识别未成年账号的手段。人脸识别系统能够精确判定是谁在登录,谁在玩游戏,从保护未成年的角度来看是效果最好的。积极探索人脸识别技术,对于进一步落实防沉迷机制具有不可或缺的作用。

(3) 提升游戏行业的准入门槛

要求运营企业树立社会责任意识,建立未成年人保护监管系统,主动对未成年人的消费行为作出预防,自觉承担起保障用户权益以及保护未成年人身心健康发展的社会责任。

(4) 健全游戏管理法律法规,强化监管

2010年,原文化部发布的《网络游戏管理暂行办法》是我国第一部专门对网络游戏进行管理的部门规章,较为系统地对网络游戏经营单位、网络游戏准则、法律后果等内容进行了规定,但该办法在2019年被废止;在网络游戏关服后对游戏内虚拟货币、道具装备等应当如何处理的问题上,文化部、商务部《关于加强网络游戏虚拟货币管理工作的通知》要求运营商应当提前通知、按比例退还,但在退还标准等方面并未做出详细规定,且该文件效力有限。目前我国针对游戏行业监管的专门法律或行政法规处于空白状态,游戏行业乱象频发。

建议完善网络游戏行业立法和市场监管机制,明确网络游戏相关职能管理部门职责分工,对游戏分级、内容审核、实名认证等方面监管落实到位;推进游戏分级制度,引导不同年龄段的人选择符合自身情况的游戏;加强对网络虚拟财产、数据等新型权益的保护。

(四) 教育培训行业

1. 现状

教育培训是一项涉及民生的社会经济活动。随着教育发展的多样化,各种各样的校外教育培训机构应运而生,人们的消费意愿也(或主动或被动地)猛烈增长。根据相关统计,2019年国内校外培训机构的总数接近

60万家，2020年又新增40余万家，注销10余万家，总数远超同期义务教育阶段学校数量，加上同一培训机构可以多点办班，实际校外培训机构数量更多。2020年教育培训是消费排行榜的第一名。①

与此同时，经营主体逐利心理迅速放大，培训机构利用家长怕自己孩子输在起跑线上的心态，不断贩卖焦虑、攀比营销，数字经济新业态的规制缺位、虚假宣传、价格违法、课程质量低劣，甚至有的机构卷款潜逃都成为一种套路，导致了该市场的风险激增，维权困境层出不穷。据中国消费者协会统计，2015—2021年，消费者针对校外教育培训的投诉逐年上升，从5811件增加到80528件，占总投诉比例从0.91%上升至7.71%，占服务类投诉比例从3.10%上升至15.57%。

2021年7月24日，为持续规范线上线下校外培训，有效减轻义务教育阶段学生过重作业负担和校外培训负担，中共中央办公厅、国务院办公厅印发《关于进一步减轻义务教育阶段学生作业负担和校外培训负担的意见》。《意见》指出，线上培训机构不得提供和传播"拍照搜题"等惰化学生思维能力、影响学生独立思考、违背教育教学规律的不良学习方法。《意见》要求切实提升学校育人水平，持续规范线上线下校外培训，有效减轻义务教育阶段学生过重作业负担和校外培训负担。对全面规范校外培训机构进行了明确的规定，释放了营造良好教育生态的信号。

2021年10月，全国人大表示："双减"拟明确入法，避免加重义务教育阶段学生负担。11月3日，国家市场监督管理总局等八部门发布《关于做好校外培训广告管控的通知》。坚决杜绝地铁、公交站台等所属广告牌、广告位刊发校外培训广告。

"双减"出台后，教培机构整治风暴席卷而来，涉及教培机构预付费用不退、卷款跑路侵害消费者权益事件在全国带来一系列的舆论高关注度，培训机构倒闭、跑路等热点事件引发家长的投诉维权，相关话题多次

---

① 根据央视《中国经济生活大调查2019—2020》统计结果。该调查统计了10万份调查数据，表明之前教育培训一直在五名之外徘徊，2020年后成为消费排行榜的第一名。该调查的链接参见2020年7月21日新华网官方客户端：http://www.yidianzixun.com/article/0PnDM2oD。

冲上热搜，带来较大舆情声浪。根据浙江省合同行政监督管理系统公示的重点行业指导条款，自 2021 年 8 月 30 日至 2022 年 1 月 27 日，在校外培训领域，浙江省的 64 个市场监管局（包括市级、区县级监管局和分局）共上传 152 次禁止订立和 133 次建议订立的条款，在所有行业领域中数量最多。

2. 存在的问题

(1) 消费者公平交易权受到损害

由于校外教培采取的预付式消费模式是培训对象在获取教育服务前预先支付费用给校外教培机构的模式，意味着校外教培机构在支付费用和享受服务二者之间的时间差里，履约具有非常大的不确定性，作为先履约一方的受训对象由于这种校外教培机构履约的不确定性承担了不应承担的风险，因此难以认为交易双方在交易过程中的地位是平等的。

(2) 消费者知情权受到限制

在校外教培关系的缔结中，许多培训机构会在销售宣传过程中利用自身优势以及良好的销售团队，对预付凭证的使用范围、商品或者服务的情况进行虚假、片面、诱导且具有隐瞒性的宣传。由于虚假宣传等造成的信息不对称，受培对象无法真实、全面、准确、及时地获取培训机构以及培训服务的信息，导致其知情权在事实上受到了限制。

(3) 消费者隐私权与个人信息保护难以保证

在信息时代，消费者各种个人信息对市场上各类经营者而言，具有巨大的经济价值，这种包含隐私信息在内的个人信息的收集、保存以及使用对消费者而言，也存在着风险。培训机构对收集到的培训对象及其家长信息的使用并不透明，存在非法泄露、使用或转卖的风险，不仅威胁着受培对象和家长的财产安全，还有侵犯培训对象的隐私和个人信息权利之嫌。

(4) 消费者财产安全权受到侵害

在培训过程中，受培对象最重要的权利就是获得培训机构提供的教培服务。由于多数校外教培机构要求受培对象预先支付相应费用之后再接受培训服务，有些无良的培训机构会利用这种预付式消费模式的特点进行欺诈：其先利用推销，然后广泛发行听课证，待收到足够的预付资金后就会跑路。另有培训机构因机构管理不当而倒闭，其起初并非有意欺诈，但由于培训机构停业或资不抵债，未消费的服务款项无法退还给消费者，这些行为都侵犯了消费者的财产安全权，导致消费者预付的财产遭受损失。

3．案例

案例1：培训机构擅自停业退款难案

自2021年5月起，重庆市和黔江区两级消保委先后受理了151位消费者对重庆市沄晗艺术培训有限公司停业且拒绝退费的投诉。经过调查，两级消保委决定支持消费者向黔江区人民法院提起集体诉讼，并且积极协调律师为消费者提供诉讼代理服务，法院11月17日开庭公开审理了此案，判决被告重庆市沄晗艺术培训有限公司于判决生效之日起十日内退还消费者剩余培训费用。

案例2："双减"施行教培班停课 诉中调解退费纷争

为了给孩子学习美术专业和文化课，吴某于2021年7月到某文化培训中心报名，并向该培训中心支付培训费、住宿费合计12万余元。后来该培训中心因自身原因不再继续授课，吴某要求其退还剩余培训费及住宿费9万余元，培训中心向吴某出具欠条并约定了退费时间，但并未按时退还，多次催款无果后，吴某将培训中心诉至法院。

庭审过程中，办案法官了解到培训中心面临的困境是因与第三方合作办学失败，且恰逢国家颁布"双减"政策，没有继续履行合同的条件，但一次性退还所有学生的剩余费用存在一定困难，于是组织双方达成调解协议：培训中心分期向吴某退还学费，并支付部分因逾期退费而造成的资金占用损失，妥善解决了该起退费纠纷。

4．建议

（1）校外教育培训领域消费者权益保护立法

目前我国尚无规范校外教育培训领域的专门的法律法规和地方规章。现行的一些规范性文件主要是由教育、市场监督管理等行政部门制定和发布，其目的是规范校外教育培训机构特别是义务教育阶段校外培训机构的经营行为，消费者保护方面约束效力有所欠缺，而国务院办公厅颁布的以"双减"《意见》为代表的纲领性文件，则更多的是指导性原则，未涉及校外教育培训机构违法违规行为的罚则制度。因此，有必要在立法层面针对校外教育培训领域的消费者权益保护进行专门性的规定。

(2) 加强一元主导、多元配合的多部门协同监管机制

校外培训活动是否规范涉及到千万家庭的利益,这是一个典型的社会综合类治理问题,并非单一依靠执法机关或教育部门进行调整,需要多个社会治理部门进行联合规制,复合保护。

教育部校外教育培训监管司的成立,对校外教培产生巨大影响,该司的设立标志着校外培训行业跨过了九龙治水的多头监管以致无人真管的混乱阶段,进入了国家专属监管机构直接管理的时代。由教育部牵头建立一元主导、多元配合的多部门协同监管机制,对于深化校外教育培训改革具有重大意义,在面向成年人的学科培训、职业培训方面,也应参照此类监管模式,明确各部门主体责任。

在落实一元主导多元配合机制中,应进一步明确校外教育培训监管主体及其职责,加强监管体系内外部的沟通协调,充实基层执法力量,提高执法人员法律素养。建立日常监管执法机制,在阶段性专项整治行动之外,加强行业发展规律研究,建立风险研判、预警、处置长效化机制。加大对培训机构违法行为的查处力度,保障消费者预付资金安全,提高培训机构违法成本。

(3) 对沉淀资金推行特殊监管

除了普通合同风险、消费风险外,在校外教培领域,还须特别防范金融风险。为此,应额外加强对预收费的制度性防范,有效针对教育培训机构的特殊运行状况,采用银行托管或风险保证金方式,对培训预收费实行监管,保护消费者合法权益,促进行业的健康发展。此外,还可以鼓励金融机构、互联网平台积极加强与教育部门的创新合作,研发推出教育培训资金监管平台,助力教育部门智慧监管等。

(4) 信用监管

在建立预付费行业的信用评级与惩戒制度时,将教育培训机构进行单独分类,具体的信用监管措施,可参考预付式消费模块的建议内容。

(五) 家政服务行业

1. 现状

近年来,随着我国进入全面建设社会主义现代化国家的新发展阶段以

及人口老龄化程度不断加深、"三孩"生育政策的推进实施，人们对居家养老、康复护理、育婴育幼、烹饪保洁等多样化的改善型消费需求日益凸显，家政服务业发展水平逐渐提升。家政服务业作为新兴的生活性服务业，在保障和改善民生、促进就业、扩大内需等方面发挥着特殊而重要的作用。家政服务市场总规模从2015年的2776亿元增长到2021年的10149亿元，服务机构已超过200万家。2018年全国两会期间，习近平总书记曾指出"家政服务是朝阳产业，也是爱心工程，大有可为"。

在家政服务业快速发展的同时，存在有效供给不足、行业发展不规范、服务质量不高、群众满意度差等问题。虽然国务院办公厅分别于2010年、2019年出台了《关于发展家庭服务业的指导意见》（国办发〔2010〕43号）和《关于促进家政服务业提质扩容的意见》（国办发〔2019〕30号）两份文件作为指导性意见，在规范行业发展上起到了一定作用，但因缺乏法律上的强制性约束，导致家政服务市场乱象不断。特别是近年来频繁出现的保姆伤害老人、儿童案件，暴露出家政服务行业背后的隐患和风险，成为亟待解决的社会问题。目前家政服务业存在服务质量难以保障、合法权益缺乏维护、统一监管机制欠缺三方面问题。

2. 存在的问题

（1）价格虚高、不透明，定价随意

目前国内市场上大多数家政服务公司属于以收取"中介服务费和培训服务费"为主要盈利手段的中介公司，其中介服务收费标准和收费方式差异较大。由于家政市场缺少服务标准和规则，家政服务公司大多存在随意定价行为。更有不良商家在"上门服务"四个字上玩文字游戏，广告宣传服务费30元/小时，实际上门后还要额外收取用户50元上门费及20元工具费。

（2）故意拖延工作时间

市面上的家政服务公司收费标准不统一，有的是按小时收费，有的是按建筑面积收费，有的是按项目收费，其中按小时收费的保洁服务是最常见的。但这种收费方式最大的弊端就在于，会让个别服务素质差的保洁人员钻了空子。明明1小时就能做完的活，硬是拖到2个小时甚至3个小时。

（3）从业人员门槛低，售后无保障

当下家庭服务业的供求矛盾主要表现在总体上的供不应求、服务质量上的供不应求以及季节性供不应求三个方面。当前我国家政服务从业人员综合素质普遍偏低，无法满足市场多元化、精细化家政服务需求。一些公司缺少营业资质或无能力雇佣全职服务人员，便会化身中介，私下找未经过统一培训的普通人员上门服务，这样的服务质量通常都不会在意客诉问题，也无售后服务。

（4）标准研制发展跟不上产业发展

随着医疗陪护、早教、管家、家庭理财等新兴家政服务产业的迅速兴起，规模和产值逐年增长，相对应的标准缺失。目前国家只有一项陪护标准，尚未涉及早教、管家等热门产业，行业标准大多涉及养老产业，标准的制定跟不上新兴家政服务产业的发展要求，标准的指导实践能力优势不明显。

3. 案例

案例1：搬家公司坐地起价

2021年8月，北京市民包先生致电12345反映，不久前，他找到一家搬家公司运送一架钢琴、一台空调、一个柜子三件物品，按照搬家公司此前的说法，2.1公里的距离，运费是280元/辆，两辆车一共560元，三件物品搬运费分别为200元、150元、450元，合计应该只有1360元。然而现场工人们搬完后却坐地起价，要求额外支付人工费，支付标准为300元/人/小时，当天一共来了3人，工作5个小时需支付4500元。由于搬完时已是深夜12点，为了两个孩子及自身安危考虑，包先生不得已支付了高价费用。据包先生所述，当时工人向其索要8000元，经过一番讨还还价后支付了6000元。

案例2：服务质量无保证，消费者投诉处理难

北京市民高先生致电12345反映，他家3个空调均需要维修，故此他在京东找到上门维修并下单，根据信息是由啄木鸟公司密云店负责维修。待工作人员上门后告知高先生，有个800元优惠套餐可包维修，但高先生交完钱以后，3个空调全部都没修理好。对此，啄木鸟客服回复其不管售后，京东上的订单也消失了。无奈之下，高先生给12345热线打了电话，

要求京东和啄木鸟平台退还其维修费用。但由于啄木鸟公司的注册地在重庆，高先生的投诉遥遥无期。

案例3：保姆多次虐待十个月宝宝被判刑

2021年4月，陈女士家中需要招聘保姆，钟某从网上平台得知此事，遂通过应聘后来到陈女士家中从事保姆工作，工作内容为负责照顾年仅十个月的婴儿小明（化名）。6月29日、30日两日内，在给小明哄睡的过程中，因小明不停哭闹，使得钟某心烦气躁，先后8次抓住小明的双脚使其倒立悬空，并用力抖动其身体。陈女士在事发后才从监控视频中得知，于是报案至县公安局。

法院经审理认为，被告人钟某作为被害人小明的保姆，多次虐待被害人，情节恶劣，其行为已触犯刑律，构成虐待被看护人罪。考虑到被告人钟某如实供述其犯罪事实、自愿认罪认罚，且愿意积极赔偿损失，得到了小明一家的谅解。综上，法院遂依法做出判决。

4. 建议

（1）加强家政服务立法

国务院办公厅分别于2010年、2019年出台了《关于发展家庭服务业的指导意见》（国办发〔2010〕43号）和《关于促进家政服务业提质扩容的意见》（国办发〔2019〕30号）两份文件作为指导性意见，在规范行业发展上起到了一定作用，但因始终缺乏法律上的强制性约束，导致家政服务市场乱象不断。

贯彻落实党中央的精神，认真总结家政服务经验做法，坚持问题导向和需求导向，注重立法有效和可操作性，在规范家政服务、促进行业发展方面做更为全面和前瞻性的规定。

（2）完善市场监管机制

建议推动家政服务业信用信息公开，全面收集家政企业、从业人员的基础信息和信用信息；加强对家政服务公司及从业人员的监管，对于家政服务公司和中介机构每年进行年检、评审；利用信息化手段，建立家政服务行业监管平台；定期开展联合执法行动，对存在违法违规和严重失信行为的家政企业及从业人员加大惩戒力度，列入信用黑名单，形成系统、可追溯的强有力监管。定期对家政企业和家政从业人员开展形式多样的诚信宣传和诚信教育活动，并充分鼓励群众参与家政服务监督。

（3）加强协会建设，完善标准体系

提升行业协会服务能力，强化行业发展规划和标准制定、信用评价、培训认证等服务质量和水平。引导家政服务行业在家庭搬家、家庭烹饪、家居清洁、家电清洁、家庭护理等各类家政服务标准方面，制定符合发展方向的规划，解决现在行业新兴产业无标可依的现象。鼓励地方标准、团体标准的发展，各家政社会团体和协会组织应该积极参与家政团体标准的制定。

（4）提升从业人员素质

2019年国务院颁布的《关于促进家政服务业提质扩容的意见》提出，采取综合支持措施，提高家政服务从业人员素质；适应转型升级要求，着力发展员工制家政企业。

以菲律宾为例，菲律宾非常重视对家政从业人员的培训。菲律宾政府和国外投资在菲建立了很多培训学校，对家政从业人员进行免费培训，所有家政从业人员在出国前都要经过培训并获得资格证书，因此，"菲佣"具有很高的专业性，已成为国际知名家政服务形象。

家政服务企业可以在实践中摸索适应本企业家政服务人员的服务流程和服务标准，并对家政服务人员开展培训，培训内容不仅包括服务流程的各种细节，也应包括家政服务人员的言行举止和道德要求。

第三章 区域消费维权建设状况

第一节 京津冀地区

一 投诉概况和相关数据

(一) 北京市消费者协会2020—2022年消费投诉情况分析[①]

2021年北京市各级消协组织认真履职,依法受理各类消费投诉,全力维护消费者合法权益。北京市消协组织共受理消费者投诉39990件,办结37355件,投诉办结率93.41%,接待消费者来访和咨询47097人次,为消费者挽回经济损失2351.08万元。与前年同期相比,投诉量降低47.15%。96315热线登记消费投诉37967件,办结26796件,投诉办结率70.58%,挽回经济损失1145.11万元;2022年全年全市消协组织共受理消费者投诉30103件,同比减少24.72%,解决26692件,投诉解决率88.67%,为消费者挽回经济损失11936194元。

1. 基本情况

(1) 投诉性质分析

2020—2022年,合同类投诉均位列第一位,且投诉占比持续上升,从35.97%上升至62.37%;质量类投诉与售后服务类投诉也一直处于前列。其中,质量类投诉、售后服务类、价格类和虚假宣传类的投诉占比呈现下

[①] 参见北京市消费者协会网,http://www.bj315.org/xxyw/xfxw/202203/t20220315_32544.shtml。

降趋势；安全类投诉有一定程度提升；其他类型投诉占比基本持平（见表 3-1、图 3-1）。

表 3-1　　　　　　　　按投诉问题性质分类情况表

投诉性质	2022年(件)	投诉比重(%)	2021年(件)	投诉比重(%)	2020年(件)	投诉比重(%)
合同	18775	62.37	20032	50.09	33874	35.97%
质量	4761	15.82	6451	16.13	18575	19.72
售后服务	2113	7.02	3420	8.55	9033	9.59
其他	1610	5.35	6159	1534	24210	25.71
安全	1246	4.14	1182	2.96	542	0.58
价格	768	2.55	1177	2.94	2831	3.01
虚假宣传	522	1.73	805	2.01	4119	4.37
计量	119	0.4	137	0.34	208	0.22
人格尊严	105	0.35	435	1.09	314	0.33
假冒	84	0.28	192	0.48	474	0.5

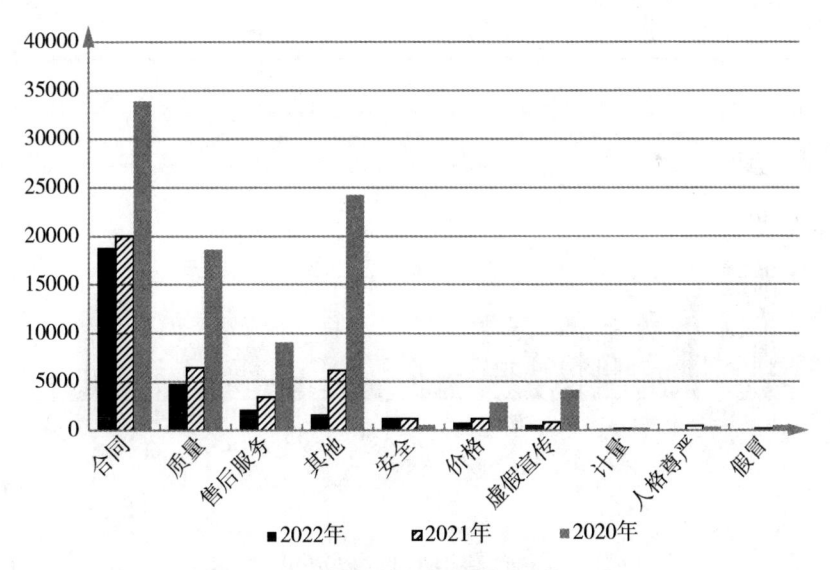

图 3-1　按投诉性质分类趋势图（单位：件）

（2）商品和服务类别情况分析

在商品类投诉（见表 3-2、图 3-2）中，与 2020 年和 2021 年相比，

2022年服装鞋帽类投诉的比重大幅上升,增幅10%以上;食品类投诉呈现逐年递增趋势;家用电子电器类、交通工具类和首饰文体用品类投诉占比逐年下降;其他类型基本持平。

表 3-2　　　　　　　　商品大类投诉量情况表

商品类别	2022年(件)	投诉比重(%)	2021年(件)	投诉比重(%)	2020年(件)	投诉比重(%)
服装鞋帽类	3255	28.49	1536	15.51	3450	15.38
食品类	2583	22.61	2043	20.89	2157	9.61
家用电子电器类	1971	17.25	2285	23.37	4946	22.04
日用商品类	1659	14.52	1761	18.01	5910	26.34
交通工具类	639	5.59	675	6.9	1714	7.64
首饰及文体用品类	467	4.09	546	5.58	1759	7.84
房屋及建材类	569	4.98	474	4.85	1309	5.83
烟、酒和饮料类	161	1.41	286	2.92	331	1.48
医药及医疗用品类	110	0.96	162	1.66	849	3.78
农用生产资料类	12	0.11	11	0.11	13	0.06

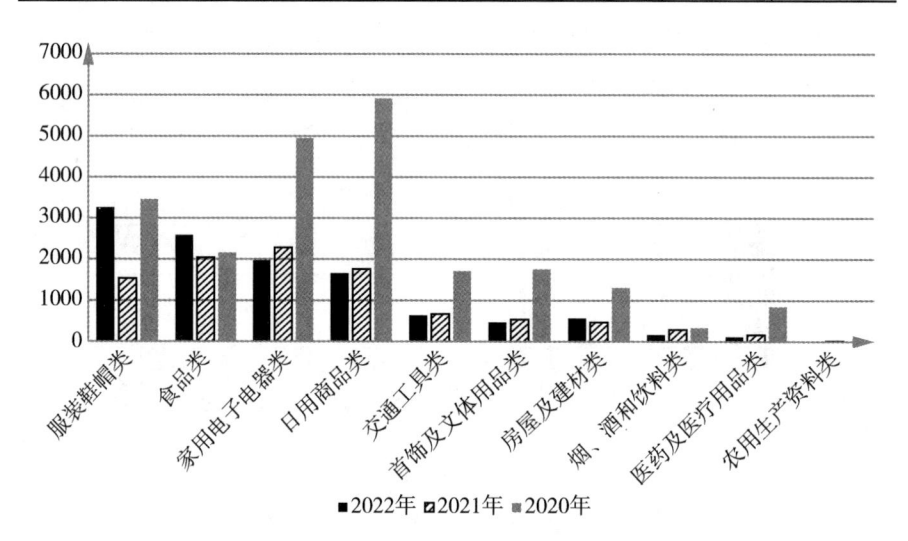

图 3-2　商品大类投诉量图(单位:件)

在服务类投诉(见表 3-3、图 3-3)中,与 2020 年和 2021 年相比,2022 年教育培训服务类投诉占比进一步大幅度上升,达到 44.48%;生活社会服务类、销售服务类、公共设施服务类和文化娱乐体育服务类的投诉占比与往年相比呈逐年下降趋势；互联网服务类投诉占比逐年上涨，达到15.4%，进入服务类投诉前三；其余类型基本持平。

表3-3　　　　　　　　　　服务大类投诉量变化表

服务类别	2022年（件）	投诉比重（%）	2021年（件）	投诉比重（%）	2020年（件）	投诉比重（%）
教育培训服务	8280	44.48	10619	35.44	16235	23.06
生活社会服务类	3059	16.43	6094	20.34	19956	28.34
互联网服务	2867	15.4	2847	9.5	3227	4.58
销售服务	2060	11.07	5046	16.84	15153	21.52
公共设施服务	903	4.85	2496	8.33	6681	9.49
文化娱乐体育服务	776	4.17	1734	5.79	4983	7.08
房屋装修及物业服务	183	0.98	331	1.1	1206	1.71
旅游服务	154	0.83	300	1	1806	2.57
金融服务	151	0.81	186	0.62	124	0.18
邮政业服务	110	0.59	220	0.73	209	0.3
电信服务	30	0.16	55	0.18	149	0.21
卫生保健服务	29	0.16	27	0.09	668	0.95
保险服务	14	0.08	10	0.03	11	0.02

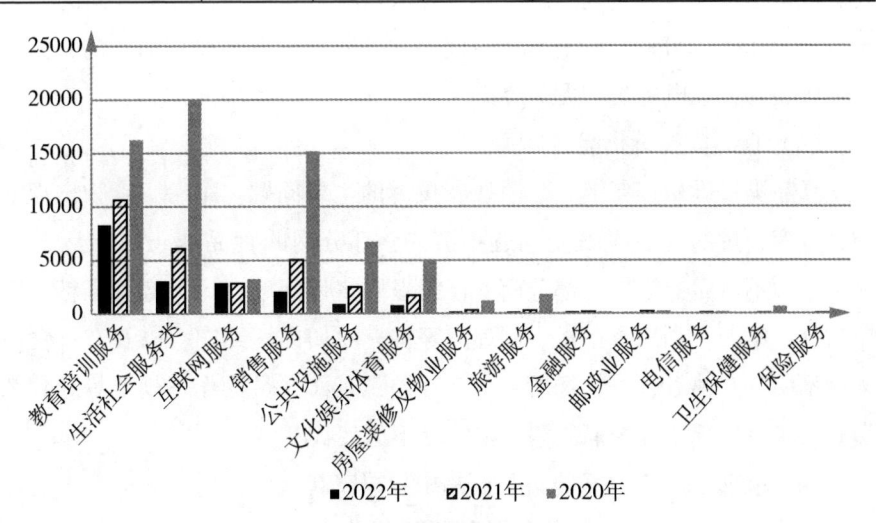

图3-3　服务大类投诉量图（单位：件）

2. 情况分析

（1）教育培训服务的投诉占比较大

受到近年频繁出现的"考研热""考公热"等影响，教育培训问题一直是消费者投诉的热点。2022年，教育培训服务投诉量同比上升16%，在服务类投诉占比同比上升9%，投诉占比44.48%，位居服务类投诉量第一。消费者投诉问题主要有：一是商家不按合同约定提供服务，受疫情和"双减"政策影响，部分商家无法维持经营；二是存在虚假宣传、虚假承诺问题，如虚构教师资质、虚假承诺"保过"等；三是职业类培训，承诺与实际不符，主要表现为承诺考不过退款、代报名等；四是因疫情改为线上培训后，消费者要求降低收费标准、变更培训内容或要求退费，培训机构以各种理由拖延或拒绝办理，有的要扣除较高费用。

（2）合同纠纷问题仍是投诉重点

2022年共受理合同类投诉18775件，投诉量虽较2021年相比有所下降，但投诉占比升至62.37%，同比上升12.28%。其中，日用商品类、房屋建材类、食品类等合同纠纷明显增多。消费者投诉问题主要有：一是商家未按约定履行；二是提供商品与收到的不符，商品质量不符合商家宣传以及未能满足消费者需求；三是物流配送未按约定时间送货，物流配送不送货上门或不通知收货方等；四是消费者预订机票，由于无法正常消费，要求退定金或预付款遭到拒绝，或被要求扣除过高费用；五是合同的"三包"条例中，部分商家故意拖延时间来达到限制消费者权利的目的，其中以房屋装修，家电等类型尤为突出。

（3）食品类投诉仍需持续关注

食品类投诉量逐年上升。消费者投诉的主要问题：第一，食物出现变质、霉变、过期等卫生安全问题；第二，部分网购食品属于"三无"产品，来源不可靠；第三，部分商家存在虚假宣传问题，比如宣称零糖、零脂肪等；第四，利用拼接肉、调理肉等冒充原切肉、纯肉，以及有机食品来源不明等；第五，餐饮场所卫生条件差，工作人员操作不规范等导致消费者用餐后出现集体腹痛腹泻、呕吐等不适症状。

（4）化妆品类在高频投诉类商品中异军突起

据统计，2022年对化妆品类的投诉量为791件，而去年只有76件，同比增长 940.78%。主要问题有以下三点：一是化妆品属于交易额较大的商品，在线上购物渠道中往往会有"保价"，但事实在施行此类策略时，经营者并没有表现出积极的态度；二是线上购物时商品真假难辨；三是某些商品、在各大网络平台中纷纷推广短视频，以夸张标题来进行打假实验，实则是进行铺天盖地的不实宣发和水军造势，诱骗消费者购买产品，但实际上效果根本没有或无法达到宣传的程度。消费者申请退货往往会被以影响二次销售为由拒绝。

（二）天津市消协系统2020—2022年消费投诉情况分析[①]

根据"全国消费者协会投诉与咨询信息系统"统计，2020年全市消协组织共受理消费者投诉 2220 件，为消费者挽回经济损失 414 万余元。接待消费者咨询 6479 人次；2021 年天津市消协组织共受理消费者投诉 1702 件，为消费者挽回经济损失 296 万余元。接待消费者咨询 6938 人次；2022 年上半年全市消协系统共录入消费者咨询 2705 人次，受理消费者投诉 596 件，为消费者挽回直接经济损失 105 万余元。

1. 基本情况

（1）商品和服务按投诉性质分析

在 2020—2022 年受理的投诉中，按投诉性质划分，质量问题投诉一直居首位，其次是合同、售后服务等问题。与 2020 年比较（如表 3-4、图 3-4 所示），2021 年与 2022 年的质量问题投诉占比明显增加，合同问题与售后服务问题占比在 2021 年稍微回落后又重新回升。

表 3-4　　　　　　　按投诉问题性质分类前三位情况表

投诉性质	2022年（件）	投诉比重（%）	2021年（件）	投诉比重（%）	2020年（件）	投诉比重（%）
质量	457	25.85	491	28.85	532	23.96

---

① 参见 http://finance.sina.com.cn/jjxw/2022-01-04/doc-ikyamrmz3100370.shtml；https://mp.weixin.qq.com/s?__biz=MzA5MjQwOTQyMQ==&mid=2649277222&idx=1&sn=3ab8017d6cd46d6230c6d26bc6e64625&chksm=8871f804bf06711218c822d224b2ffbc1639d82ba87aca429984b88541c9dee5bb52f1c4ec57&scene=27。

续表

投诉性质	2022年（件）	投诉比重（%）	2021年（件）	投诉比重（%）	2020年（件）	投诉比重（%）
售后服务	160	9.05	96	5.64	148	6.67
合同	142	8.03	126	7.4	178	8.02

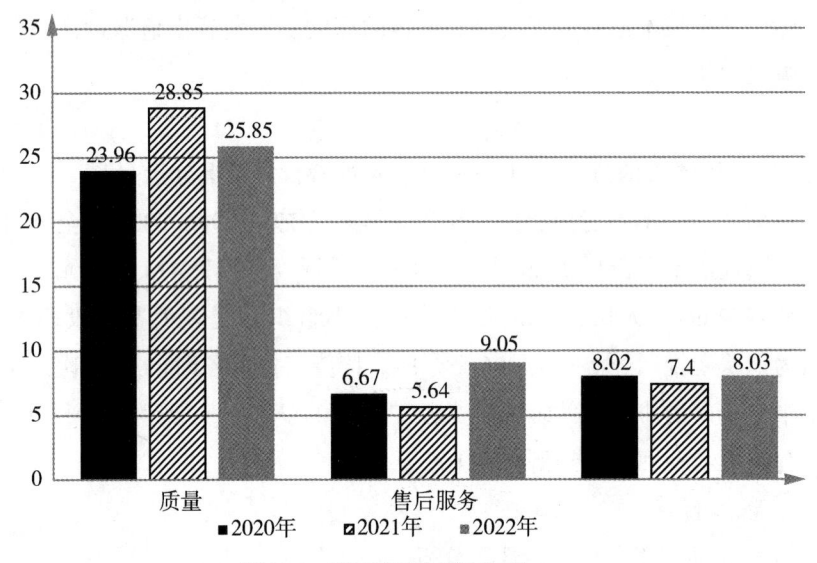

图 3-4　投诉性质比例趋势图（%）

（2）商品和服务按投诉类型分析

2020年商品和服务投诉中，交通工具类、家用电子电器类、服装鞋帽类、生活社会服务类、食品类投诉数量排在前五位；2021年日用商品类投诉取代生活社会服务类投诉量进入前五名；而2022年生活社会服务类又取代日用商品类重回前五，其中食品类投诉大幅上涨（如表3-5、图3-5所示）。

表 3-5　　　　　　投诉问题类型分类情况变化表

商品类别	2022年（件）	投诉比重（%）	2021年（件）	投诉比重（%）	2020年（件）	投诉比重（%）
交通工具类	232	13.09	449	26.38	587	26.44
食品类	206	11.62	135	7.93	186	8.38
生活社会服务类	163	9.19			229	10.32

续表

商品类别	2022年（件）	投诉比重（%）	2021年（件）	投诉比重（%）	2020年（件）	投诉比重（%）
服装鞋帽类	154	8.69	156	9.17	200	9.01
家用电子电器类	133	7.5	182	10.69	202	9.1
日用商品类			137	8.05		

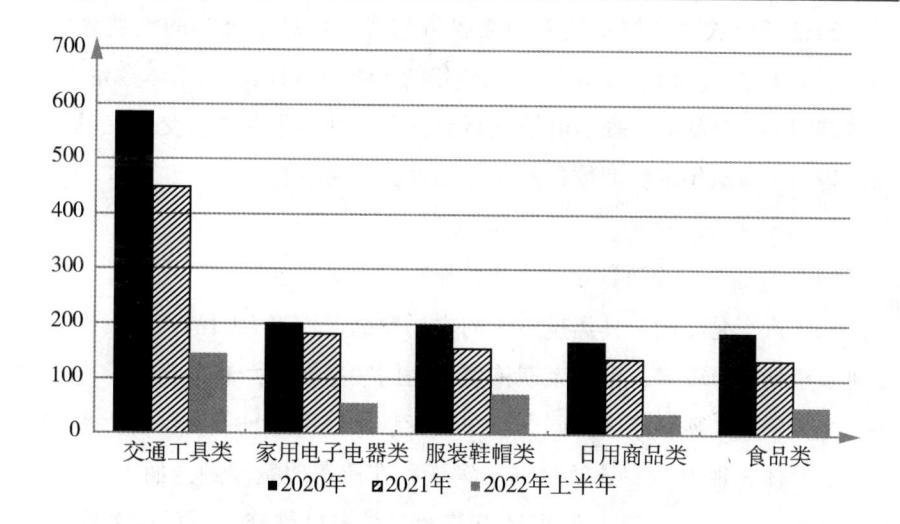

图3-5 商品大类投诉量趋势图（单位：件）

（3）消费者咨询情况分析

表3-6　　　　　　　　消费者咨询情况分析

咨询类别	2022年（件）	占比（%）	2021年（件）	占比（%）	2020年（件）	占比（%）
其他商品和服务	1219	15.94	1183	17.05	580	8.95
服装鞋帽类	793	10.37	746	10.75	831	12.83
食品类	681	8.91	658	9.48	406	6.27
家用电子电器类	658	8.6	601	8.66	693	10.7
生活社会服务类	649	8.49	632	9.11	643	9.92
交通工具类	574	7.51	573	8.26	501	7.73
日用商品类	432	5.65	398	5.74	423	6.53
教育培训服务	385	5.03	383	5.52	259	4

续表

咨询类别	2022年（件）	占比（%）	2021年（件）	占比（%）	2020年（件）	占比（%）
销售服务	373	4.88	350	5.04	614	9.48
房屋及建材类	268	3.5	267	3.85	276	4.26

2022年录入"全国消费者协会投诉与咨询信息系统"的消费者咨询7647件，与2021年的6938件、2020年的6479件相比较，总体数量上升。服装鞋帽类、食品类、家用电子电器类、生活社会服务类、交通工具类的来电咨询量位居年度咨询数量前列（如表3-6所示）。

2. 投诉热点分析

(1) 交通工具投诉数量和占比位居首位

家用汽车是交通工具类投诉中的主要商品。作为大额消费品，家用汽车涉及消费环节较多，消费者期待值、使用频率较高，相关投诉一直比较多。主要问题是购车定金合同、新车瑕疵、维修质量、不履行售后承诺等问题。具体表现为：一是新购汽车发现存在质量瑕疵问题，如天窗异响、新车划痕、存喷漆痕迹、发现锈点等；二是车辆维修、售后服务产生争议，如多次维修未解决故障、对维修费用不认可；三是合同违约行为，如不按约定日期交付车辆；四是新能源车续航里程与宣传不符、电动车电池质量问题。

(2) 家用电子电器投诉占比较高

家用电器类投诉主要在产品质量及售后服务。家电产品出现质量问题，经营者不履行"三包""延保"等售后服务承诺；家电维修收费乱、维修质量得不到保证。

(3) 商品房投诉、房屋装修投诉数量增长涉及众多业主

商品房的咨询投诉总体数量不高但数额大，且有的案件涉及众多业主。消费者投诉的主要问题是房屋质量和合同违约问题：一是房屋质量差，如天花板开裂、屋面漏水渗水等；二是精装修房质量问题，如用材不实，工艺粗糙等；三是房屋有质量问题不及时维修或维修质量差；四是开发商不按约定日期交房或退款。家居装修投诉除了装修

增项、质量、逾期交付等问题，经营者"跑路失联"使众多消费者陷入维权难的困境。

(4) 退费争议引发多起教育培训投诉

教育培训的"双减"政策出台，最主要的就是退费争议。消费者投诉的主要问题有：一是培训机构闭店没有善后措施，有的直接"跑路"失联引发投诉；二是退费数额、退款时间协商不一致引发消费者投诉，经营者承诺不予兑现；三是经营者服务合同含有不公平格式条款，加重消费者责任或者免除经营者义务，减损消费者权益。

(三) 河北省 2020—2022 年消费投诉情况分析

2020 年河北省各级消费者权益保护委员会共受理消费者投诉 20429 件，解决 16429 件，解决率 80.42%，为消费者挽回经济损失 1298 万元；2021 年，河北省各级消费者权益保护委员会共受理消费者投诉 22226 件，解决 18708 件，解决率为 84.17%，为消费者挽回经济损失 1822 万元；2022 年全省各级消费者权益保护委员会共受理消费者投诉 26038 件，解决 22338 件，解决率 85.79%，为消费者挽回经济损失 1699 万元。

1. 基本情况

(1) 按投诉问题的性质分析

2020—2022 年，质量问题、售后服务问题和价格问题在所有投诉问题中排在前三的位置，其中 2022 年质量问题占总投诉量的 27.61%，售后服务问题占总投诉量的 10.37%；其他为合同、虚假宣传、安全、假冒、计量以及人格尊严等问题，都是引发消费者投诉的主要原因。

(2) 按投诉商品和服务的类别分析

2020 年受理商品类投诉 11808 件，占投诉总量的 57.8%；受理服务类投诉 4027 件，占 19.71%；其他 4594 件，占 22.49%；2021 年，受理商品类投诉 12622 件，占投诉总量的 56.79%；受理服务类投诉 3926 件，占 17.66%；其他 5678 件，占 25.55%；2022 年共受理商品类投诉 15237 件，占投诉总量的 58.52%；受理服务类投诉 4730 件，占 18.17%；其他 6071 件，占 23.31%（如图 3-6 所示）。

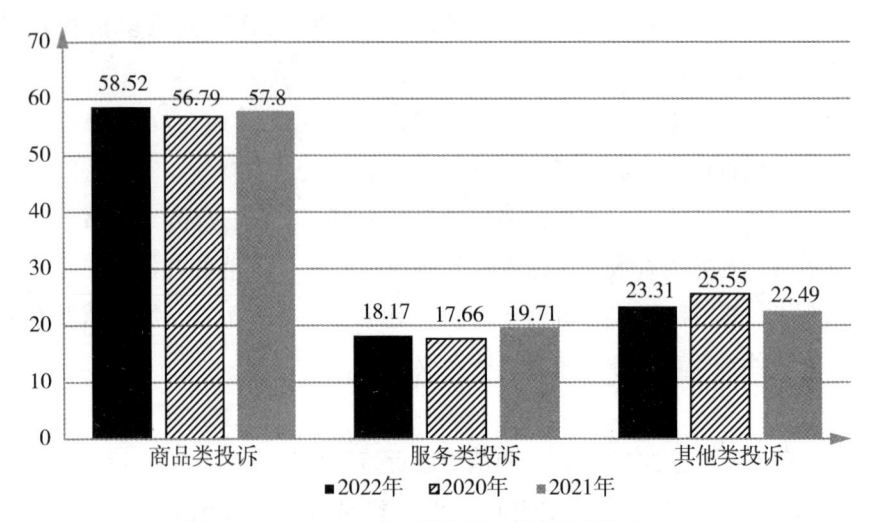

图 3-6 2020—2022 年，排名前三的投诉量统计（%）

2022 年，在商品类投诉中，投诉最多的为食品类，共 3820 件，占商品类投诉总量的 25.07%；其次是服装鞋帽类，共 3105 件，占商品类投诉量的 20.38%；日用商品类、家用电子电器类、交通工具类，消费者投诉的数量也比较多，分别为商品类投诉的第三到第五位（如图 3-7 所示）。

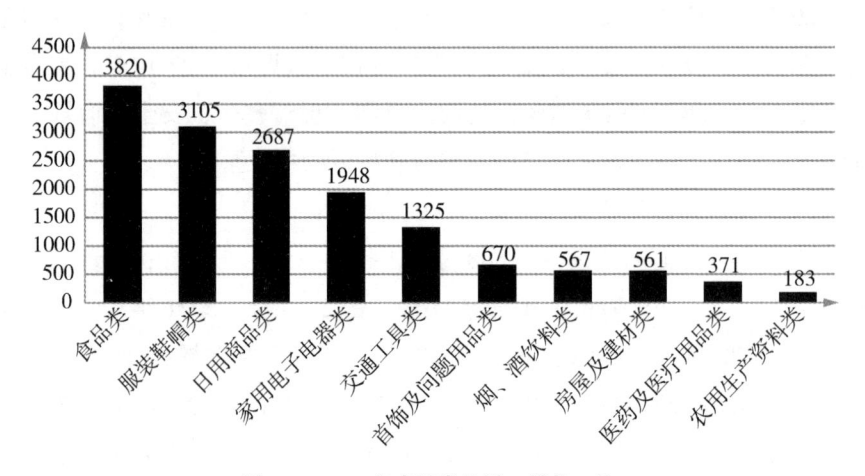

图 3-7 2022 年商品类投诉（单位：件）

2022年，在服务类投诉中，投诉最多的为生活、社会服务类，共2838件，约占服务类投诉总量的六成；其次为文化、娱乐、体育服务类，共620件，占服务类投诉的13.11%；销售服务、教育培训服务、房屋装修及物业服务投诉量分别居服务类投诉的第三到第五位。

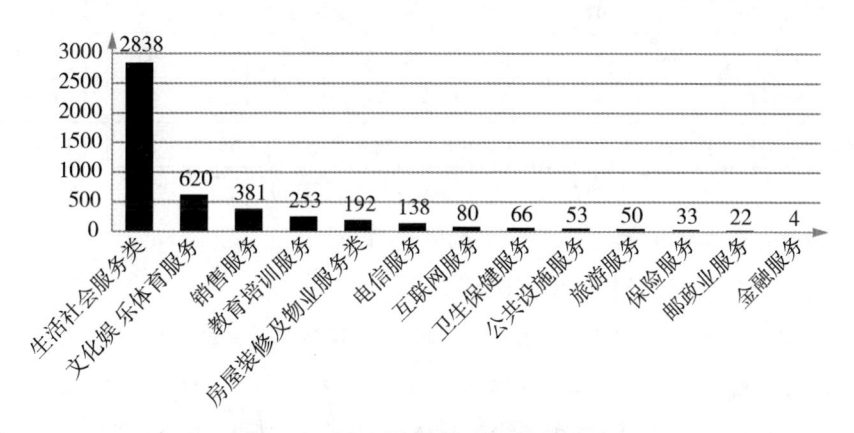

图3-8　2022年服务类投诉（单位：件）

(3) 按投诉量变化幅度分析

2022年，商品类中，食品、服装、家具的投诉增幅比较大，同比分别增长40.48%、23.13%、11.30%；厨房电器类商品、汽车及零部件、装修建材、鞋投诉呈下降趋势，其中厨房电器类商品投诉同比下降了12.19%。服务类中，店面销售、保养修理服务、餐饮服务的投诉增幅比较大，同比分别增长94.44%、50.86%、42.10%；参观及游乐服务呈下降趋势，同比下降22.58%（如表3-7所示）。

表3-7　　　　　　　　　　　投诉量变化幅度

商品类别	2022年(件)	2021年(件)	变动幅度	服务类别	2022年(件)	2021年(件)	变动幅度
食品	2176	1549	↑40.48%	餐饮服务	827	582	↑42.10%
服装	1634	1327	↑23.13%	美容美发服务	424	332	↑27.71%
鞋	856	900	↓4.89%	住宿服务	261	232	↑12.5%
汽车及零部件	596	656	↓9.15%	健身服务	217	188	↑15.43%

续表

商品类别	2022年(件)	2021年(件)	变动幅度	服务类别	2022年(件)	2021年(件)	变动幅度
家具	650	584	↑11.30%	摄影照片冲洗	192	144	↑33.33%
日用杂品	539	528	↑2.08%	保养修理服务	175	116	↑50.86%
通讯类产品	534	425	↑5.20%	房屋装修服务	79	71	↑11.27%
首饰	366	331	↑10.57%	参观及游乐服务	72	93	↓22.58%
装修建材	301	322	↓6.52%	店面销售	70	36	↑94.44%
厨房电器类商品	291	291	↓12.19%	物业服务	69	61	↑13.11%

2. 消费者投诉热点

(1) 教育培训及预付费问题突出

2022年河北省消保委组织受理培训服务投诉253件，同比增长34.57%。自"双减"政策出台后，学科类教育培训行业的经营者因进行行业转型，产生大量的消费纠纷。具体包括：办学机构不符合新规，无法继续营业开展培训课程，无法按期履行合同约定的课程数量，也不退费；有的培训机构前期就经营不善，借此以政策影响趁机关门停业；有的培训机构服务质量差，通过虚假宣传、保证性承诺，夸大教学效果、师资力量、编造用户评价等违法行为；有的培训机构教师无证上岗；有的培训机构针对不符合职业资格考试条件的参训人员，通过伪造报名资质，承诺保过，事后又以各种借口拒不担责。

除了教育培训，美容美发、体育健身、儿童娱乐等普遍采用预付式消费的服务业，投诉案件增长也较为明显。消费者投诉的主要问题有：一是手续不规范，如故意不签订书面合同、不提供收费单据或发票等；二是商家失联跑路消费者退款难；三是店铺易主"后人不理前账"；四是转卡收取高额手续费，经营者以格式条款规定消费者转卡需支付高额的手续费等。

(2) 涉及食品问题投诉时有发生

2022年全省消保委组织共受理食品类投诉3820件，占投诉总量的14.67%，较2021年上升了52.56%，上升幅度较大。食品领域投诉问题集中表现在：第一，经营者以次充好，掺杂掺假，售卖过期、霉变、"三无"

食品，产品质量不合格，造成腹泻、中毒等人身伤害；第二，非法添加食品原料，境外食品没有中文标识，标签不符合有关规定；第三，虚假宣传，夸大保健食品的功能，宣称可以预防或者治疗疾病；第四，有些社区团购以低价吸引顾客，但所售食品进货渠道不明，无检疫证明，存在安全隐患等。这类投诉往往存在消费者取证难和责任认定难的情况。

(3) 家电产品和售后服务质量还需提高

近年来，便捷好用的小家电、智能家电等产品受到欢迎，但在质量保证和售后服务方面有较多短板。消费者投诉的主要问题包括：第一，家电售后存在免费安装设陷阱，收费混乱，不留维修记录；第二，部分智能家电夸大宣传、实际可用的功能与宣传不符、故障频出、零部件损坏后也不予保修；第三，网上小家电以低价、新颖吸引消费者，但质量差，在使用中容易出现各种各样的故障，维修困难；第四，通过非官方渠道找到的维修人员往往会以非品牌维修冒充品牌售后，收费畸高，但提供的维修服务水平低，发生问题后消费者也索赔无路。

(4) 快递服务需要进一步规范

快递服务方面受到消费者投诉的主要问题有：快递员在没有得到消费者同意的情况下擅自将快递放入快递柜或者家门口，伪造消费者签收；快递延误现象存在，送货不及时，部分快递公司对快递延误采取不解释、不赔偿的消极态度，搁置消费者的诉求，加剧消费者不满；快递员职业素质参差不齐，部分快递公司员工不规范操作，使得货物在搬运、存放过程中损坏；收费标准不统一，上门服务时不明示价格，随意收费；保价赔偿难落实，保价合同存在不公平条款，消费者出于对快递物品的重视，选择保价快递，但发生问题后无法按保价获得赔偿；也有在农村、山区到货后加价才能收件等等。

(5) 家装服务让消费者很累心

房屋装修对于大部分消费者而言属于较大金额的消费支出，家装服务行业近年来发展迅速，也存在较多问题，受到消费者投诉的有：装修质量让消费者不满意，比如墙面开裂、水电管网布局不合理、防水不彻底、功能区预留空间不足等，严重影响消费者的体验；未按照宣传内容提供服务，比如实际使用的建材品牌和档次与宣传或样品不一致，设计图纸的效果与实际达到的效果差别较大；签订合同约定内容不明确，施工后改动较大，而此时消费者也来不及更换签约对象，被迫付费加项；工程施工过程中不按进度施工，随意停工，延误工期；定制家具未必"合身"，如有的全屋定制家具安装粗放、售后跟不上等，定制地门或橱柜质量达不到要求等等。

（6）家用汽车消费纠纷有增无减

消费者投诉的主要问题有：第一，经销商在销售时隐瞒汽车曾被剐蹭、喷漆、漆皮等真实情况；第二，汽车使用仅1个月就出现电瓶没电、提车3个月就出现自动熄火等本身质量问题；第三，维修服务质量较差，维修技术不过硬，维修态度马虎，在维修、维护过程中导致汽车损坏，多次送修仍不能排除故障等；第四，擅自使用质次价廉的汽车配件，以次充好；第五，在修车过程中擅自使用假冒零配件换走车辆的无故障优质配件；第六，未按约定使用原厂配件，而以伪劣配件替代等问题。

（7）直播带货乱象频出成新的投诉热点

直播带货是近几年新兴发展起来的领域，因为互动性强等特点，得到了广大消费者的喜爱，已经成为网络购物的一种重要方式，但已有的监管思路对该行业难以迅速做出反应，侵害消费者权益的情况也经常发生。消费者投诉的主要问题有：销售商品的质量低劣，"爆款"变"劣品"、"代购名品"变"山寨""高仿"，甚至还存在"三无"产品；虚假宣传大量存在，主播肆意夸大产品功效，夸张的演技宣称"跳楼价"，实际上这些优惠价格、数量都是主播虚构；一些主播使用低俗语言，甚至辱骂消费者；售后服务难以保障，一些直播平台采用微信、支付宝等交易形式，避开第三方监管，外加直播带货模式本身不易取证，消费者发现问题后难以联系主播或商家进入退换货流程，消费者维权存在一定障碍等等。

（8）珠宝玉石质量纠纷成为热点

2022年河北省受理首饰及文体用品类投诉670件，其中首饰类投诉366件，占该类投诉的54.63%。主要问题有：一是以假充真、以次充好；二是经营者告知不明确、不完整，常见纠纷出现在商品由多种成分构成时；三是维修中出现超出正常范围的金银损耗；四是饰品的工艺、加工存在质量问题等；五是部分商品因为没有统一标准，买卖双方理解不一致而引发退换货纠纷。

（9）线上消费投诉上升趋势明显

线上消费升级带来消费投诉量明显上升，涉及衣食住行等各个方面，大型电商平台和平台商家为投诉的主要对象。消费者反映的主要问题有：一是售后服务差，经营者不积极履行售后义务；二是部分产品存在虚假、夸大宣传，实物与宣传介绍存在差距；三是平台和商家热衷各种推销活动，但在规则设置上往往存在套路多、实惠少等问题。此外朋友圈里微信购物引发的消费投诉呈上升趋势。

（10）个人信息保护备受关注

2022年央视"3·15晚会"曝光了多起侵害消费者信息安全的事件，河北省消保委组织也接到多起因商家泄露消费者信息导致接到骚扰电话的咨询，个人信息安全已成为消费者关注的热点。主要存在以下问题：一是商家利用格式条款等手段变相强制采集消费者信息；二是消费者自我保护意识淡薄导致信息泄露；三是个人信息被连续转卖；四是消费者由于处于弱势地位，面对信息泄露难以维权。

二 联盟概况

（一）京津冀消费维权联盟网上宣传平台315正式上线

2021年3月15日，京津冀消费维权联盟主办的网上宣传平台正式上线。为了落实中消协探索建立网上消费教育基地，提高消费教育的系统性、易达性和有效性的年主题工作要求，并且使京津冀区域的消协组织工作更加紧密有效率，以达到更好服务广大消费者的目的，京津冀三地消协组织在抖音、快手、小红书三个视频平台开通了网上宣传平台。平台通过短视频的形式，向群众展示京津冀及全国消协系统重要工作的同时，把受广大群众关注的热点案件，通过以案说法等方式，向消费者灌输科学消费观念、维权意识、消费文化、消费知识、消费技能等，从而达到满足消费者的高品质生活需求。

会议现场，京津冀消费维权联盟向25家质检机构和企业，颁发京津冀消费维权联盟消费教育支持单位证书。

3月15日上午10点,京津冀消费维权联盟网上宣传平台开展第一次现场直播,天津市消协将公开约谈 Lafuma(乐飞叶)、狼爪、THENORTH-FACE(北面)、探拓、北极绒、思凯乐6家冲锋衣生产企业和京东、天猫、苏宁易购、唯品会4个电商平台。

在"3·15"期间,抖音、快手视频平台开通视频消费教育平台。截至2021年年底,已发布200余期消费教育、消费提示等短视频,内容涉及家具家电、服装服饰、网络游戏、直播带货等诸多行业。在普及消费知识的同时,平台与消费者搭建起沟通的桥梁,在2020年9个月的时间里为消费者提供上千次消费咨询,为消费者挽回经济损失近600万元。经过努力,目前抖音、快手两平台点赞量及粉丝量均位居全国消协系统各类短视频平台首位。

(二)京津冀消协组织联合约谈地产企业

针对消费者投诉购房后仅签订一份《商品房认购书》、办理后续登记手续不及时等问题,2021年4月16日,北京、天津市消协以及河北省消保委在天津约谈恒大地产。京津冀三地消协组织要求恒大地产排查此类问题,及时网签售房合同,维护消费者合法权益。恒大地产相关负责人表示将落实相关要求,更好地服务消费者。

(三)京津冀消协开展网络游戏专题消费教育

随着网络游戏行业迅猛发展,网络游戏种类越来越多,很多未成年人沉迷于此,各类消费纠纷事件频频发生,消费者维权困难重重。2021年暑期,针对未成年人网络游戏消费的高峰期,7月23日开始,京津冀三地消协组织通过京津冀消费维权联盟网上宣传平台(抖音、快手搜索:jingjinji315),推出11期网络游戏专题消费教育短视频内容。

此次网络游戏专题消费教育由多家网络游戏提供单位协助制作,从游戏实名认证、账号保护、纠纷解决、防沉迷政策科普等环节,以场景模拟形式,生动具体地进行多角度讲解,旨在向网络游戏消费者提供科学消费观念、维权意识、消费技能等,避免因盲目消费造成权益受损。

为更好地服务广大消费者,京津冀消费维权联盟经过充分酝酿,于

"3·15"期间在抖音、快手视频平台开通网上消费教育平台。平台通过真实直观、喜闻乐见的短视频，展现京津冀及全国消协系统重要工作内容，追踪热点以案说法，向消费者提供科学消费观念、消费知识等。平台上线后，已发布百余期消费教育、消费提示等短视频内容，在前4个月内为消费者提供上千次消费咨询。

（四）京津冀三地消协组织发布加绒保暖内衣比较试验结果

2021年12月30日，京津冀三地消协组织发布的加绒保暖内衣比较试验结果显示，29款样品中，8款样品在销售宣传中宣称"加绒""保暖"，但未执行FZ/T 73022——2019《针织保暖内衣》标准，其明示的执行标准规避了保温率、透气率等保暖内衣的关键性指标，对消费者造成较大的误导。

（五）京津冀三地消协组织多方面合作，优势互补共同维权

2022年，京津冀三地消协组织维权合作机制更加务实，跨区域合作维权模式更加牢固，在商品与服务监督等多领域开展合作。

上半年，京津冀三地消协组织联合外卖平台向外卖餐饮服务企业发出推广使用"食安封签"的倡议：第一，封签、外包装袋等应具备撕开即销毁、无法复原等特点，确保在配送过程中做到不拆签、不拆袋；第二，在送餐前，配送人员应检查"食安封签"的完整性，发现破损的应及时提请商家重新封签；第三，建议消费者增强对"食安封签"的认识，务必在确认外包装的完整性后再拆封，在选购时也应尽可能选择有密封的外卖餐食。除此以外，向外卖餐饮企业免费赠送500万枚"食安封签"作为引导，倡议得到30多个知名外卖餐饮服务品牌企业的积极响应，目前外卖使用"食安封签"已成为普遍性做法。

针对小天才T1儿童平板电脑，应用商店可搜索下载含有涉黄、涉暴内容第三方软件问题，有北京消费者反映《中国消费者报》进行了报道，京津冀三地消协组织于7月19日及8月18日两次联合对广东小天才科技有限公司进行约谈并提出整改意见，约谈后该公司在全国范围内下架该产品，对京津冀三地消协组织所提出的整改意见全部接受，并在规定时间内完成了整改。

三　典型案例

案例1：TCL净水器　破裂漏水

消费者徐女士在2018年购买了一台TCL品牌净水器，放在厨房使用。2021年6月26日凌晨，净水器滤芯上的盖子突然破裂，除了将徐女士家的厨房、客厅地面淹没浸泡外，还对楼下业主的厨房吊顶和部分家电造成影响。徐女士向TCL公司报修后，售后人员上门查看，但其只是简单对现场进行拍照，随后将情况报给保险公司认定，TCL公司只愿意给徐女士及其楼下业主赔偿2000元，该金额明显不能弥补二者的损失，徐女士和楼下业主对TCL公司提出以下要求：按实际损失赔偿或将受损部位恢复原状。经协商无法达成一致后，徐女士遂前往天津市消费者协会进行投诉。

天津市消协接到投诉后，立即邀请行业专家去现场查勘。经调查，投诉人厨房、客厅浸泡痕迹明显，瓷砖、踢脚板接口处等都有不同程度损坏；楼下业主的厨房吊顶、橱柜因过度湿润被迫打开晾晒，多个电器也因过水而不敢使用，投诉人描述情况属实。

对此，市消协向TCL天津分公司发函调查，后收到其函件回复"我司工程师及专业的装修师傅已上门查看取证，现场实物判定，并无明显损失。我司秉承对用户负责的态度，结合用户所提供的损失清单及照片，提出对5楼补偿1500元、6楼（徐女士）补偿500元及免费更换一台净水器的处理方案"。

徐女士不认可TCL公司解决意见。在天津市消协的协调下，TCL公司承诺赔偿1万元，同时更换一台新净水器，徐女士对该方案表示同意。

案例2：电视出故障　依规换机

2021年6月，天津市西青区消协接到张先生的投诉称：2018年12月，他在西青区国美电器杨柳青店花费3999元购买了一台海信牌平板电视，在后续使用过程中显示屏出现故障。张先生向店员申请售后维修时，却被告知"没有维修价值"，只能更换一台2000元以内的电视。张先生不认可该方案，坚持认为商家应当更换一台与他购买时价值相等的电视机。

西青区消协接到投诉后展开调查，从国美电器处了解到，因电子产品更新换代较快，现价值2000元的电视机的规格标准与两年前3999元的电视相同，张先生要求更换新显示屏的提案，其价值甚至要超过换新电视。张先生表示不同意该方案，经调解，双方对新的换机解决方案达成一致。

案例3：4S店　擅自钣金喷漆

消费者郑先生在2021年6月的某次驾车途中发生了交通事故，遂到天津鹏龙九州汽车奔驰4S店进行维修。经4S店店员检查损害程度后，发现车漆没有问题，车膜受损，经双方约定后只对车辆进行无痕修复。待维修完成后，郑先生结算时发现维修项目当中多了两件钣金喷漆的维修记录，费用8000余元。经调查4S店声称是工作人员失误，郑先生认为本次维修造成的保险记录会对车辆价值造成影响，不利于日后的二手交易，要求4S店赔偿折损等费用。双方无法达成一致，郑先生遂投诉至北辰区消费者协会。

北辰区消协受理郑先生的投诉后，马上安排相关人员到4S店了解情况，并向4S店员讲解了消费者权益保护的相关法律条款，告诫其与消费者协商解决纠纷时，应当坚持以诚实信用为基本原则。4S店负责人表示该次事件系因工作上的疏忽大意才导致，目前已安排专门人员与郑先生沟通对接，必定让其得到一个满意的答复。经消协调解，4S店承诺赔偿郑先生一万元，并额外赠送会员权益服务。郑先生表示接受，双方达成和解。

案例4："意利达"家具　安装马虎致床坍塌

消费者马女士于2020年10月前往天津红星美凯龙北辰商场的意利达家具店购买家具，一番考量后订购了一批心仪的实木家具，价格11万余元，约定由商家负责安排送货及安装，安装完毕后，马女士长时间没有入住该房屋。直至2021年11月，马女士家中老人入住该房屋，其间一张双人床突然坍塌，导致老人身体有明显擦伤。经查明后发现，该床在安装过程中，因工作人员的疏忽，导致其中一边的承重条没有安装螺丝钉。对此，马女士要求商家退一赔三并补偿相关精神损失等费用共计5万余元，要求遭到拒绝后，马女士向天津电视台《小陆帮忙》节目组进行反映。接到该反映后，《小陆帮忙》节目组邀请北辰区消费者协会果园新村街分会一起到商场处理该家具质量纠纷。

北辰区消费者协会果园新村街分会工作人员了解相关情况后，应

《小陆帮忙》节目组邀请，到该家具店进行调解。家具店负责人承认是安装时存在过失才造成此次事件的发生，但马女士要求赔偿金额过高，无法接受。经调解，在天津电视台《小陆帮忙》节目的见证下，经营者承诺对床具进行承重板更换以及适当的补偿，消费者马女士也表示接受该方案。

案例 5：丰田卡罗拉　新车漆面存锈点

消费者耿先生于 2021 年 7 月 23 日前往天津奥德行津盛丰田汽车销售服务有限公司蓟州分公司选购了一辆卡罗拉汽车。耿先生提车后第二天去洗车时，在阳光下才发现汽车漆面上有一些锈点。于是耿先生回去找 4S 店，要求更换一台新的同型号车辆，遭到拒绝后耿先生向蓟州区消费者协会进行投诉。

蓟州区消费者协会受理投诉后，工作人员立即联系 4S 店了解相关情况，经调查后确认消费者投诉情况属实，该车辆的车门、前机盖等位置确实有多个锈点，提车时也未能发现。4S 店解释称锈点有可能是提车后存放返潮或者由于存放地点的污物造成的。双方的意见分歧较大，后经消协多次调解，最终达成一致，对此，蓟州区消协工作及调解结果令耿先生十分满意。

案例 6：经营者错装油烟机　消费者投诉获赔偿

消费者王女士在承德市隆化县的一家装饰商场里购买了一款油烟机，价格为 11000 元。油烟机安装完后没有立即投入使用，因该房屋仍在装修中，一段时间过后，王女士才发现当初安装的油烟机并非购买的那一款。对此，王女士认为商家存在欺诈行为，并且因拆除油烟机的缘故，会对已安装的橱柜造成一定损坏，故王女士要求商家退货并赔偿 5000 元损失费。

接到投诉后，隆化县消保委与隆化县市场监督管理局 12315 联合处理此案。对于油烟机安装错误事实，王女士与经营者双方均无异议，只是对于赔偿方案无法达成一致。王女士认为商家存在欺诈行为，据此要求退货退款并赔偿相关损失；商家解释己方不是主观故意，只是由于工作人员疏忽大意导致事件发生，商家愿意免费为王女士更换产品，但不同意对此事进行赔偿。为此，调解人员针对赔偿数额、损失金额、工钱等合理费用组织了多次调解，最终双方达成一致意见：由商家为消费者更换产品并赔偿 3000 元。

案例 7：消费者因身体原因解除合同

2022 年 5 月，天津市消费者刘先生为了让孩子增加锻炼，报了天津市北辰区某篮球馆的篮球培训课程，并缴纳 5280 元培训费，双方当时并未签订书面合同。后因孩子身体原因，无法继续参加培训，刘先生向篮球馆请求解除该合同。对此，篮球馆方面要求刘先生支付培训费的 30% 作为违约金，刘先生对此要求表示不同意，遂向北辰区消协进行投诉。篮球馆方声称 30% 违约金是合同约定。

经调查，北辰区消协认为，篮球馆直至消费者投诉前，也未与消费者签订书面合同，声称的合同内容也没有及时通知到消费者刘先生，应承担一定责任。经北辰区消协调解，双方达成一致。

第二节　长三角地区

一　投诉概况和相关数据

（一）上海市消保委 2020—2022 年消费投诉情况分析[①]

1. 投诉概况

2020 年上海市各级消保委共受理消费者投诉 160997 件；2021 年上海市各级消保委共受理消费者投诉 232259 件，同比上升 44.26%；2022 年全市各级消保委共受理消费者投诉 327950 件，同比上升 41.20%。

2. 按投诉性质分析

2020 年，商品类投诉 62499 件，占投诉总量的 38.8%，服务类投诉 98498 件，占投诉总量的 61.2%；2021 年，商品类投诉 98661 件，占投诉总量的 42.5%，服务类投诉 133598 件，占投诉总量的 57.5%；2022 年，商品类投诉 149672 件，占投诉总量的 45.6%，服务类投诉 178278 件，占投诉总量的 54.4%（见图 3-9）。

---

① 参见 http://sh.people.com.cn/n2/2022/0130/c134768-35119815.html，https://baijiahao.baidu.com/s?id=1722997832598623175&wfr=spider&for=pc。

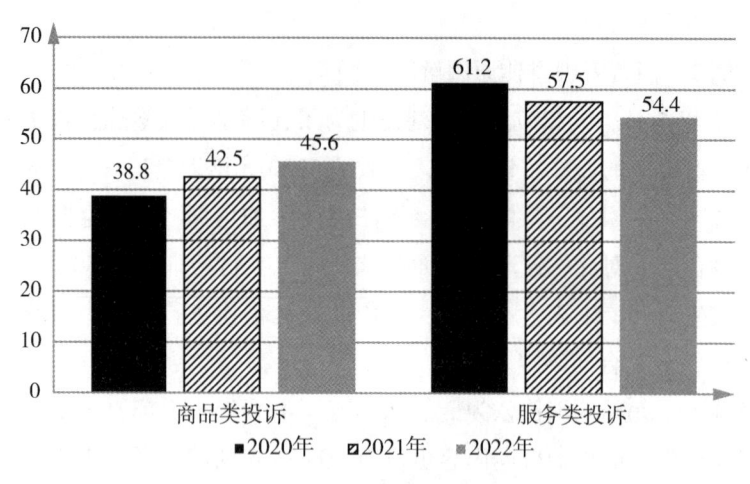

图 3-9 按投诉性质分析趋势图（%）

可以看出，自 2020 年起，商品类投诉的占比在不断增加，而服务类投诉的占比则在不断减少。

3. 按商品与服务类型分析

2020 年服装鞋帽、家居用品、家用电器居商品类投诉前三位；2021 年和 2022 年商品类投诉前三位分别为服装鞋帽、家居用品类、家电类。（见表 3-8）；各项投诉类别的投诉量均有不同程度的增长。

表 3-8　　　　　　　　商品大类投诉量情况表

商品类别	2022 年(件)	2021 年(件)	2020 年(件)
服装鞋帽类	28180	18604	12474
家居用品类	18637	13741	8003
家电类	15523	10754	8191
食品类	14078	8420	4500
交通工具类	12962	9440	7266
化妆品类	8739	4767	2728
装修建材类	—	3056	1984
通讯产品类	8344	6374	4754
计算机产品类	8038	5685	3749

续表

商品类别	2022年(件)	2021年(件)	2020年(件)
儿童用品	3383	—	—
烟酒和饮料类	—	2325	1346
其他类	9396	15495	10820

2020年交通运输、教育培训、文化娱乐体育居服务类投诉前三位；2021年交通运输、教育培训、文化娱乐体育居服务类投诉前三位；2022年互联网服务和社会服务取代教育培训和文化娱乐体育服务，与交通运输服务类共同位列投诉前三位（见表3-9）。互联网服务与社会服务近两年增长迅速，此外交通运输服务、教育培训服务、电信服务也有一定增长；会员卡销售投诉有下降趋势。

表3-9　　　　　服务大类投诉量情况表（2020—2022）

服务类别	2022年(件)	2021年(件)	2020年(件)
互联网服务	21074	10818	7782
社会服务	19985	9587	4048
交通运输服务	18206	16960	16419
教育培训服务	15924	15893	12921
文化娱乐体育服务	15289	13643	7863
餐饮和住宿	12007	11091	6419
电信服务	10086	5743	—
会员卡销售	10005	13810	—
美容美发洗浴服务	6716	5603	3855
制作保养和修理服务	—	5489	5076
其他服务	10172	16013	11953

4. 重点行业分析

（1）网购服务问题集中。2020—2022年，上海市消保委系统受理线上购物涉及服装鞋帽、家居用品、家电、食品等生活必需品的投诉案件较多，此外还包括网络直播的质量和虚假宣传问题，以及社区团购的质量、价格与售后服务的问题。

（2）网络游戏维权取证难。2020—2022年，上海市消保委系统受理网络游戏投诉案件数量增长明显，其中2022年仅上半年的投诉数量已经和前两年基本持平。运营商以各种违反服务协议为由封停用户账号、账号被盗或者游戏装备丢失等问题是引发投诉的主要原因。值得关注的是，未成年人误充值、退款难等问题仍较为突出，主要表现为举证难、耗时长等。此外，部分游戏存在不健康的价值取向，对青少年心理健康造成不良影响也成为新的问题。

（3）教育培训投诉居高不下。2020年至2022年，上海市消保委系统受理教育培训投诉案件分别为12921件、15893件和15924件。主要问题有虚假宣传、教学质量差、退款难、格式合同等问题；"双减"政策公布以来，校外培训市场空间缩小，再加上疫情影响，因暂时停课、门店关停等引发的教育培训投诉纠纷明显增多。

（4）预付式消费、合同履行纠纷。受疫情防控影响，很多预付式合同一时无法履行，由此引发的纠纷明显增多。主要问题有如下三方面。一是房屋租赁、婚纱摄影等服务行业因暂停营业期间服务合同未履行，消费者要求延长有效期，遭商家拒绝。服务方式变更，消费者质疑收费合理性等。二是直接接触顾客的美容、美发、洗浴、健身等生活服务行业，存在易感染的风险或者防疫措施不到位，消费者提出退卡退费。三是因疫情封控，商业停顿造成少数企业资金紧张甚至资金链断裂，关门停业无法兑现服务等。

（5）家居家电、智能产品引发问题增多。在新消费时代下，智能产品备受追捧，尤其是各种智能家电设备尤为受消费者青睐。2022年，全市消保委共受理家居用品18637件、家用电器15523件，同比分别增长36.9%和44.4%。此外，与以往投诉相比，智能产品配套、售后服务不到位、消费者维权难等问题逐渐增多。

（6）快递服务投诉大幅增长。2022年，全市消保委共受理快递服务相关投诉19231件，占社会服务投诉的96.2%，同比增长1.2倍。消费者反映的主要问题有：一是快递丢失破损以及派送慢；二是未经同意将快递放置在驿站、快递柜等；三是客服质量低下，难以联系人工客服，消费者无法有效解决问题。

（7）医美服务消费者维权难。在直播、网红效应的作用下，消费者对医疗美容的需求显著增长，相关争议矛盾凸显。问题主要集中在：一是夸大宣传和效果、诱导消费；二是存在经营资质不全、乱收费等情况；三是医美服务经营者不提供发票、病历等书面材料，利用各种方式规避企业责任，增加消费者维权难度。

（二）浙江省市场监督管理局、消保委 2020—2022 年消费投诉情况分析[①]

1. 浙江省消费者权益保护委员会

2020 年，浙江省消保委系统共受理商品类投诉 46495 件，占投诉总量的 55.27%；服务类投诉 37626 件，占投诉总量的 44.73%；2021 年，浙江省消保委系统共受理消费者投诉 64561 件，其中商品类投诉 43852 件，占投诉总量的 67.92%，服务类投诉 20709 件，占投诉总量的 32.08%；为消费者挽回经济损失 7059 万元；2022 年上半年，浙江省消保委组织共受理消费者投诉 27769 件，其中商品类投诉 15314 件，占投诉总量的 55.15%，服务类投诉 12455 件，占投诉总量的 44.85%，为消费者挽回经济损失 1864 万元（见图 3-10）。

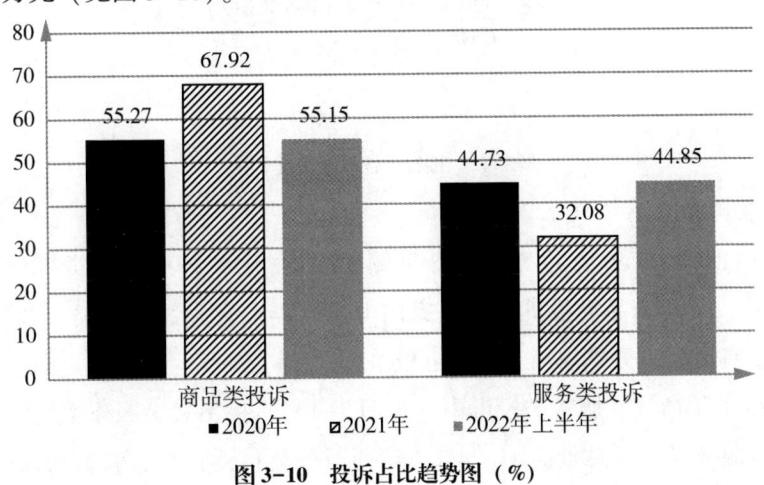

图 3-10 投诉占比趋势图（%）

① 参见 https：//www.hzzx.gov.cn/cshz/content/2022-01/25/content_ 8154674.htm。

根据投诉性质分类（见图3-11），在2021年所有投诉问题中，排名前五的依次为质量、安全、售后服务、合同、虚假宣传问题投诉，占投诉总量的85%以上。其中，质量问题投诉19560件，占比30.3%；安全问题投诉13834件，占比21.43%；售后服务问题投诉10572件，占比16.38%；合同问题投诉6132件，占比9.5%；虚假宣传问题投诉5336件，占比8.27%。

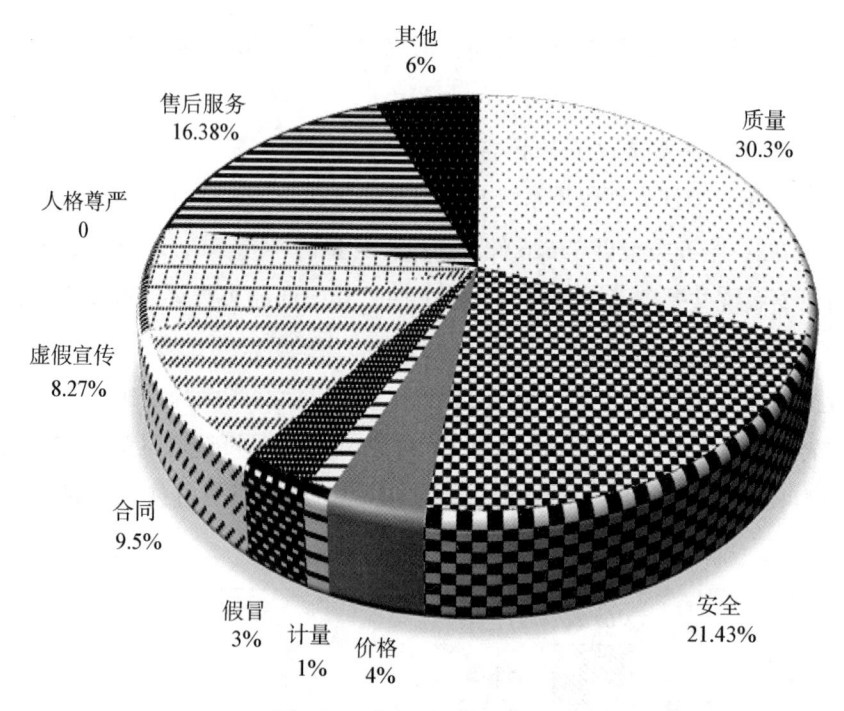

图3-11 按投诉性质分类比例图

2021年浙江省商品类投诉（见图3-12）中，日用商品类投诉量为8794件，位居商品类投诉首位，家用电子电器类、服装鞋帽类、食品类、交通工具类投诉分别居第二到第五位。

2021年浙江省服务类投诉中（见图3-13），生活社会服务类投诉8644件，占服务类投诉总量的41.74%，位列服务类投诉首位，教育培训服务、电信服务、文娱体育服务、销售服务投诉分别居第二到第五位。

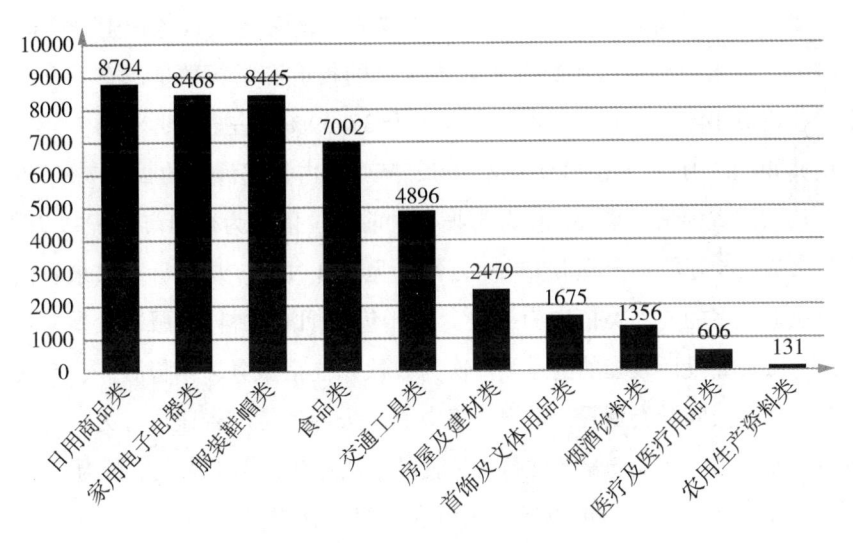

图 3-12　2021 年浙江省商品类投诉量图（单位：件）

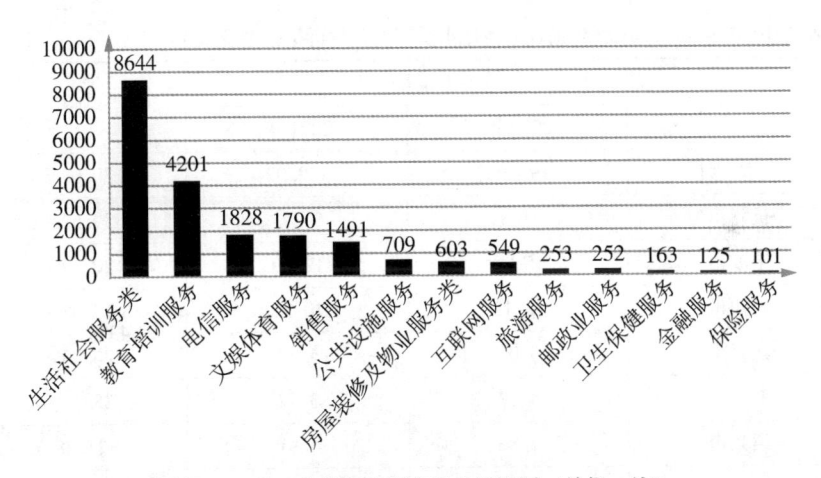

图 3-13　2021 年浙江省服务类投诉量图（单位：件）

2. 浙江省市场监督管理局

2023 年 3 月 15 日，浙江省市场监管局发布了《2022 年度全省消费维权白皮书》（以下简称《白皮书》），《白皮书》显示，2022 年浙江省市场监管部门共受理投诉举报 194.92 万件，全年为消费者挽回经济损失 2.33 亿元。

受到平台经济扩张、人口、资本等要素、消费者维权意识上升等因素影响，在诉求类别上，2022年浙江省受理的投诉和举报数量都有上升。其中，投诉共145.27万件，比2021年上升37.39%，占全部诉求的74.53%；举报共49.65万件，比2021年上升12.35%，占全部诉求的25.47%。

从浙江省内情况来看，投诉举报数量前三位依次为杭州市116.19万件、金华市26.35万件、宁波市15.29万件（见表3-10）。从投诉对象来看，商品类投诉较多的前三类依次为一般食品（包含烟酒饮料）、服装鞋帽、家居用品；服务类投诉较多的前三类依次为餐饮和住宿服务、销售服务、互联网服务。从举报问题类别看，举报最集中的违法行为是广告违法行为、侵害消费者权益行为、产品质量违法行为、食品违法行为、不正当竞争行为。

值得一提的是，网购领域的投诉和举报占比都达70%以上。作为网络平台集中地，杭州投诉举报数量占全省总量的59.6%。

表3-10　　　　2022年浙江省各地市受理消费投诉举报情况表[①]

地市	投诉举报量（万件）		同比
	2022年	2021年	
全省合计	194.92	149.92	30.02%
杭州市	116.19	83.23	39.60%
宁波市	15.29	12.69	20.49%
温州市	12.18	10.32	18.02%
嘉兴市	5.96	4.73	26.00%
湖州市	4.28	3.42	25.15%
绍兴市	3.86	4.91	-21.38%
金华市	26.35	21.39	23.19%
衢州市	1.71	1.25	36.80%
舟山市	0.71	0.72	-1.39%
台州市	6.1	5.57	9.52%
丽水市	2.27	1.68	35.11%

[①] 参见 https://baijiahao.baidu.com/s?id=1760420917522133138&wfr=spider&for=pc。

3. 投诉热点

浙江省消保委受理的投诉问题，有以下六个特征：

(1) 网络购物投诉集中，社交平台、二手交易风险突出

随着网络经济快速发展，网络购物消费中存在的问题和风险也逐渐增多。

一是网购产品质量和售后服务问题仍是投诉重点。主要涉及产品以假充真、以次充好、以不合格商品冒充合格商品，成分、性能、功效等与宣传不符，商家发货超时、不履行7天无理由退换货服务、失联跑路等。

二是网络促销"套路"多。主要涉及大促期间商家虚构原价、先涨价后降价、承诺的优惠赠品不兑现、超卖超售甚至单方面砍单等。

三是微商、社交平台直播带货等新型网购模式投诉增多。投诉问题主要涉及商家或主播虚假宣传、商品货不对板、私下交易维权难、平台监管不到位、售后渠道不通畅等。

四是二手平台交易存在风险。投诉问题主要涉及商品鱼龙混杂、真假难辨，消费者买到的商品与卖家宣传描述的内容不符、质量不过关、甚至买到假货等，部分二手平台售后渠道也不通畅，导致消费者维权困难。

(2) 汽车消费投诉频发，售前售后乱象多

2021年，浙江省消保委共受理交通工具类投诉4896件，投诉问题主要集中在以下四方面。

一是传统和新能源汽车质量问题投诉集中。传统汽车主要涉及发动机、变速器等主要部件出现质量问题，车身附件及电器投诉以及车辆异响、异味等；新能源汽车主要涉及续航里程缩水、电池充电故障、老化衰减严重、突然失去动力等。

二是售前售后服务乱象丛生。主要涉及捆绑搭售保险、装潢、按揭，提供金融服务不规范，宣传告知存在瑕疵，购车后交付时间过长，三包责任履行不到位，售后维修乱象等。

三是购车合同争议多。经营者提供的格式合同对买卖双方权利义务、违约责任等约定不明确、不对等，一旦发生纠纷消费者难以通过书面合同进行有效维权。

四是二手汽车纠纷易发。主要涉及隐瞒或篡改二手汽车行驶里程数、

车辆状况、核心部件维修更换情况、是否为事故车、泡水车等信息。

(3) 房屋及装修类投诉问题多发，消费者知情权和公平交易权难保障

2021年，浙江省消保委共受理商品房及房屋装修类投诉3082件，投诉问题主要集中在以下五方面。

一是房屋质量问题投诉。主要涉及台盆、淋浴房漏水，墙体、吊顶开裂，地砖、墙砖空鼓，门窗破损，墙纸发霉，粉饰层脱落，空调、地暖不能正常运转等。

二是实际交付房屋与样板房、楼书宣传等不一致。涉及房屋层高变低、多出横梁等内部结构不一致，销售宣传的绿化、健身区等外部配套设施没有随房交付或改为其他用途，室内装修建材、电器等高端宣传，低标配置。

三是消费者知情权难保障。部分开发商在销售过程中对于红线内不利因素没有尽到充分告知义务，对学区等作虚假承诺，诱导消费者签订认购协议，交付定金，当消费者要求退款时则以合同约定定金不退为由拒绝退款。

四是房屋交付延期。部分开发商逾期交房且拒绝支付违约金，在房屋实际未完工的情况下便通知业主办理收房手续等。

五是利用不公平格式条款侵害消费者合法权益。部分开发商在购房合同外，利用认购协议、合同附件、补充协议等形式设置不合理条款，如价外加价、捆绑销售等。

(4) 美容美发服务问题突出，预付式消费风险亟需防范

2021年，浙江省消保委共受理美容美发服务投诉1167件，其中医美服务投诉262件，投诉问题主要集中在以下四方面。

一是违规开展医美项目。部分医美机构未取得医疗美容机构经营许可或者超范围经营，主诊医生不具备执业医师资格，医疗环境不达标，使用假货、水货针剂以及山寨设备等。

二是虚假宣传，无法达到预期效果。部分经营者通过发布虚假广告、虚假用户评价等吸引消费者，实际提供的商品和服务与宣传承诺内容不符，甚至美容不成变毁容。

三是乱收费，诱导贷款美容。部分机构收费混乱，利用低价引流实则收取高昂费用，并且利用消费者欠缺风险意识和理性判断诱导消费者办理美容贷。

四是预付式消费纠纷频发。主要涉及虚假宣传诱导办卡，后续消费者因服务效果不理想要求退卡却遭遇机构以各种理由拒绝退卡或者要求其支付高额违约金，设定不公平格式条款免除经营者责任、限制消费者权利，经营者转让店铺或者关门跑路后老卡使用受限、退卡无门。

（5）家用电器投诉居高不下，新型智能家电营销"套路"多

2021年，浙江省消保委共受理家用电器投诉8468件，位居商品类投诉第二，投诉问题主要集中在以下四方面。

一是家电产品出现质量问题。涉及外观破损，出现触摸屏不灵、无法启动、制冷制热效果差等性能故障，消费者买到"三无"、假冒伪劣产品等。

二是售后维修问题突出。主要涉及送货安装延时，交货后验货不规范出现货品损毁责任争议，安装维修价格虚高，收费不合理，维修质量难以保障，存在小病大修、维修后返修率高、配件以次充好等问题。

三是欺骗或者隐瞒产品真实信息以及虚假承诺投诉。涉及用翻新机、串货机、假货等冒充正品新机，对耗电量、功能等做虚假宣传，销售时承诺的赠品不予发放，优惠价格不予兑现等。

四是新型智能家电营销"套路"多。部分新型智能家电打着养生、降血糖和血脂、治疗疾病等旗号，并通过健康讲座、免费赠品等形式营销，实则价格虚高，完全没有宣传的功效。

（6）餐饮住宿服务问题凸显，退订纠纷投诉集中

2021年，浙江省消保委共受理餐饮住宿服务投诉4182件，其中餐饮服务投诉2510件，住宿服务投诉1672件，投诉问题主要集中在以下四方面。

一是卫生环境不理想。主要涉及饭菜里有异物，餐具未清洗干净，消费者就餐后出现腹泻、呕吐等症状，住宿设施、卫生条件差，安全保障不到位导致消费者人身损害等。

二是价格争议纠纷多发。主要涉及经营者未明码标价、巧立名目收费、提供服务与收费明显不等价、临时涨价等。

三是优惠承诺不兑现。消费者通过网上团购、微信点赞等形式获得的抵用券、免费试吃券、低价折扣等优惠承诺到店无法使用，经营者前期承

诺的赠品、额外服务等不兑现。

四是退订纠纷集中。主要涉及因疫情影响或者台风等天气原因引发的餐饮住宿定金、手续费、违约金退订纠纷。

（三）江苏省消保委 2020 年—2022 年消费投诉情况分析[①]

2020 年江苏省全省消保委系统共计受理维权诉求 985661 件，为消费者挽回经济损失 1.8 亿元；2021 年江苏省消保委系统全年共计受理消费维权投诉 214145 件，同比增长 12.26%，为消费者挽回经济损失近 1.9 亿元；2022 年江苏省消保委系统共计受理维权投诉 278827 件，比 2021 年增长 64682 件，同比增长 30.2%，接待消费者来访和咨询 81.7 万人次，为消费者挽回经济损失近 3.87 亿元，共监测到江苏消费维权舆情 1190953 条，占消费类舆情信息总量的 19.97%。

从投诉种类分析，2020 年商品类消费投诉达 103428 件，占投诉受理总量的 54.22%，服务类消费投诉达 87337 件，占投诉受理总量的 45.78%；2021 年商品类投诉达 120626 件，占受理总量的 56.33%，同比增长 16.63%，服务类投诉达 93519 件，占比 43.67%，同比增长 7.08%；2022 年商品类投诉 180017 件，占受理总量的 64.56%，同比增长 49.24%；服务类投诉 98810 件，占比 35.44%，同比增长 5.66%。通过图 3-14 可得知，商品类投诉占比在不断升高，相对的服务类投诉占比在持续下降。

1. 健身办卡陷阱多，汽车零部件成问题多发区

健身方面的投诉主要表现为商家跑路关门、消费者无法追回预付款、商家虚假宣传、消费者退费遭到拖延、消费者安全健康受损、办卡的时候隐瞒重要条款等。

汽车消费领域投诉主要集中在汽车质量或零部件问题、购车合同格式条款、售后服务、侵犯个人隐私等方面。其中二手车交易也存在大量纠纷。此外，4S 店安装人脸识别摄像头侵犯了消费者隐私安全问题也引发关注。

[①] 参见 https：//baijiahao.baidu.com/s？id=1721663294917888802&wfr=spider&for=pc；https：//baijiahao.baidu.com/s？id=1754044778739755135&wfr=spider&for=pc。

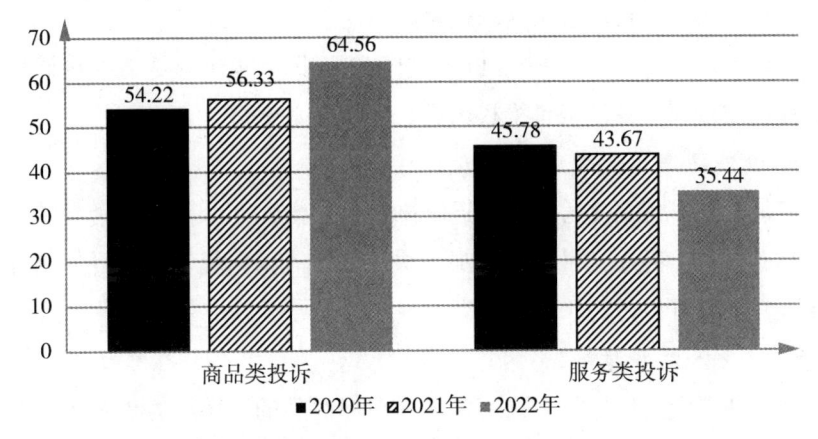

图 3-14 投诉性质比例趋势图（%）

2. 定制家具货不对板，旅游出行退订困难

有关定制家具的问题主要集中在家具质量以及售后问题，如商家虚假宣传，实际用料与宣传不一致；全屋定制家具出现图纸与实际不符的情况；合同约定不明确导致产生纠纷。

疫情爆发以来，旅游纠纷也成为消费者关注的热点问题，投诉主要涉及：因行程变更产生的纠纷；退订退费困难；诱导消费、强制消费仍存在；网络运营模式有待完善，如网上购买的电子票现场刷不出来、第三方软件未及时通知航班变更等问题值得关注。

3. 刷单炒信侵隐私，智能客服答非所问

快递相关投诉主要表现为快递延误、快递损坏、寄件丢失等，售后赔偿投诉也较常见。此外，快递员未经允许存放智能柜、虚假签收导致快递破损难追责、宠物活体盲盒、快递行业帮助不法商家发空包刷单以及泄露消费者个人信息也是近年来引起不少争议的热点问题。

此外，客服问题也是许多消费者关注的问题，投诉主要集中在人工客服难接通、客服服务态度恶劣、处理不当等。

4. 婚恋平台套路深，二手平台假货泛滥

有关婚恋平台的投诉主要集中在强迫和诱导性消费、相关资质的缺乏、信息审核不完善、霸王条款、退费难、虚假宣传等问题。2021年12月，江苏省消保委就以上现象对百合佳缘、珍爱网、我主良缘等婚恋平台进行约谈，这些平台均表示会积极整改。

平台方面，二手交易平台也问题频发。投诉热点主要集中在假冒伪劣、商品质量问题、消费者维权困难、售后不完善等。

5. 新能源汽车问题成投诉热点

新能源汽车延迟交付的问题近年来比较突出，部分商家在消费者订购时宣称有现货，但在交付定金后却无法在约定时间内提车。另外，新能源汽车存在虚假宣传行为，对消费者有一定的误导性。

6. 老年人消费隐患

老年消费问题比较集中，主要体现在保健品的购买、对贵重收藏品的投资以及金融理财等多个领域。造成问题的原因主要为老年消费者的辨识能力较弱，消费偏好也较为明显，更容易受到误导宣传。

7. 家政服务行业引发担忧

随着生活水平的提高，消费者对于家政服务的需求逐渐增多，但同时也面临着相关规范不完善导致的纠纷增加，目前家政服务投诉主要集中在以下方面：一是涉嫌虚假宣传；二是售后服务差；三是从业人员素质参差不齐。

（四）安徽省消保委2020—2022年消费投诉情况分析[①]

2021年共受理消费者投诉21080件，已解决20480件，解决率97.15%，为消费者挽回经济损失4177.11万元，共接待消费者来访、咨询88039人次；2022年共受理消费者投诉23386件，解决22355件，解决率95.59%，为消费者挽回经济损失3308.93万元，共接待消费者来访、咨询102072人次。

根据投诉性质分析（见表3-11、图3-15），2020—2022年期间，质量、售后服务、合同、价格、虚假宣传占据消费者投诉的前5名，紧随其后的是安全、假冒、计量、其他和人格尊严；2022年安全问题取代虚假宣传进入前五位；期间各投诉类型比重基本持平，售后服务和安全问题略微上升，合同问题稍微下降。

[①] 参见 https://www.ccn.com.cn/Content/2022/01-25/2026422733.html。

表 3-11　　　　　　　　投诉问题按性质分类情况表

投诉性质	2022年下半年 投诉数量(件)	2022年下半年 投诉比重(%)	2022年上半年 投诉数量(件)	2022年上半年 投诉比重(%)	2021年下半年 投诉数量(件)	2021年下半年 投诉比重(%)	2021年上半年 投诉数量(件)	2021年上半年 投诉比重(%)	2020年下半年 投诉数量(件)	2020年下半年 投诉比重(%)	2020年上半年 投诉数量(件)	2020年上半年 投诉比重(%)
质量	4438	35.58	4123	37.83	4792	39.16	3107	35.14	3142	33.09	3011	28.99
售后服务	2667	21.38	2181	20.01	2071	16.92	1656	18.73	1104	11.63	1216	11.71
合同	1792	14.37	1443	13.24	2049	16.74	1535	17.36	1167	12.29	1351	13.01
价格	1247	10	923	9.3	1214	9.92	749	8.47	625	6.58	2181	21
虚假宣传	816	6.54	1014	8.47	913	7.46	860	9.73	1105	11.64	422	4.06
安全	1028	8.24	816	7.49	640	5.23	388	4.4	403	4.24	220	2.12
假冒	155	1.24	138	1.27	163	1.33	131	1.48	159	1.67	256	4.06
计量	121	0.97	117	1.07	200	1.63	127	1.44	97	1.02	105	1.01
人格尊严	43	0.34	41	0.38	36	0.29	42	0.48	14	17.68	16	0.15
其他	166	1.33	117	0.94	160	1.31	247	2.79	1679	0.15	1608	15.48

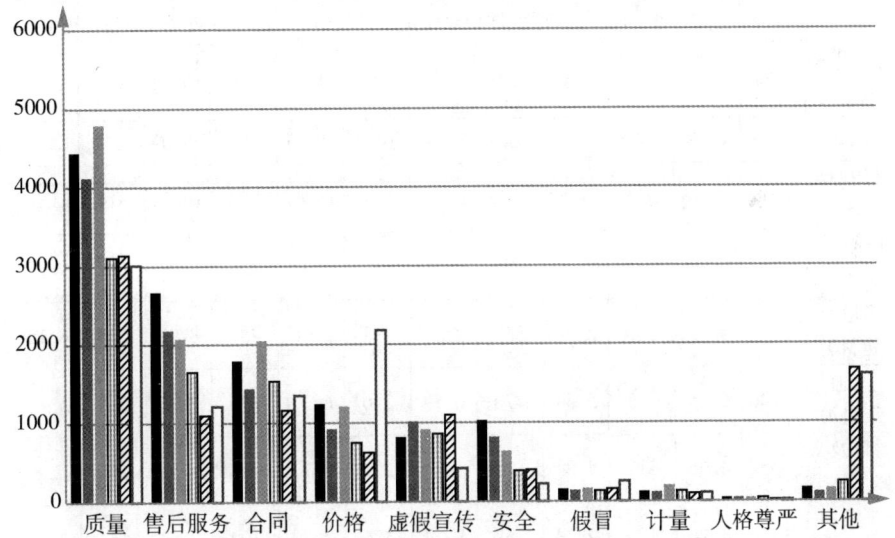

图 3-15　投诉量按性质分类趋势图（单位：件）

根据投诉商品分析（见表 3-12、图 3-16），食品类、家用电子电器类、日用商品类、服装鞋帽类、房屋及建材类在 2021—2022 年上半年占据了消费者投诉的前5名，2022年下半年交通工具类取代房屋及建材类进入前五。食品类在2021年下半年开始上升幅度较大，医药及医疗用品类在2020年下半年开始大幅回落，其余类型基本持平。

根据投诉服务分析（见表3-13、图3-17），生活社会服务类、销售服务、文化娱乐体育服务、教育培训服务、房屋装修及物业服务在2020—2022年上半年期间属于消费者投诉的前列，其中生活社会服务类一直稳居首位，其次是销售服务类；教育培训服务类和文娱体育类在2021年下半年有较明显增幅，2022年上半年短暂回落后，2022年下半年又重新上涨。其余类型基本持平。

表3-12　　　　　　商品大类投诉量变化表
（以商品大类投诉总量为基数计算比重）

商品类别	2022年下半年 投诉数量(件)	投诉比重(%)	2022年上半年 投诉数量(件)	投诉比重(%)	2021年下半年 投诉数量(件)	投诉比重(%)	2021年上半年 投诉数量(件)	投诉比重(%)	2020年下半年 投诉数量(件)	投诉比重(%)	2020年上半年 投诉数量(件)	投诉比重(%)
家用电子电器类	1187	15.58	1002	15.28	1228	17.2	1194	21.99	1072	19.74	950	14.4
食品类	2119	27.8	2096	31.97	2022	28.33	1070	19.71	1254	23.09	1213	18.38
日用商品类	1408	18.48	955	14.57	1052	14.74	862	15.87	908	16.72	814	12.34
服装鞋帽类	959	12.58	1102	16.81	994	13.93	817	15.05	738	13.59	617	9.35
房屋及建材类	362	4.75	380	5.8	537	7.52	493	9.08	487	8.97	538	8.15
交通工具类	484	6.35	363	5.54	470	6.59	346	6.37	398	7.33	380	5.76
首饰及文体用品类	355	4.66	317	4.84	321	4.5	259	4.77	228	4.2	185	2.8
烟酒和饮料类	325	4.26	179	2.73	267	3.74	206	3.79	192	3.54	161	2.44
医药及医疗用品类	367	4.82	116	1.77	161	2.26	126	2.32	101	1.86	1680	25.46
农用生产资料类	55	0.72	46	0.7	85	1.19	57	1.05	52	0.96	61	0.92

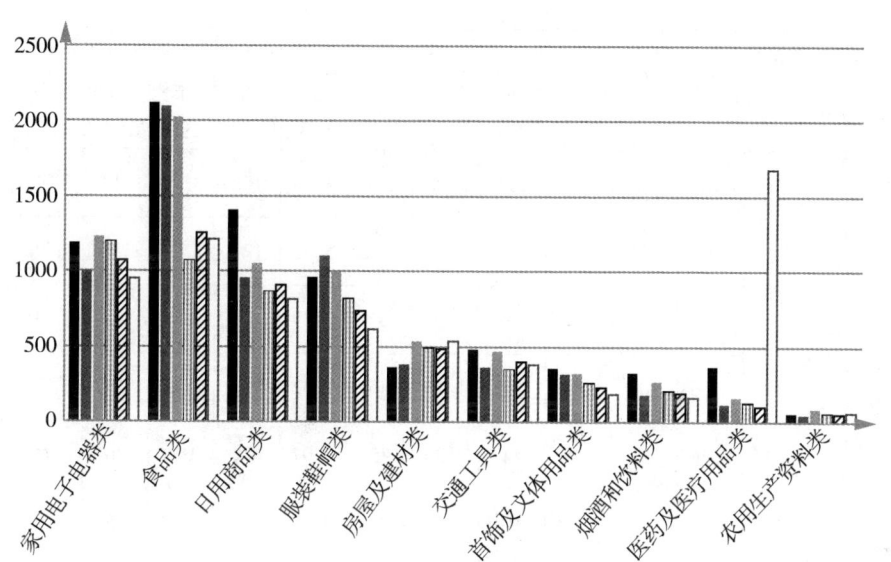

图 3-16　商品大类投诉量趋势图（单位：件）

表 3-13　　　　　　　服务大类投诉量变化表

（以服务大类投诉总量为基数计算比重）

服务类别	2022年下半年 投诉数量(件)	投诉比重(%)	2022年上半年 投诉数量(件)	投诉比重(%)	2021年下半年 投诉数量(件)	投诉比重(%)	2021年上半年 投诉数量(件)	投诉比重(%)	2020年下半年 投诉数量(件)	投诉比重(%)	2020年上半年 投诉数量(件)	投诉比重(%)
生活社会服务类	1801	39.75	1551	38.62	1669	32.72	1289	37.78	1306	32.13	1456	38.45
销售服务类	749	16.53	848	21.12	802	15.72	591	17.32	991	24.38	591	15.61
文化娱乐体育服务类	690	15.23	426	10.61	710	13.92	407	11.93	456	11.22	234	6.18
房屋装修及物业服务类	249	5.5	258	6.42	393	7.7	246	7.21	246	6.05	201	5.31
教育培训服务类	631	13.93	350	8.72	563	11.04	206	6.04	182	4.48	107	2.83
其他商品和服务					229	4.49	201	5.89	409	10.06	599	15.82

续表

服务类别	2022年下半年 投诉数量(件)	2022年下半年 投诉比重(%)	2022年上半年 投诉数量(件)	2022年上半年 投诉比重(%)	2021年下半年 投诉数量(件)	2021年下半年 投诉比重(%)	2021年上半年 投诉数量(件)	2021年上半年 投诉比重(%)	2020年下半年 投诉数量(件)	2020年下半年 投诉比重(%)	2020年上半年 投诉数量(件)	2020年上半年 投诉比重(%)
公共设施服务类	73	1.61	166	4.13	154	3.02	151	4.43	162	3.99	118	3.12
电信服务类	140	3.09	102	2.54	220	4.31	134	3.93	124	3.05	180	4.75
互联网服务类	76	1.68	154	3.83	205	4.02	61	1.79	57	1.4	151	3.99
邮政业服务类	30	0.66	104	2.59	59	1.16	45	1.32	61	1.5	58	1.53
旅游服务类	30	0.66	20	0.5	44	0.86	33	0.97	33	0.81	26	0.69
保险服务类	8	0.18	9	0.22	10	0.2	20	0.59	9	0.22	15	0.4
卫生保健服务类	47	1.04	20	0.5	25	0.49	17	0.5	21	0.52	25	0.66
金融服务类	7	0.15	8	0.2	18	0.35	11	0.32	8	0.2	26	0.69

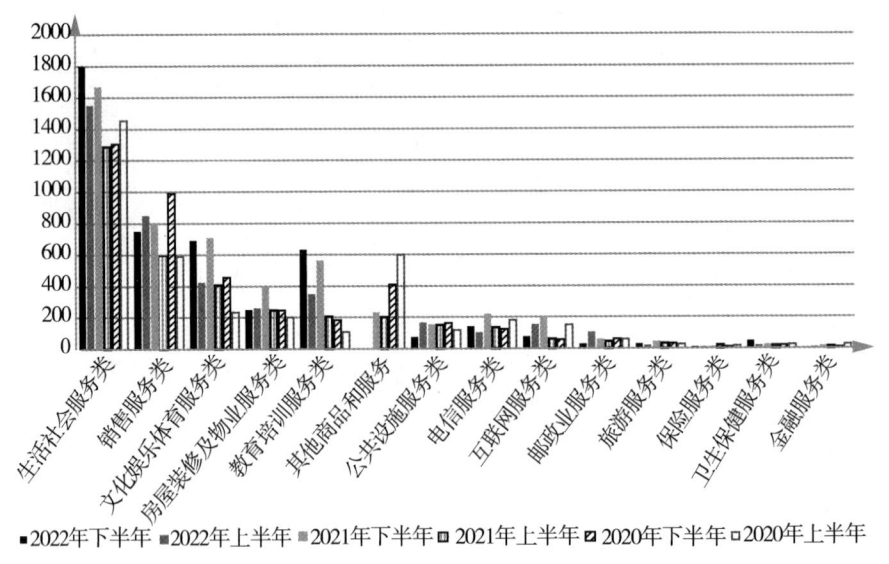

图 3-17 服务大类投诉量趋势图（单位：件）

(1) 商品房投诉与日俱增

商品房消费领域的咨询、投诉与日俱增。其中，房屋质量堪忧，开发商广告宣传与实际情况不相符，消费者订房预付款项退还难，房屋购买后售后、物业问题多。

(2) 汽车投诉维权艰难

汽车出现故障后，因其具有很强的专业性，消费者的维权之路异常艰难。新修订的《家用汽车三包责任规定》已实施，但消费者实际使用过程中遇到不少问题，比如不符合退换货标准，故障多次维修却得不到彻底修复，频繁往返4S店，耗时费力。

(3) 教育培训投诉增幅明显

随着国家"双减"政策出台，对部分校外教育培训机构投诉增多，侵害消费者权益行为主要有以下3个方面：一是由于"双减"政策规定不允许利用节假日补课，很多家长考虑到平日上课时间，只能选择退费，但商家可能由于资金周转问题，一直拖延退费；二是受离职潮影响，原有师资力量无法保证，擅自更换教学内容，造成消费者不满；三是个别小培训机构无法生存，突然关门卷款跑路。

(4) 食品安全投诉居高不下

餐饮消费一直是消费投诉的热点问题，无论是食品的质量问题、餐饮行业的广告宣传问题、餐饮行业的诚信问题，还是就餐环境的卫生和安全问题等，均能引起消费者不满和投诉，有的甚至直接导致消费者身体不适，严重危害了消费者的身体健康。

(5) 家庭装修投诉问题突出

家装企业发展良莠不齐，行业发展欠规范，无资质企业、"家装游击队"数量众多，家装行业消费维权问题突出，社会关注度高。消费者投诉内容集中于装修合同、预缴定金、装修质量、材料价格尺寸、合同额外增项等问题上，同时侵权行为复杂多样，涉及虚假宣传、合同欺诈、质次价高、拖延工期等问题。

(6) 快递投诉索赔困难

随着快递业务迅猛发展，快递企业在运输物品过程中，可能造成物品损坏或丢失，消费者收到快递包裹时发现毁损，找快递企业赔偿时困难重重。消费者如果没有进行保价，要求快递企业赔偿，双方总是会就赔偿数额扯皮，快递企业也会以"易损件包丢不包损"来推脱赔偿责任。

(7) 老年人消费问题

人口老龄化是国家发展过程中不可避免的情况，也是我国今后将要长期面对的基本国情，"银发经济"虽然具有巨大的市场潜力，但随之而来的老年消费者权益保护问题突出，与之相关的养老服务、老年养生保健等针对"银发"消费者的特有服务成为投诉热点。投诉的主要问题包括：保健产品投诉；通过低价、免费旅游服务吸引老年人参加，并在旅行过程中诱导、强制购物；推销所谓"收藏品牟取暴利"等等。

(8) 直播带货

投诉主要集中于家用电器、食品、日用品、服装鞋帽等行业，内容涉及：一是虚假宣传；二是商品发货不及时；三是商品存在不同程度的质量问题；四是售后服务得不到充分保障，消费者要求退货或赔偿损失，商家消极对待等。

(9) 食品类投诉增长明显

投诉问题主要集中在食品的质量、安全、价格、虚假宣传等方面。具体表现为夹存异物、超过保质期、包装标识不合规以及虚假广告等多个问题。

(10) 售后服务满意度低

2022年售后服务类投诉4848件，位居投诉性质前列，比2021年3727件上升了30.08%。部分商家为了规避自己的责任，在遇到售后服务问题上人为设置障碍，造成消费者服务体验差引发投诉。

(11) 七日无理由退货承诺不兑现

目前各地都在推行线下实体店七日无理由退货，但是在实际消费过程中，部分商家只是把"七日无理由退货"当成招揽生意的噱头，遇到要求按承诺退货时就推三阻四。

二 联盟概况

(一) 长三角消保委联盟凝聚四方合力 共建共治共享长三角区域美好消费环境

2019年4月，上海市、江苏省、浙江省、安徽省消费者权益保护委员会成立了长三角消保委联盟。至 2022 年，长三角消保委联盟以信息共通、规制共建、资源共用、权益共护、成果共享为工作原则，建立了联盟合作、协调通报、联合声明、培训交流、比邻合作等五项工作机制，联合开展了长三角特色伴手礼评测、商品服务社会监督、消费投诉纠纷化解、消费知识宣传引导、消费领域立法立标、跨区域协作机制建设等六项工作，共建共治共享长三角地区美好消费环境，助力地区经济社会健康发展。

1. 以特色伴手礼评测为抓手，助力提升消费品质

2019 年至 2021 年，长三角消保委联盟开展了区域特色伴手礼评测活动，在综合考量品牌文化、行业影响、产品品质和地域特色等因素的基础上，通过行业和技术专家组梳理筛选、消费者网上评测以及多领域专家和消费者代表现场评测等方法，三年来共评选出 219 款上海特色伴手礼、101 款江苏特色伴手礼、120 款浙江特色伴手礼及 80 款安徽特色伴手礼，彰显长三角地区各个城市的地方特色，全力服务长三角区域经济发展，为消费增长注入持久动力。

2. 以消费监督为抓手，携手推动难点问题解决

为推动长三角地区儿童免票规则身高、年龄"双轨制"，长三角消保委联盟于 2019 年 6 月 1 日启动景点儿童免票规则联合消费调查，通过消费者问卷调查、企业座谈交流、邀访专家等方式，听取和汇集各方意见。调查结果发布后，三省一市消保委分别倡议区域内景点推行"儿童免票身高与年龄兼顾"，已得到上海中心大厦、江苏周庄古镇、浙江西溪湿地、安徽黄山风景区等长三角地区 600 多家景点企业的积极响应。2020 年 12 月至 2021 年 3 月，长三角消保委联盟开展了长三角禁限塑新规消费侧专题调研，从多个维度以全产业链视角汇总来自消费者、专家和生产经营者等的意见建议。《长三角禁限塑新规消费侧研究报告》相关工作专报信息被浙江省政府办公厅以头条形式上报至《专报国办信息》。为积极响应"满意消费长三角"发展战略，长三角消保委联盟于 2020 年联合长三角三省一市市场监管局，深化无理由退货承诺。截至 2020 年年底，已有近 25 万家企业承诺线下 7 天无理由退货，涉及日用消费品、旅游文化、教育培训、体育健身等消费领域，为打造"满意消费长三角"消费新高地贡献了力量。

3. 以投诉一体化为抓手，提升投诉解决效率

长三角消保委联盟注重推进消费投诉一体化建设。一是通过投诉数据共享，对四地消费投诉数据和消费投诉典型案件进行汇总，围绕事件性、阶段性、趋势性、结构性、增长性等特点，对汽车及售后服务、房屋及装修服务、旅游及相关服务、预付式消费、新兴消费模式等投诉热点领域进行全面分析，作出消费提示并向社会发布，以提升消费者自我保护意识，倒逼经营者诚信自律经营。二是建设消费微投诉云平台，搭建消费者与经营者间的投诉沟通平台。2020年"3·15"期间，"长三角消费微投诉云平台"（以下简称"云平台"）正式上线。"云平台"致力于打造长三角地区消费者、经营者和消保委的三方在线平台，省去投诉中转流程，实现消费者与经营者间信息"零距离"同步与简单投诉72小时解决，促进长三角地区消费投诉"一体化"。目前，三省一市消保委均已整合现有平台或开发新平台，并接入"云平台"；36家企业已入驻成为平台首批联网单位，分布于网络购物、在线旅游、共享出行、通讯网络、汽车、航空、快递物流、文化娱乐、家用电器、美容美发、服饰鞋帽等多个行业。

4. 以消费知识宣传为抓手，引导科学理性消费

2019年至2021年，长三角消保委联盟先后对80款老人鞋样品的耐折性能、外底耐磨性能、防滑、硬度、重量等指标，30款儿童平衡滑步车样品的有毒有害物质，产品标识和结构安全性等指标，20款车载空气净化器样品的有害物质释放等安全性能及颗粒物、甲醛、总挥发性有机化合物TVOC、除菌性等净化性能进行测试，并向社会公布测试结果，指导消费者如何选购相关产品。比较试验工作引起社会广泛关注，老年鞋和儿童平衡滑步车比较试验在央视《每周质量报告》专题播出，老年鞋比较试验还在央视《晚间新闻》栏目报道，车载空气净化器比较试验在央视《生活提示》栏目播出。

5. 以制定团体标准为抓手，推进消费领域立法立标

2019年至2021年，长三角消保委联盟针对其开展的老人鞋、儿童平衡滑步车、车载空气净化器比较试验结果以及相关行业情况，组织制定了相应的团体标准。其中，《老人鞋》团体标准除从外底耐磨、耐折、衬里和内垫摩擦色牢度等7项性能指标对老人鞋作出规制外，还特别根据老年

人特点，增加了不允许有可触及的锐利边缘和锐利尖端的要求，填补了行业空白；《儿童平衡滑步车技术规范》团体标准目前已通过江苏省孕婴童用品协会注册，并在全国团体标准信息平台网站上公示；《乘用车空气净化器》团体标准，作为国内首个乘用车空气净化器的产品标准，填补了国内标准空白，其中关于洁净空气量与净化效率相结合的指标体系要求具有先进性。

6. 以推进解决进口商品消费维权痛点为抓手，深化跨区域协作机制

为推进解决进口商品消费维权痛点，2021年3月，浙江省内及上海市、江苏、安徽两省的21个市（区、县）消协组织联合签署《关于建立长三角地区进口商品放心消费维权协作机制的合作协议》，明确共建长三角地区进口商品放心消费环境，同步建立信息通报、联合约谈调处、双向移送等8项工作机制，打造消费维权完整闭环。长三角消费维权协作机制的进一步深化，不仅有助于促进解决进口商品消费维权痛点，而且有助于更好满足长三角以及全国消费者对美好消费生活的追求。

（二）长三角消保委联盟发布平衡滑步车比较试验结果和团体标准

上海、江苏、浙江、安徽三省一市消保委在2020年11月30日共同发布了儿童平衡滑步车比较试验结果，该批样品是从京东商城、天猫商城、苏宁易购和部分线下门店随机购买，共涉及27个品牌30款样品。结果显示，仅有9款样品符合相关标准要求。

目前我国没有关于儿童平衡滑步车相应的国家标准及行业标准，因此本次试验是以国家的儿童玩具标准GB6675—2014及皮革和毛皮有害物质限量标准GB20400—2006为参考，对其中的有毒有害物质、产品标识和结构安全性等进行测试。

对于存在问题的样品，有以下两点需要引起关注。第一，有多达11款样品有两个及两个以上的不符合标准项目。第二，出现问题所占的比重最大的系小零件、增塑剂和活动部件间的间隙等，其中，产生小零件，若被儿童误食，容易堵塞喉管造成窒息；活动部件间的间隙则有夹伤手指的风险；包装塑料袋和薄膜也有引起外部窒息的危险。

此外，很多儿童平衡滑步车都存在尖点锐边、强度不足、有害元素超

标等安全隐患；有些生产厂家甚至对此类产品的名称都不统一。为了规范市场，保证消费者的合法权益，长三角地区三省一市消保委组织相关检测单位和生产厂家，制定了团体标准 T/JSMBPA 001—2020B《儿童平衡滑步车技术规范》，目前已通过江苏省孕婴童用品协会注册，并在全国团体标准信息平台网站上公示。

通过此次比较试验发现，儿童平衡滑步车的生产制造商在产品的质量管控上还存在着诸多不足，需要对多个环节加以改进，从而设计和生产出让消费者放心购买的产品。

（三）长三角消保委联盟发布禁限塑新规调查

2020年12月到2021年2月，长三角三省一市消保委联盟发布了与线上线下禁限塑新规有关的问卷，对逾万名消费者进行调研。调查发现，受访者中知道"禁限塑"的人员比例高达92.9%，认为本地"禁限塑"落实情况非常好的长三角受访者超过了六成。

上海、江苏、浙江、安徽四地消保委实地消费体察了1640家企业发现，禁限塑新规在商场的落实率达到了78.6%，超市为77.5%，药店为58.8%，书店为73.0%，大型饭店为90.1%，中型饭店为82.5%，小型餐饮店为64.3%，外卖为75.6%。

2021年3月9日，长三角消保委联盟发布《长三角禁限塑新规消费侧研究报告》，根据报告显示，禁限塑新规在长三角地区整体上推进顺利，但禁限塑新规的执行仍存在一定的问题：一是相关的技术规范庞杂导致消费者理解难度大；二是形成了新的浪费，如把无纺布环保袋当作垃圾袋。

（四）长三角消保委联盟建言成立消保基金

2021年9月3日，长三角消保委联盟对贯彻落实《个人信息保护法》提出建议，呼吁建立消费者权益保护基金。长三角消保委联盟希望政府部门在监管和执法中能加大消费者的参与力度，重视消费者在消费过程中反映的个人信息安全问题和投诉，实现消保委的体察调查和部门监管执法的联动。

（五）长三角消保委联盟举办秘书长培训班

2021年10月12—14日，长三角消保委联盟秘书长培训班在南京举办。中消协秘书长朱剑桥出席培训班开班仪式，并就消协组织的起源、发展、定位、职责、自身建设，以及如何提高消协工作效能等进行了深入讲解。

（六）长三角市场监管一体化再升级

2021年11月4日，从2021年长三角市场监管联席会议上获悉，三省一市市场监管部门共同签署合作协议和备忘录7项，长三角市场监管一体化再升级。

三省一市市场监管局签署了市场监管领域法治建设一体化合作、加强价格监管协作、加强反不正当竞争协作、加强平台经济数字化协同监管、特种设备安全监管一体化、协同推进检验检测机构行政处罚裁量基准一体化6项合作协议。同时，正式开通长三角市场主体基础数据平台，为市场监管领域跨省业务办理、协同监督执法、信用联合惩戒等提供基础支撑。上海、南京、杭州、扬州、镇江、绍兴、安庆、亳州8市市场监管局共同签署了长三角历史文化名城标准化合作协议，助推长三角区域文化旅游产业高质量发展。

（七）团体标准《乘用车空气净化器》完成技术审查

2021年11月18日，长三角消保委联盟在上海召开技术审查会，提出《乘用车空气净化器》团体标准。乘用车空气净化器行业规模较大且发展迅速，2020年相关产品市场销售总额近40亿元。但行业在快速发展的同时也出现参数信息不标、虚标，实际性能达不到宣传效果等问题。

会议认为该标准起草程序完善，技术指标科学，具有可操作性，为此类产品的生产检验、性能检测和评价提供了更优技术依据，并同意该标准通过审查。

（八）《长三角市场监管一体化发展"十四五"规划》发布

2021年12月12日，上海市、江苏省、浙江省、安徽省市场监督管理局联合印发了《长三角市场监管一体化发展"十四五"规划》（以下简称《规划》）。《规划》提出，到2025年，长三角地区市场监管领域行政壁垒加快破除、要素流动自由畅通、重点领域安全可靠、质量基础显著增强、消费维权便利高效、创新创业强劲活跃，统一开放的市场准入环境、公平有序的市场竞争环境、放心满意的市场消费环境显著优化。

未来五年，长三角三省一市市场监管部门将聚焦"一体化"和"高质量"两个关键词，共同打造"统一开放、竞争有序、安全放心、质量领先、满意消费、示范引领"的长三角现代化市场监管体系。三省一市市场监管部门将重点深推动营商环境联建、监管执法联动、质量基础联通、消费环境联创以及协力支持示范区建设等方面的合作。

下一步，长三角三省一市市场监管部门将充分发挥长三角市场监管联席会议作用，细化实化任务措施，实行年度项目式、清单化管理，明确时间表、路线图、责任部门，扎实推进各项工作举措，确保高质量完成"十四五"规划目标任务。

三 典型案例

案例1：马某与某化妆品公司纠纷案[①]

马某经常在某化妆品店购买产品和接受美容服务，在此消费共计110余万元，是该公司的常客。马某在某次接受服务时偶然发现，该化妆品店所使用的一款精油产品，在三年前已过期，遂将这款精油带走留存，并向市场监督管理局进行了投诉。

市场监督管理局接到投诉后，先后组织了两次调解，但始终无法找到双方都满意的解决方案，调解被迫终止。因此，马某决定向法院起诉该化妆品公司和该化妆品店，要求解除双方签订的服务合同，并且返还尚未提

---

① 案例由上海市青浦区人民法院提供。

供的美容服务和产品费用共计 60 余万元。法院经审理认定,被告人某化妆品店构成根本违约,双方签订的合同依法予以解除;已消费金额根据马某的消费记录和双方实际约定的价格进行计算,被告人需要退还未消费部分的服务及产品,共计 28 万元。

案例 2:"小病大修"及虚假宣传案

2017 年 7 月至 2020 年 6 月,为了达到吸引客流的目的,当事人上海赋索商贸有限公司在开展手表维修业务期间,刻意在门店内悬挂知名手表品牌的商标,且在店内外显著位置展示印有"上海名表维修服务中心"的名称和标记,在日常业务中也向消费者自称是某名表品牌特约维修,开具的维修单上也含有"上海名表维修服务中心"字样,让消费者误认为当事人是有授权的专业维修人员,但实际上并未取得任何手表品牌的授权,也没有相关证据能证明其为"上海名表维修服务中心"。

此外,自 2019 年 12 月至 2020 年 6 月,当事人在提供维修服务时,故意告知消费者必须更换某个配件,但在实际维修过程中并未对上述配件予以更换。当事人通过实施上述欺诈行为,违法获利共计 34925.77 元。

当事人的虚假宣传行为违反了《中华人民共和国反不正当竞争法》与《上海市消费者权益保护条例》①的相关规定,市场监管局执法总队依法责令当事人停止违法行为并作出罚没 100 万余元的行政处罚。

案例 3:智能电视开机广告应确保消费者的选择权②

江苏省消保委在 2019 年 3 月 16 日接到一宗投诉,该消费者声称其购买的某品牌生产、销售的智能电视,在开机的时候会强制播放长达 15 秒的开机广告,并且没有任何能够关闭广告的按钮和方法,销售人员在其购买时也并未以显著方式提示有这种广告的存在。

接到投诉后,江苏省消保委针对此事,集中约谈了多家智能电视相关经营者,并向当事人公司发送了整改通知,公司负责人对此承诺进行整改,未来将增设"一键关闭"广告的窗口,但该窗口只在广告结束前五秒

---

① 《上海市消费者权益保护条例》第二十三条第一款"经营者提供商品或者服务时,不得用以假充真、以次充好、销售掺杂掺假商品、虚假标价等欺诈方法,损害消费者合法权益。"

② 案例由江苏省高级人民法院提供。

才会出现,且不能保证即时关闭。

为了维护更多消费者的权益,江苏省消保委向法院提起公益诉讼,要求某公司在今后凡是销售带有开机广告功能的智能电视时,必须以显著的方式提示或告知消费者开机广告一事,并为智能电视提供一键即时关闭开机广告的功能。

该案经审理后,法院认为,一方面,消费者享有知情权,有权充分了解自带广告的信息;另一方面,消费者享有自主选择权,有权拒绝接收开机广告,被告人应当保障消费者的知情权和选择权。本案中,被告人在接到消保委整改意见后,依然没有对开机广告尽到提示义务,新增的一键关闭窗口直到开机广告播放至最后5秒时才弹出,该设置形同虚设,违反了《中华人民共和国广告法》的相关规定,遂判决被告人在开机广告播放的同时提供一键即时关闭功能。

案例4:某医院给患者提供过期药品纠纷案

消费者方某于2020年10月14日前往某医院就诊,并从药房购买了4盒药品,服用半个月后,偶然间发现此次购买的药品已过期(有效期至2020年10月13日)。对此,方某向某医院要求索赔,医院予以拒绝。2020年11月2日,方某就此事向黄山市市场监管局进行投诉。

接到投诉后,黄山市市场监管局立即对此开展调查。经监管人员调查取证,医院方承认其工作中存在错误,因工作疏忽将已过期的药物卖给消费者,并表示愿意承担相关责任。在黄山市市场监管局的组织下,双方在2020年11月18日进行调解,并达成如下协议:某医院为方某更换药品8盒,并赔偿其10000元。

黄山市市场监管局随后立即启动"诉转案"机制,对某医院使用过期药品行为立案处理,并作出罚款100000元的行政处罚。

案例5:老人手机莫名购买保险,消保跨域沟通返保费

消费者任某于2021年2月向舟山市岱山县消保委进行投诉,声称其在使用手机过程中,不小心点到一个"保险"字眼的窗口,经过一系列操作后,被莫名扣除395.5元钱。

消保委工作人员对相关保险合同条款进行调查,发现其App首页所展示的规则中表明,该保险属于癌症类医疗险,首保年龄应该在0—80周岁

之间，80周岁以上的只能进行续保。任某在2020年12月被扣钱，当时已满81周岁，所扣除的395.5元保费不符合条款所列明的保险费率表。为防止老人继续被不当扣费，工作人员先在App上帮老人取消了该保险，随后与位于上海的保险公司总部进行了联系，指出对方合同规则和投保流程中存在的问题，告知其应当在认真审核消费者身份信息的基础上进行签约。任某在没有了解清楚保险合同规则的情况下与保险公司签约，属于我国《民法典》第一百四十七条规定的基于重大误解实施的民事法律行为，有权请求人民法院或者仲裁机构予以撤销。保险公司了解情况后，在当天就将任某支付的保费全额退回。

案例6：老年保健品消费陷阱

2022年年初，消费者唐某出于健康需求，购买了某健康保健公司某款胶囊24盒，费用共计40320元。该保健公司声称此胶囊有增强免疫力、调节三高以及治疗某些疾病的功效，唐某购买胶囊后服用两个多月，依然没有任何成效，待前往医院体检后，发现指标也并没有好转。至此，唐某终于意识到耗尽养老积蓄购买的所谓"保健品"，其实并没有其所宣传的功效。后悔之余，唐某立即联系商家要求退款，但遭到商家拒绝。双方协商无果后，消费者投诉至常州市金坛区消费者协会。

经调查，工作人员耐心向商家进行普法，以及组织双方调解，商家最终同意在扣除已使用的保健品的费用后再退还结余费用，消费者唐某表示满意。

案例7：新能源汽车质量纠纷

亳州市消保委接到消费者赵某投诉，称其于2022年6月8日购买了某品牌新能源汽车，后在6月17日驾驶该车辆时，发现存在起步阶段断电现象2次，在将车辆送往汽车4S店，仍不能检测出故障原因，赵某遂要求退车，4S店予以拒绝。在赵某与销售商多次协商无果后，决定向消保委投诉。赵某向消保委展示了发生故障时的视频以及与售后客服的聊天记录。

接到投诉后，市消保委随后约谈商家，进行调解。经过工作人员的耐心沟通后，最终帮助消费者获得一次重新检测的机会，并和商家约定，如车辆再发生此类现象，将予以无条件退车。

第三节　粤港澳大湾区

一　投诉概况和相关数据

（一）广东消委会系统 2020—2022 年消费投诉情况分析[①]

1. 投诉概况

2020 年，广东全省各级消委会共接待消费者来访和咨询 10 万多人次，处理消费者投诉 394258 件，为消费者挽回经济损失约 3.23 亿元；2021 年，广东省各级消委会共接待消费者来访和咨询约 12.46 万人次，处理消费者投诉 384015 件，为消费者挽回经济损失约 3.63 亿元；2022 年，广东全省各级消委会共接待消费者来访和咨询 24.17 万人次，同比增长 94.03%，处理消费者投诉 400237 件，同比上升 4.22%，为消费者挽回经济损失 2.66 亿元，同比下降 26.70%。

2022 年广东消委会系统全年处理消费者投诉 400237 件，占全国的 34.75%，同比 2021 年增长 4.22%，比 2020 年增长 1.52%，比 2019 年增长 7.14%，比 2018 年增长 46.22%，近 5 年平均增长率 9.96%，总体呈逐年增长态势。

2. 投诉分类基本情况分析

（1）服务类与商品类投诉情况分析

2020 年服务类投诉 248215 件，占总投诉量 62.96%，商品类投诉 137356 件，占总投诉量 37.04%，；2021 年服务类投诉 239352 件，占比 62.33%，商品类投诉 134929 件，占比 35.14%；2022 年服务类投诉 247532 件，同比上升 3.42%，占投诉总量 61.85%；商品类投诉 149603 件，同比上升 10.88%，占投诉总量 37.38%（见图 3-18）。

从全国情况来看，两类投诉比例基本持平，而广东省服务类投诉大幅超过商品类投诉，一方面反映广东省居民生活水平不断提高，消费者对于

[①] 参见广东省消委会消费维权网，https://www.gdcc315.cn/show-6-53864-1.html；https://www.gdcc315.cn/html/web/tsfx/16356042256101088929.html。

品质消费、个性化发展型享受型消费需求大；另一方面也反映对比标准规章制度较完善的商品类消费，广东省服务领域的标准和法律法规还相对欠缺，消费纠纷更多发生。

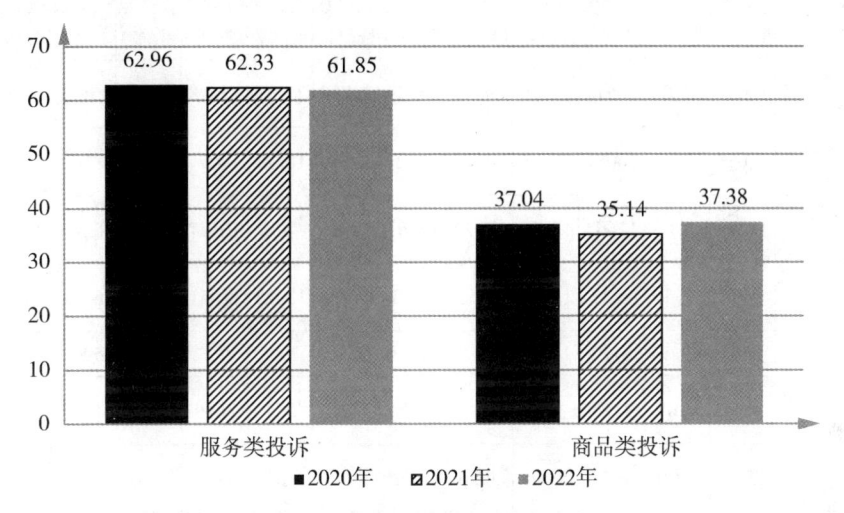

图 3-18　投诉性质比重趋势表（%）

（2）商品大类投诉分析

2020 年至 2022 年，在商品类投诉中，家用电子电器类、日用商品类、服装鞋帽类、交通工具类和食品类投诉量一直位居前五。与 2020 年上半年相比，下半年医药及医疗用品类投诉开始大幅下降，日用商品有较大幅度增长；而随着疫情过后人们的消费逐渐回归正常，家用电子电器类、服装鞋帽类、首饰及文体用品类消费增多，相关投诉增幅较为明显（见表 3-14、图 3-19）。

（3）互联网服务类投诉居高不下

在服务类投诉中，互联网服务、生活社会服务、教育培训服务、文化娱乐体育服务、电信服务投诉量一直位居前五。互联网服务类投诉从 2020 年至 2022 年均位列第一，网络游戏封号、充值等问题是其高居首位的主要原因。此外，与 2020 年相比，旅游服务类投诉量持续下降，基本回到疫情发生前水平；教育培训服务类在经过 2021 年下半年高峰后，2022 年开始逐渐回落（见表 3-15、图 3-20）。

表 3-14　　　　　　　　商品大类投诉量变化表
（以商品大类投诉总量为基数计算比重）

商品类别	2022年下半年 投诉数量(件)	投诉比重(%)	2022年上半年 投诉数量(件)	投诉比重(%)	2021年下半年 投诉数量(件)	投诉比重(%)	2021年上半年 投诉数量(件)	投诉比重(%)	2020年下半年 投诉数量(件)	投诉比重(%)	2020年上半年 投诉数量(件)	投诉比重(%)
家用电子电器类	18059	24.03	16570	22.26	19507	25.49	14790	25.33	21578	26.46	17268	30.94
日用商品类	16653	22.16	16081	21.6	14922	19.5	10656	18.25	18544	22.74	8882	15.92
服装鞋帽类	11293	15.03	11608	15.59	11422	14.92	10216	17.5	10177	12.48	6240	11.18
交通工具类	9601	12.78	9042	12.14	9566	12.5	7728	13.23	11051	13.55	6494	11.64
食品类	8663	11.53	8722	11.72	8923	11.66	5772	9.88	7827	9.6	5968	10.69
首饰及文体用品类	3507	4.67	4168	5.6	4191	5.48	3153	5.4	3649	4.47	1893	3.39
房屋及建材类	2997	3.99	4047	5.44	3920	5.12	2954	5.06	4394	5.39	3440	6.16
医药及医疗用品类	2304	3.07	2155	2.89	2301	3.01	1472	2.52	2470	3.03	4806	8.61
烟酒饮料类	1977	2.63	1955	2.63	1684	2.2	1482	2.54	1762	2.16	707	1.27
农用生产资料类	98	0.13	103	0.14	100	0.13	170	0.29	98	0.12	108	0.19

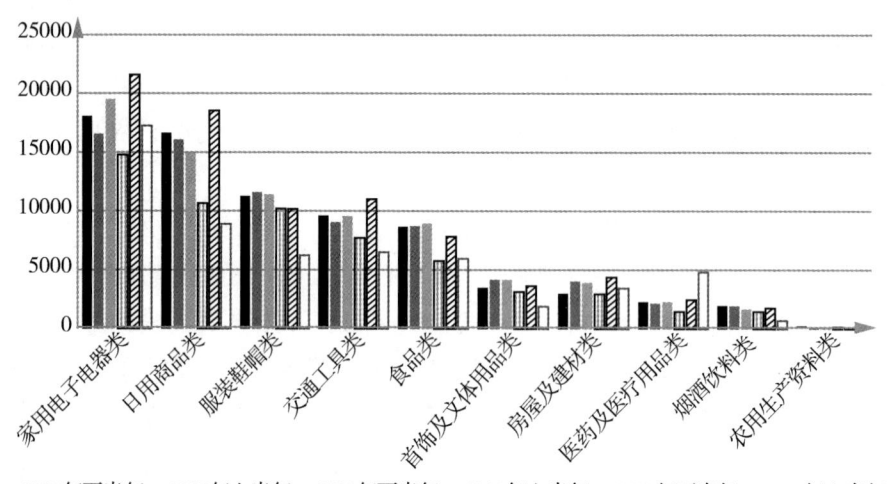

图 3-19　商品大类投诉量图

表3-15　　　　　　　　　服务大类投诉量变化表
（以服务大类投诉总量为基数计算比重）

服务类别	2022年下半年 投诉数量(件)	投诉比重(%)	2022年上半年 投诉数量(件)	投诉比重(%)	2021年下半年 投诉数量(件)	投诉比重(%)	2021年上半年 投诉数量(件)	投诉比重(%)	2020年下半年 投诉数量(件)	投诉比重(%)	2020年上半年 投诉数量(件)	投诉比重(%)
互联网服务类	47471	38.81	48852	39.01	52708	37.81	48235	48.26	61578	42.49	43419	42.04
生活社会服务类	25615	20.94	25555	20.41	25695	18.43	19848	19.86	28959	19.98	23228	22.49
教育培训服务类	18788	15.36	21067	16.82	31619	22.68	10949	10.95	18343	12.66	9617	9.31
文化娱乐体育服务类	6580	5.38	6606	5.28	8366	6	6852	6.86	10596	7.31	4668	4.52
电信服务类	13966	11.42	11409	9.11	8143	5.84	4175	4.18	7976	5.5	9892	9.58
房屋装修及物业服务类	2272	1.86	2843	2.27	2968	2.13	1853	1.85	2752	1.9	1827	1.77
销售服务类	2832	2.32	3177	2.54	2144	1.54	2426	2.43	7289	5.03	2925	2.83
邮政业服务类	1444	1.18	1785	1.43	2026	1.45	1586	1.59	1468	1.01	1017	0.98
金融服务类	265	0.22	1142	0.91	2020	1.45	1015	1.02	1162	0.8	1577	1.53
公共设施服务类	1696	1.39	1360	1.09	1648	1.18	1175	1.18	1317	0.91	981	0.95
旅游服务类	546	0.45	650	0.52	1038	0.74	1108	1.11	2502	1.73	3209	3.11
卫生保健服务类	711	0.58	630	0.5	854	0.61	565	0.57	763	0.53	699	0.68
保险服务类	115	0.09	155	0.12	167	0.12	169	0.17	229	0.16	222	0.21

图 3-20 服务大类投诉量趋势图（单位：件）

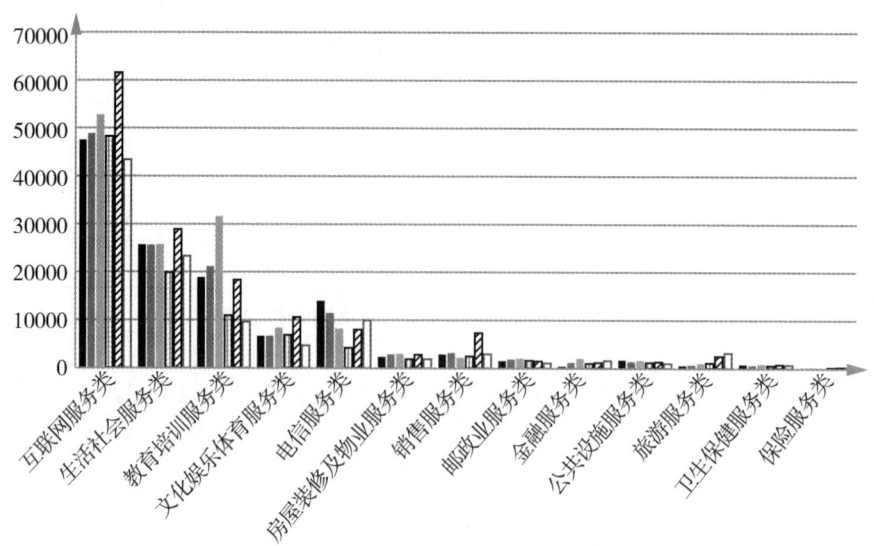

3. 热点难点问题

（1）教育培训类投诉增长大

教育培训消费问题突出，是投诉量增长最多的消费领域之一。此外，在"考公""考编"热潮下，部分培训机构通过宣称"高额学费，不过退款"等方式，诱导消费者报名，导致容易产生消费矛盾纠纷，甚至引发群体投诉。消费者投诉的主要问题：一是虚假宣传；二是教学质量不稳定、虚构名师资质；三是未尽到安全保障义务；四是退费困难；五是诱导消费者办理培训贷款。受政策影响，大量培训机构转型或停业，是导致投诉量大增的原因之一。

（2）网游、直播购物等新兴投诉居高不下

互联网服务类投诉已连续多年位居广东省投诉第一，主要问题有两个。第一，网络游戏投诉多，近年来，关于未成年人游戏充值、账号封号、游戏道具抽奖规则不公平等问题的投诉居高不下。第二，直播带货、跨境电商等新型网购模式投诉增多，直播购物以其直观性、互动性越来越受大众关注喜爱，但作为新购物模式，其存在的夸大产品功效、虚假宣传、货不对板、推销劣质商品、问题商品退货难、售后服务没保障等诸多问题，一直没能得到解决，成为新的消费热点问题。

(3) 美容美发投诉频发

随着人们对生活质量要求的提高，大众对美容美发的需求越发旺盛，然而部分不法商家在提供商品和服务时未能履行自身职责，引发不少消费矛盾纠纷。主要问题如下：一是服务不规范；二是存在乱收费、诱导消费的现象；三是虚假宣传；四是使用假冒伪劣产品。

(4) 电信类增幅最大，套餐扣费等投诉激增

主要问题有：一是套餐活动规则不清晰，订阅容易取消难；二是侵犯消费者知情权，未经同意擅自更换高价套餐，捆绑销售业务等；三是携号转网要求高，通过不公平格式条款限制消费者权利；四是售后服务体验差，消费者问题难以解决。

(5) 医药及医疗用品投诉飙升

2022年，广东省消委会共处理医药及医疗用品投诉4459件，同比上升18.18%，投诉主要集中在12月，其中西药1292件，同比上升49.19%；医疗器械1299件，同比上升34.06%。主要问题有：一是发货慢，甚至恶意"砍单"不发货；二是虚假宣传、夸大功效和以次充好；三是哄抬价格、强制捆绑搭售；四是违规售卖涉疫产品，无证销售涉疫药品、医疗器械。

(6) 家政服务投诉大幅上涨

2022年，广东省消委会共处理家政服务投诉3320件，占社会服务投诉55.15%，投诉量与去年相比激增3.19倍。其中合同（1340件）、售后服务（1244件）和虚假宣传（524件）投诉较多，占总数的40.36%、37.47%和15.78%。主要反映的问题有：一是缺乏诚信经营，存在未按时履行合同、擅自取消订单等情况；二是服务质量不高，专业化水平低；三是虚假宣传，夸大服务质量；四是退款困难，经营者利用预付式消费诱导消费者充值，消费者退款困难。

(7) 美容美发等医美问题受关注

2022年，广东省消委会共处理美容美发投诉15510件，同比上升24.85%。其中涉及医疗美容投诉1927件，占美容美发投诉的12.42%。投

诉涉及主要问题有：一是虚假宣传、诱导消费、夸大功效；二是缺乏执业资质，专业技术不过关，消费者人身安全无保障；三是不告知医疗美容风险，发生争议后退费困难，造成消费者经济、健康损失等。

（二）深圳市消委会 2020 年—2022 年消费投诉情况分析[①]

1. 投诉基本情况

2020 年，深圳市各级消费者委员会共收到消费投诉 197788 件；2021 年，深圳各级消费者委员会共收到投诉 210414 件，同比增长 2.62%，其中，来自 315 消费通系统的投诉 179138 件，非 315 消费通系统的投诉 31275 件；2022 年，深圳各级消委会共收到投诉 226277 件，同比增长 7.52%。其中，来自 315 消费通系统的投诉 173270 件，其他来源投诉 53007 件。（见图 3-21）。

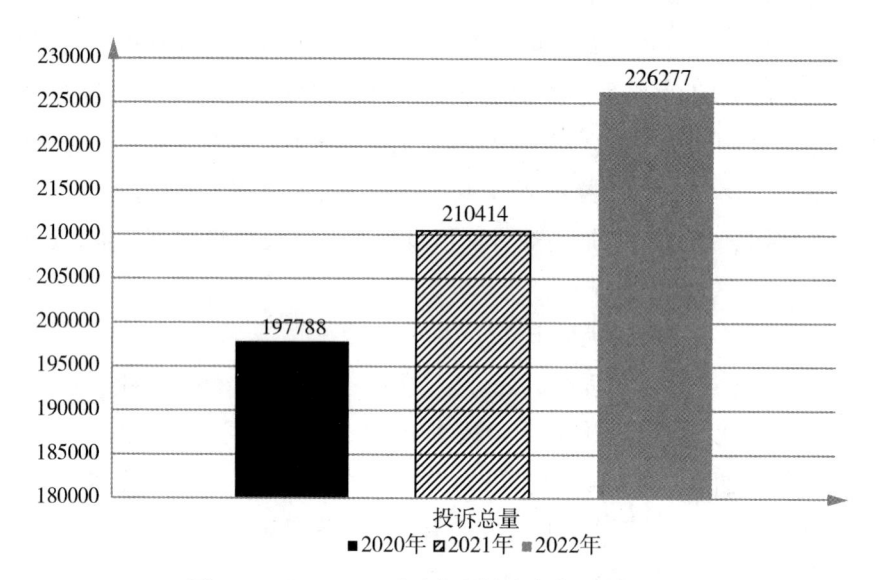

图 3-21　2020—2022 年全年投诉量统计（单位：件）

[①] 参见深圳市市场监管局网，http：//amr.sz.gov.cn/xxgk/qt/ztlm/xc/xwhts/content/post_9576092.html；https：//www.cqn.com.cn/ms/content/2023-02/06/content_8906030.htm。

2. 按投诉行业统计

从投诉行业来看，2020年投诉量排名前五位的行业分别为互联网及通信服务、教育培训、通讯电脑数码、文体旅游服务、交通工具及维修；根据2021年和2022年报告显示，化妆品/美容美发/整形服务取代交通工具及维修，进入前五（见图3-22、图3-23、图3-24）。

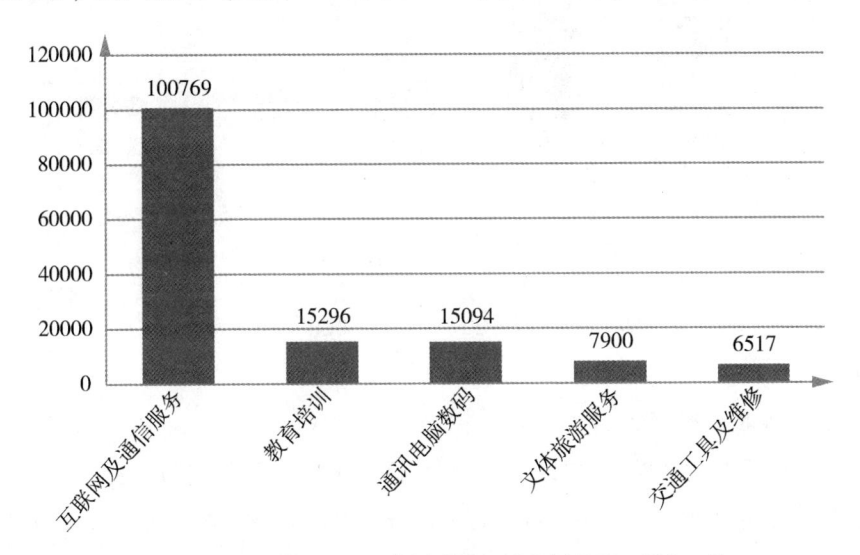

图3-22　2020年全年投诉量排名前五行业投诉统计（单位：件）

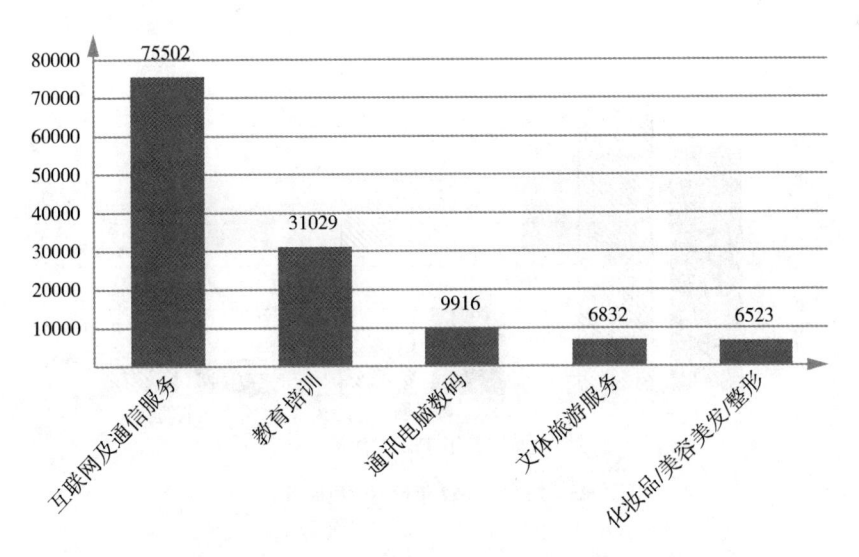

图3-23　2021年全年投诉量排名前五行业投诉统计（单位：件）

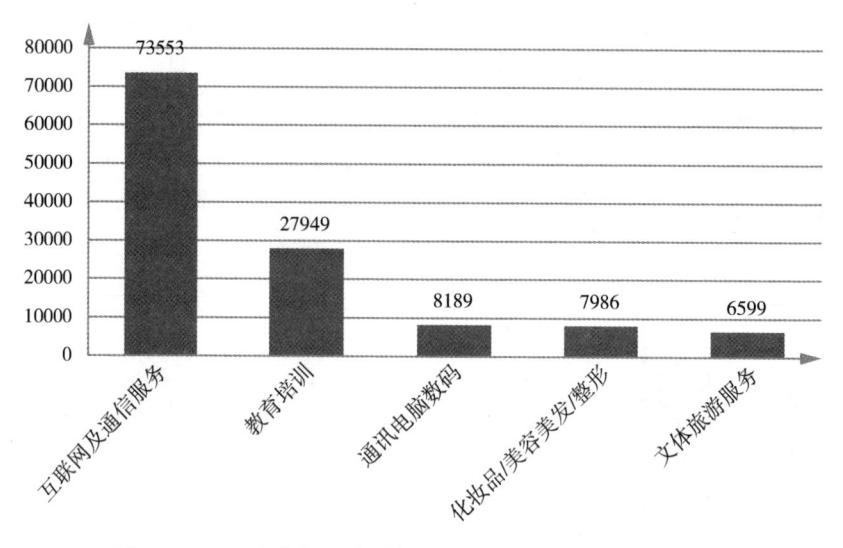

图 3-24　2022 年全年投诉量排名前五行业投诉统计（单位：件）

3. 按投诉性质统计

从投诉性质来看，2021—2022 年投诉排名前三的分别为：合同、售后服务、虚假宣传（见图 3-25），其中，合同投诉的比重在 2022 年有明显增幅，与之相比，售后服务投诉的比重有所下降，虚假宣传投诉占比基本持平。

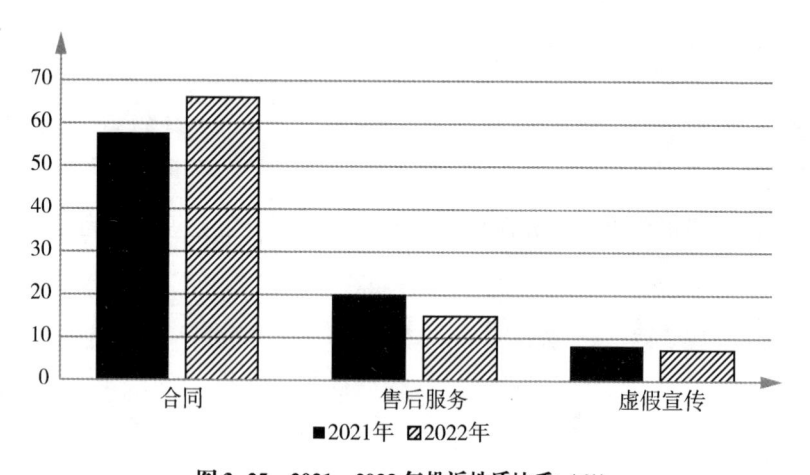

图 3-25　2021—2022 年投诉性质比重（%）

4. 热点难点问题

（1）预付式消费投诉新热点

预付式消费近年来都是投诉重点领域，尤其是以中小型企业为主的预付费退费难问题一直困扰着消费者，而教育培训作为预付式消费的主要行业，其中的成人培训服务投诉自然也成为了新热点。

2022年，深圳市消委会共计收到教育培训服务类投诉27949件，教育质量和服务差、虚假宣传、培训贷等是消费者主要投诉的问题；家政服务类投诉4260件，投诉问题包括未按约定提供服务、不退款等；美容美发服务类投诉4436件，虚假宣传、商家跑路、人身损害等是主要投诉问题。

（2）跨境网购投诉增长明显

跨境网购作为快速发展的新型电商活动，投诉自然也在不断增长。2022年，共收到1298件免税企业跨境电商平台投诉，投诉问题主要有：不支持7天无理由退货、退换条件难、退款时间长等等。此外，直播带货、社区团购投诉量也有所增长。

（3）合同类投诉占比高

2022年，深圳市消委会共收到合同纠纷类投诉114395件，存在于各类商品和服务投诉中，占总投诉量的66.02%，投诉问题主要有违约行为、格式条款、霸王条款、欺诈、预付式退费等。

（4）"一老一小"投诉呈增长趋势

未成年人投诉焦点为网络游戏充值问题，具体表现为未成年人充值消费身份认定难。

老年人投诉焦点为保健食品、休闲旅游、康养服务等消费问题，主要表现为虚假宣传、诱导消费、消费欺诈等。2022年，深圳市消委会共收到442件老年人消费投诉。

（三）香港消委会2020—2022年消费投诉情况分析[①]

2020年，香港消费者委员会全年接获30935件投诉，其中涉及服务的

[①] 参见 https://baijiahao.baidu.com/s?id=1724095621111178164&wfr=spider&for=pc。

投诉占52%，涉及产品投诉占48%；2021年，香港消费者委员会全年接获27382件投诉，较2020年下降11%。其中，涉及服务的投诉占54%，其余46%涉及产品投诉（见图3-26），服务类与商品类投诉基本持平，2021年投诉个案涉及金额同比增加116%，达11.7亿元（港币，下同）；2022年香港消费者委员会全年接获30764件投诉，同比上升12%，服务类与商品类占比与去年相同。

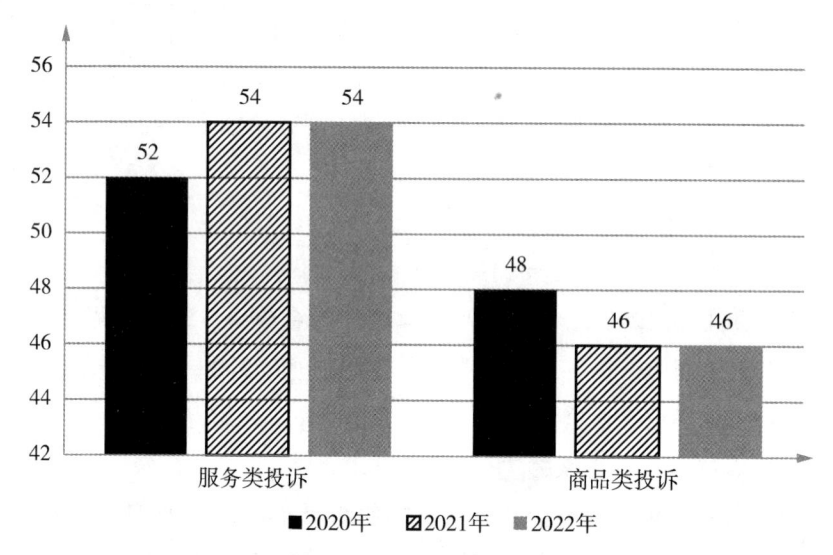

图3-26 投诉性质比重趋势表（%）

香港消费者委员会相关负责人指出，在新冠肺炎疫情成为常态的情况下，加速了网购的普及化，衍生的消费者投诉亦迅速浮现，并遍及不同消费产品及服务。2022年涉及网购的消费者投诉达10686件，较2021年增加超过七成（73%），占整体投诉接近四成（38%），涉及金额更较上一年大幅增加接近1倍（92%），超过3600万元。

衣食住行方面的消费模式和投诉均出现了令人关注的变化。电器用品、电讯服务、美容服务、餐饮及娱乐服务、旅游事务等成为近年来投诉较多的类型（见图3-27、表3-16）。

第三章 区域消费维权建设状况

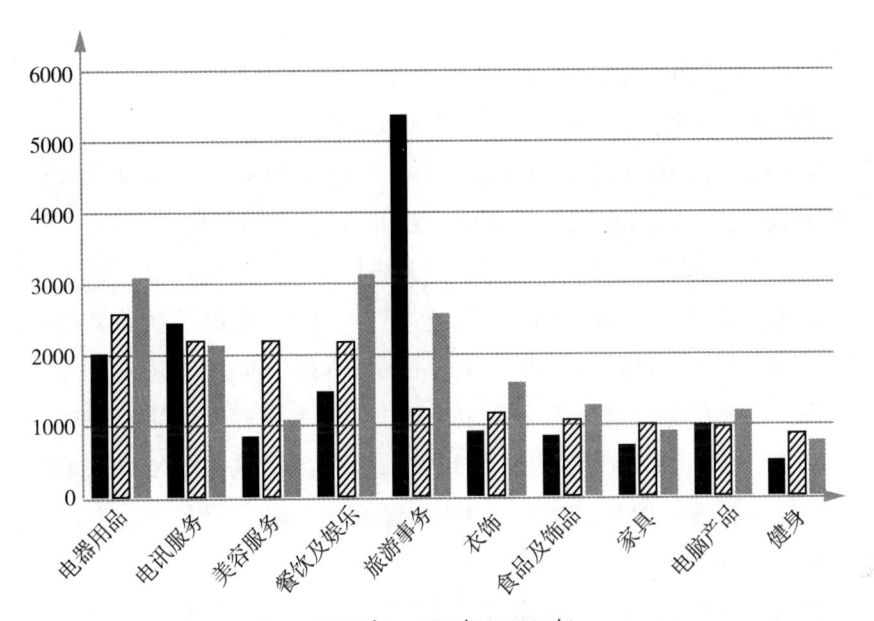

图 3-27 部分商品/服务分类情况分析图（单位：件）

表 3-16　　　　　　　　部分商品/服务投诉情况表

商品/服务类别	2022年(件)	2021年(件)	2020年(件)
电器用品	3090	2578	2026
电讯服务	2139	2201	2451
美容服务	1083	2200	850
餐饮及娱乐	3129	2182	1478
旅游事务	2573	1222	5371
衣饰	1594	1167	912
食品及饮品	1280	1068	847
家具	910	1008	710
电脑产品	1196	969	1002
健身	769	870	498

（四）澳门消委会 2020—2022 年消费投诉情况分析

澳门消费者委员会 2020 年全年受理 2048 件咨询和 4846 件投诉；2021 年全年受理 1735 件咨询和 4671 件投诉；2022 年全年受理 1159 件咨询和 4230 件投诉，咨询同比下降 33.20%，投诉同比下降 9.44%。

从 2022 年的情况来看，投诉个案最多的类别是饮食服务，共 446 件投诉，占投诉总量的 10.54%，同比上升 34.74%；食品及饮品类位列投诉第二位，共 378 件投诉，占投诉总量的 8.94%，同比上升 8.93%；个人护理产品及服务位列第三，共 355 件投诉，占投诉总量的 8.39%，同比下降 71.28%；紧随其后的是 263 件的进修教育服务和 250 件的电器产品，分别占投诉总量 6.22% 和 5.91%，其中进修教育服务同比上升高达 298.48%（见表 3-17）。

根据 2022 年发布的"两岸暨港澳消费者信心指数"报告，澳门消费者第一至第四季度的消费者信心分别为 74.5、73.51、68.87、77.56。消费者信心指数是消费者对经济形势各方面进行综合判断后得出的主观评价和心理预期。取值在 0 至 200 之间，低于 100 表示受访者"信心不足"，高于 100 表明"有信心"。该指数包括经济发展、就业、物价、生活、购房和投资六项分指数。第四季度澳门消费者信心总指数相对于上季（2008 年以来历次调查的次低）有较大幅度的反弹，升幅近 13%，各项分指数均上升；虽仍处于低于 100 点的"信心不足"区间，但数据表明澳门经济已逐步走出谷底，澳门消费者信心也在逐渐改善。

此外，澳门《消费者权益保护法》于 2022 年 1 月 1 日起生效。这个法律旨在保障消费者各项权利、维护经营者与消费者之间所建立的法律关系的公正及平等、提高营商行为的透明度，保障消费者合法利益及打击不正当的营商行为。法律对消费者及经营者作出定义，确定消费者获得指导及取得资讯、健康及安全受保障、获得具品质的商品及服务、经济利益受保障、获得损害赔偿、参与在法律上有关自身权益的制定、获得法律保护及便利诉诸司法 7 项权利。

表 3-17　　　　　2022 年上半年投诉个案分类及统计表①

类别	Categoria	2022 年数量 Quantidade em 2022	百分比 Percentagem	2021 年数量 Quantidade em 2021	同期变动百分比 Mudanca percentual enter o mesmo periodo
饮食服务	Serviços de restauração	446	10.54%	331	34.74%
食品及饮品类	Comida ebebiba	378	8.94%	347	8.93%
个人护理产品及服务	Produtos e Serviços de hygiene pessoal	355	8.39%	1236	−71.28%
进修教育服务	Serviços de aperfeiçoamento e educação	263	6.22%	66	298.48%
电器产品	Produtos electrodomesticos	250	5.91%	219	14.16%
衣履皮革	Vestuário e produtos de couro	223	5.27%	225	−0.89%
社团、机构服务	Serviços prestados pelas associaões e instituições	214	5.06%	137	56.20%
房地产	Imóveis	204	4.82%	172	18.60%
旅游业	Sector de turismo	200	4.73%	189	5.82%
电讯服务	Serviços de telecomunicações	195	4.61%	222	−12.16%
俱乐部	Clubes	128	3.03%	171	−25.15%
家具及家居装置	Mobílias e decoração de casas	120	2.84%	117	2.56%
通讯器材	Equipamento de telecomunicações	112	2.65%	201	−44.28%
交通运输	Transporte e logística	110	2.6%	81	35.80%
公用服务	Serviços de utilidade pública	87	2.06%	68	27.94%

---

① 澳门消委会官网, https://www.consumer.gov.mo/Complaint/Statistics.aspx?lang=zh。

续表

类别	Categoria	2022年数量 Quantidade em 2022	百分比 Percentagem	2021年数量 Quantidade em 2021	同期变动百分比 Mudanca percentual enter o mesmo periodo
中西药	Medicamentos chineses e ocidentais	82	1.94%	66	24.24%
医疗服务	Serviços de assistência médica	78	1.84%	45	73.33%
钟表	Relógios	71	1.68%	100	−29%
交通工具	Meios de transporte	60	1.42%	42	42.86%
珠宝首饰	Joalharias e bijutarias	58	1.37%	66	−12.12%
燃料产品	Produtos combustíveis	58	1.37%	62	−6.45%
运动及休闲产品	Produtos para desporto e passatempo	53	1.25%	33	60.61%
电脑及相关产品	Computadores e produtos relacionados	51	1.21%	53	−3.77%
娱乐事业	Entretenimentos	50	1.18%	29	72.41%
家居用品	Produtos de uso doméstico	49	1.16%	63	−22.22%
公共交通	Transportes públicos	40	0.95%	50	−20.00%
婴孩及儿童用品	Produtos para bebés e crianças	36	0.85%	23	56.52%
一般商品	Produtos comuns	34	0.80%	49	−30.61%
金融服务	Serviços financeiros	32	0.76%	21	52.38%
其他事项	Outros assuntos	31	0.73%	40	−22.50%
政府部门/法律范畴	Serviços públicos/ Área jurídica	25	0.59%	10	150.00%
礼仪服务	Serviços cerimoniais	24	0.57%	18	33.33%
宠物	Animais de estimação	17	0.40%	13	30.77%

续表

类别	Categoria	2022年数量 Quantidade em 2022	百分比 Percentagem	2021年数量 Quantidade em 2021	同期变动百分比 Mudanca percentual enter o mesmo periodo
书本、报章及杂志	Livros, jornais e revistas	17	0.40%	6	183.33%
洗衣服务	Lavandarias	10	0.24%	8	25.00%
洗车服务	Serviços de lavagem de automóveis	8	0.19%	15	-46.67%
保险服务	Serviços de seguro	8	0.19%	10	-20.00%
专上教育	Ensino superior	8	0.19%	3	166.67%
摄影器材	Equipamento de fotografar e de filmar	7	0.17%	10	-30.00%
摄影冲印	Revelação de fotografias	6	0.14%	3	100.00%
职业介绍代理	Agências de emprego	6	0.14%	3	100.00%
乐器	Instrumentos musicais	6	0.14%	1	500.00%
眼镜用品	Óculos e produtos relacionados	4	0.09%	14	-71.43%
医疗器材	Equipamento médico	4	0.09%	9	-55.56%
文仪及办公室用品	Material depapelaria e escritório	4	0.09%	2	100.00%
印务	Imprensa	3	0.07%	7	-57.14%
社会服务	Serviços sociais	3	0.07%	0	—
学校事务及费用	Assuntos e despesas escolares	1	0.02%	11	-90.91%
工艺、艺术品	Artesanato/Obra de arte	1	0.02%	0	—
专业服务	Serviços profissionais	0	0.00%	4	-100.00%

二 维权概况

（一）广东省

1. 持续加强粤港澳地区合作交流创新

2020年以来，广东省内大湾区消委会持续加强与港澳消委会合作，其中深圳市消委会联合港澳消委会制定《无线充电器》大湾区标准。中山市消委会连续多年联合澳门消委会举办校园消费教育活动，打造跨境消费教育品牌。2021年9月，广东省消委会组织召开粤港澳消费者保护工作交流视频会议，首次以远程方式与港澳交流工作，共同探索。2022年，全力推动重新签订《泛珠三角区域消费维权合作协议》，夯实合作基础。9月，横琴粤澳深度合作区消协组织召开维权互动座谈会，与澳门消委会总结两地维权工作成效；推出"跨境消费通"新服务，为大湾区居民免费提供专业法律咨询。珠海、中山、江门和横琴与澳门消委会建立起"珠中江琴澳"区域维权联盟，制定了完善的联席会议制度，定期联动开展消费宣传教育、商品比较试验、消费评议体察。

2. 加强与澳门特区的重要投诉联动协作

为保障澳门消费者内地购房权益，2022年，广东省消委会协调多方研究梳理内地房地产销售常见用语解释并提供澳门消委会发布。同时，指导省内粤港澳大湾区部分地市消委会与澳门消委会开展投诉联动协作。其中，珠海、中山、江门市消委会联合当地有关部门，与澳门建立"澳门居民内地购房联防联控机制"，推进四地房产交易平台对接，并在澳门消委会网站推出"内地购房资讯"专区，方便澳门市民查询及核实内地房产销售及广告信息。同时，四地进一步加强普法宣传、资讯联动及监督协作等方面的合作，更好保护购房消费者的合法权益。佛山、肇庆等市消委会配合澳门消委会，将澳门特区相关广告法律法规资料转送至当地有关部门、房产机构等，指导房产企业及中介机构在澳门进行合法合规的宣传和销售，从源头化解跨境房产消费矛盾纠纷。

3. 《广东省知识产权保护条例》强化粤港澳大湾区知识产权合作机制建设

2022年3月29日,《广东省知识产权保护条例》(简称《条例》)在省十三届人大常委会第四十一次会议上表决通过,并于2022年5月1日起施行。该《条例》在区域交流合作上明确要强化粤港澳大湾区知识产权合作机制建设,在依托粤港、粤澳及泛珠三角区域知识产权合作机制的前提下,努力推动粤港澳大湾区知识产权保护协作、纠纷解决、信息共享、学术研究、人才培养等工作。

4. 粤港澳大湾区知识产权多元纠纷解决交流(中山)论坛活动"云端"举办

为在全社会树立尊重和保护知识产权的意识,做好知识产权普及宣传工作,在中山市市场监督管理局(知识产权局)的指导和支持下,2022年4月26日第22个世界知识产权日,中国中山(灯饰)知识产权快速维权中心通过线上成功举办了粤港澳大湾区知识产权多元纠纷解决交流(中山)论坛活动,旨在进一步推动粤港澳三地知识产权保护规则的联通、贯通、融通,强化粤港澳大湾区知识产权保护协作,助力粤港澳大湾区知识产权保护工作。

(二) 香港特别行政区

2021年1月,香港消委会发布的消毒喷剂测试结果显示,15款多用途杀菌消毒喷剂样品中,八成样本于短时间内杀灭细菌病毒效能有限,表现不及75%消毒酒精或适当稀释的漂白水。

2021年2月,香港消委会公布的空气炸锅测试结果显示,测试的12款空气炸锅样品中,3款样品温度升幅过高,3款样品绝缘距离不足,6款样品炸出的薯条可致癌物质超出欧盟基准水平。

2021年3月,香港消委会公布的26款声称成分"天然""草本""植物成分"或"有机"染发剂样品测试结果显示:全部永久性染发剂样品被检测出致敏物质,其中一半样品被检测出有3种或4种致敏物质,1款样品含有禁用、可导致基因突变的物质。

2021年4月,香港消委会公布20款狗粮检测结果。此次检测的产品中，包括 15 款主食罐，即宠物仅食用这些食物即可满足日常营养所需，以及 5 款补充性的辅食罐头。检测结果显示，20 款狗粮中，仅有 4 款样本的矿物质含量完全符合国际间全营养宠物食品营养素指引的含量建议。

2021 年 5 月，香港消委会公布的天然及加工芝士测试结果显示，40 个样本中，超过七成样本属高脂，另有六成样本属高钠，当中四成五更是既高脂又高钠。

2021 年 6 月，香港消委会公布的减糖电饭煲测试结果显示，11 款减糖电饭煲中，6 款样本煲饭的碳水化合物含量竟高过传统电饭煲，其中一款售逾千元的宝康达电饭煲，采用减糖模式后，糖含量反而较正常模式增加 1.7%。

2021 年 7 月，香港消委会公布的 40 款牛奶样品测试结果显示，各样本含菌量差异不大，但蛋白质、钙质及脂肪含量存在差异。其中，9 成样本获 5 星评价，营养素含量整体理想，但 3 款样品营养素含量不符合自我声明内容。

2021 年 9 月，香港消委会公布多项比较试验测试结果，40 款婴幼儿润肤乳中五成半样本检出香料致敏物质，14 款可折叠硅胶食物盒和杯中逾 6 成样本的可挥发性有机物质含量超过德国相关规定限制。

2021 年 10 月，香港消委会公布的饼干比较试验结果显示，60 款样本均检出不同程度的污染物或基因致癌物，其中 46 款同时检出环氧丙醇、氯丙二醇及丙烯酰胺 3 种污染物。

2021 年 12 月，香港消委会公布的火腿、火鸡片测试结果显示：23 款火腿及 7 款火鸡片样品中，28 款样品达到"高钠"食物水平，22 款样品同时检出硝酸盐及亚硝酸盐，7 款样品检出硝酸盐，1 款样品检出亚硝酸盐。

2022 年 1 月，香港消委会在官网特设《齐心抗疫》专页，整合口罩和各种消毒用品的测试报告，以及一系列保持个人及家居卫生的资讯。专页公布的 30 款口罩样品测试结果显示，大部分样本都能在细菌过滤效率和颗粒过滤效率两项重要的抗疫指标达到 95% 以上，但有约三分之一样本耳带测试结果不理想。

2022 年 2 月，香港消委会公布预包装米制面食测试结果。2 月 15 日，香港消委会公布的预包装米制面食测试结果显示，30 款样品中，超八成半的样品验出金属污染物，逾七成样品营养标签不符指引要求，其中 1 款样品实测钠含量超出营养标签标示值 41 倍。

2022 年 3 月，香港消委会发布电烤炉比较试验结果。3 月 15 日，香港消委会发布的电烤炉比较试验结果显示，11 款样品中有 7 款样品存在不同安全程度的隐患，近半样品温升超过标准上限，部分样品预热温度参差及热力分布不均，烧烤效果欠佳。

2022 年 4 月，香港消委会公布泡胶地垫测试结果。4 月 13 日，香港消委会公布的泡胶地垫测试结果显示：20 款样品中，6 款样品经拉力测试有细小部件脱落；6 款样品验出甲酰胺含量超标；3 款样品检出污染物多环芳香烃。

2022 年 5 月，香港消委会发布香肠测试结果。香港消委会发布的香肠测试结果显示，30 款样品平均钠含量为 780mg/100g，约 87%的样品属"高钠"食品，钠含量最高的样品钠含量为 1280mg/100g。

2022 年 6 月，香港消委会公布 8 款营养餐不符标准。香港消委会近期随机测试了 9 款营养餐样本，除了其中 1 款因未有营养标示值而未能比较外，其余 8 款的能量、蛋白质、总脂肪及/或碳水化合物的实际含量与营养餐标签标示值不符。香港消委会强调，消费者选购营养餐的目的是通过严格规范每餐的营养素摄入量，从而达到控制体重的效果，而营养素含量与标示值不符将误导消费者。

2022 年 7 月，香港消委会提醒消费者使用外卖平台服务须理性。香港消费者委员会发布消息称 2022 年上半年，涉及外卖平台的投诉较去年同期上升逾三成，主要问题有：外卖自取折价后比餐厅原价更贵，删除应用后仍被收取会员月费，平台拒绝为送迟、送错餐而退款。香港消费者委员会提醒消费者理性使用外卖平台，留意点餐价格和账户记录，保留消费凭据。

2022 年 8 月，香港消委会公布抗妊娠纹产品测评报告。香港消费者委员会测试了市售 30 款说明供怀孕和产后妇女专用的抗妊娠纹产品，14 款检出香料致敏物，另有 4 款商品分别检出潜在有害物质人造麝香及/或塑化剂，可能增加胎儿及婴幼儿经由母体及母乳摄入潜在有害物质的风险。

2022年9月，香港消委会发布《道德与信心共融——促进电子商务人工智能发展》报告，剖析了香港当前消费者及商家使用或发展人工智能的种种挑战及意见，检视全球不同国家和地区的管治目的和政策，聆听各方见解，倡议在保障消费者权益的大前提下，促进人工智能在电子商务领域健康发展。

2022年10月，香港消委会公布牙膏检测结果。香港消费者委员会测试了30款普通和儿童牙膏样品，发现13款儿童牙膏样品中，有3款样品的酸碱值不符合内地标准，2款声称含氟牙膏的含氟量太低。另有16款样品检出过敏香料成分，其中4款样品检出量超过欧盟法规需标示的上限，却未按规定标出。27款样品检出微量重金属，虽未超过相关标准，但须注意长期摄入该类物质带来的健康风险。

（三）澳门特别行政区

2021年2月，澳门消委会、澳门特区政府经济及科技发展局与珠海市、中山市、江门市建立澳门居民内地购房联防联控机制，根据该机制，消费者只需登入澳门消委会网页"内地购房信息"专区，可核实获批销售的内地楼宇的《国有土地使用证/不动产权证》《建设用地规划许可证》《建设工程规划许可证》《建筑工程施工许可证》和《商品房预售许可证》证号、房地产开发商、面积及用途等主要资料。

2021年3月，澳门消委会和广东消委会联合发布澳门消费者赴内地购房消费提示，提示消费者仔细了解掌握当地的购房政策，严格遵守购房政策，不轻信开发商或房产中介的广告宣传或口头承诺，尽量将交易过程中的宣传承诺落实到合同中。一旦发生消费纠纷，可登录"粤港澳大湾区消费投诉转办平台"进行投诉。

2021年4月，澳门消委会与广东肇庆就共建"澳门居民内地购房联防机制"达成共识，实现了"联防机制"大湾区全覆盖。至此，居民利用机制创设的"内地购房信息"专区可核查大湾区9市依法销售的房产交易信息，从而降低权益受损风险。

2021年5月，为加深消费者消费后保存消费凭证的意识，建立良好的消费习惯，澳门消委会举办"存凭有理2021"有奖活动。活动共计7200人次以单据等消费凭证登记参加抽奖，历年累计参加该活动已超过41000人次。澳门消委会认为，近年已有更多的消费者能够提供消费凭证作为投诉时的主要证明文件，反映该活动达到预期效果。

2021年6月，澳门消委会为便利居民随时随地使用服务，推出"消保易"综合服务电子平台。平台整合了澳门消委会"消费投诉""反映意见""消费咨询""消委会活动"4项服务，努力为消费者提供更优质与高效的服务。

2021年6月，在中国人民银行广州分行和广东省金融消费权益保护联合会指导下，"3+4"战略合作框架协议签订暨横琴（珠澳）金融纠纷调解室揭牌仪式在珠海和澳门两地会场成功举办。横琴（珠澳）金融纠纷调解室的设立，是在加快横琴粤澳深度合作区建设的背景下，为琴澳居民提供金融纠纷调解"一站式"快速便捷服务，推动琴澳跨境金融合作的具体举措。

珠海和澳门的7家机构领导和代表共同签署了"3+4"《战略合作框架协议》，在金融纠纷调解、金融知识教育、投资者培训、日常工作交流方面达成合作。其中，"3"是指珠海市金融消费权益保护联合会（下称"珠海市金消保联合会"）、横琴新区金融行业协会、珠海国际仲裁院；"4"是指澳门世界贸易中心仲裁中心、澳门银行公会、澳门保险公会、澳门保险中介行业协会。

横琴（珠澳）金融纠纷调解室的设立，可线上或线下为琴澳两地金融消费者与提供金融服务的机构之间因购买、使用金融产品或接受金融服务发生争议或纠纷进行调解。

2021年7月，澳门消委会公布了20款预包装咖啡饮品热量及糖分含量，其中最低与最高糖分含量相差超过1倍，最高糖分含量的样本超过世界卫生组织强烈性建议每日摄取50克的上限。

2021年9月，澳门消委会与市政署食品安全厅公布的预包装饮品抽查测试结果显示，40款样本未检出塑化剂，其中4款样本已超出世界卫生组织每日建议摄取限量，个别样本的咖啡因含量亦不宜孕妇等人士饮用。抽查全澳20个加油站油表准确度结果显示，2个样本的准确度和4个样本的重复性指标测试结果未能达标。

2021年10月，澳门消委会与经济及科技发展局公布的医用口罩比较试验结果显示，18款样品中，1个样品不符合标准要求。经济及科技发展局已实时跟进处理，要求相关供货商及零售商将问题批次产品下架，并呼吁消费者停用该产品。

2021年11月，由广东省消费者委员会组织举办"2021年粤港澳消保工作交流视频会"，就加强粤港澳三地消费维权工作联动，深化粤港澳大湾区维权合作等议题交流意见。广东省消委会、香港消委会、澳门消委会主要负责人，以及广州、深圳、珠海、横琴新区消委会负责人参加了会议。会议是粤港澳三地消委会首次通过视频方式沟通和交流，为各方交流工作、推动合作、形成共识提供了良好平台，对更好推动三地消费维权领域的规则衔接、机制对接、全面交流、深度交融发挥积极作用。

2021年12月，澳门消委会多方位宣传澳门特区《消费者权益保护法》。澳门特区《消费者权益保护法》自2021年7月颁布后，澳门消委会推出专题网页，设置法律全文、宣传短片、常见问题、合同参考范本及咨询等8个专区，详细介绍各项规定。此外，澳门消委会向3300多间商号逐户派发宣传单，讲解法律对经营者的要求，举办多场社区讲座及园游会等普法活动，加深消费者与经营者对特区《消费者权益保护法》的认知度。

2022年1月，澳门消委会公布2021年智能手表调查结果。澳门消委会公布的2021年智能手表调查结果显示，目前智能手表款式、价格各有不同，通过产品多元化吸引消费者选择。提醒消费者选择智能手表时，须留意手表功能是否适合自身需要。

2022年2月，澳门消委会与两葡语国家消费者组织签署消费维权合作协议。澳门消委会分别和东帝汶消费者保护协会、莫桑比克消费者研究及保护协会签署消费维权合作协议，建立长远的合作伙伴关系与双方消费争议个案相互转介机制，保障两地居民的消费权益。

2022年3月，澳门消委会举办主题活动推广澳门特区《消费者权益保护法》。3月15日，澳门消委会举办"网上法律知识闯关游戏——澳门特区《消费者权益保护法》特别大赛"及"四格漫画比赛"两项活动，以加强市民对澳门特区《消费者权益保护法》的认识，让社会各界更多关注消费者的权益。

2022年4月，澳门消委会与澳门法务局合作举办"网上法律知识闯关游戏——澳门特区《消费者权益保护法》特别大赛"。澳门消费者仅需通过法务局的微信公众号进入游戏，就可以轻松的方式深入认识《消保法》。游戏按参赛者每次答对问题的数量及回答时间进行计分及排名，参加者在答题过程中可获取问题的正确答案，并有机会赢得丰富奖品。

2022年5月，澳门消委会发布液态奶卫生抽查报告。澳门消委会发布的液态奶卫生抽查报告显示，30款样品的单核细胞增生李斯特氏菌、金黄色葡萄球菌及沙门氏菌等三种致病菌指标全部符合相关要求。

2022年6月，澳门消委会开展"四格漫画比赛"。澳门特区消委会近期举办"齐来认识消保法、消费维权有妙法""四格漫画比赛"，以手绘或电脑等绘画方式诠释澳门特区《消费者权益保护法》规定以及对消费者权利义务的认识，推动青少年深入认识澳门特区《消费者权益保护法》，提高维权意识，建立正确消费观。

2022年7月，澳门消委会调查快速抗原测试试剂价格。为配合澳门特区政府疫情防控工作部署，澳门消委会持续调查并更新快速抗原测试试剂价格。消费者可以在澳门消委会网页专区查看价格调查资料，根据个人需求购买抗原试剂。

2022年8月，澳门消委会优化"内地购房信息"专页。澳门消委会与广东省消委员会合作，在澳门消委会的"内地购房信息"专题网页，新增内地房地产销售的"常用名词解释"专区，新增"内地商品房用途须看清"短片，丰富及提高内地购房信息及透明度。

2022年9月，澳门消委会开启第八届中学生消费者教育活动。澳门消委会启动以中学生为对象的"寻·常"消费考察奖励计划，鼓励参加计划的同学以自主学习方式，结合课堂学科知识，就当前各种消费现象，通过深入体验及调查等考察方式开展讨论、分析，反思个人消费习惯，培养青少年正确的消费价值观、独立思考以及编制专题研习报告的能力。

2022年10月，澳门消委会发布内地购房消费提示。澳门消委会提醒到内地购房的消费者，要查清房屋是否有抵押及查封状态，一次性付款须谨慎，交易前应先了解当地的物业交易程序，做足功课，降低风险。

三 典型案例

案例1：健身房歇业风波

2021年10月份，汕尾市、区两级消委会陆续接到大量的消费者反映，声称位于汕尾市城区某商业中心的健身房无故歇业，如今造成近千名会员无法前往消费，其中涉及的金额将近400万元，按照目前状况发展下去极有可能会引发集体性事件。

汕尾市、区两级消委会在受理投诉后，明白首要任务是避免事态进一步恶化，故立即成立专项小组，第一时间掌握维权集体的诉求，并与商家进行约谈。在各方的协调和努力下，商业中心愿意承担相应责任，尽力帮助健身房找到愿意接收其所有会员的下家。最终，该起突发的集体性投诉调解成功，数千名消费者的合法权益得到了维护。

案例2：房产纠纷多年未决 消委会调解双方满意

张先生曾于2016年在惠州市惠阳区某楼盘购买了一套商品房，合同中约定了开发商赠送精装修。2018年张先生前往楼盘收楼时，却发现购买的房屋并非约定好的精装房而只是毛坯房，并且存在户型与样板房不符等问题，张先生因此拒绝办理收楼手续。后虽经过多次协商，但由于双方分歧较大，始终无法解决纠纷。2021年，张先生无奈之下向广东省消委会求助，希望楼盘开发商能够履行承诺对房屋进行精装修或者给予张先生一定的赔偿。

广东省消委会迅速向双方了解情况后，经过反复的沟通和调解，最终在惠州市消委会组织惠阳区市场监管局、惠阳区消委会的帮助下，协调了惠阳区住建局质检站、惠州市房产协会、律师等各方力量参与调解，在现场调解中，经过5个多小时的反复沟通协调，逐步缩小了张先生与开发商之间的分歧，并达成了和解。对此，双方都非常满意，张先生为此向省消委会、惠州市消委会分别赠送锦旗以表感谢。

案例3：劣质农药害农不浅 跨省维权挽回损失

2021年6月，家住福建省武平县的芋农刘先生、李先生前往蕉岭的一个农资服务部购买了26瓶用于预防槟榔芋病害的农药，价值8450

元,但其在使用后出现药害情况,造成农作物槟榔芋枯萎而无法收成,损失惨重。刘先生等人随后联系商家协商赔偿事宜,商家虽同意赔偿损失,但对补偿数额有异议,双方产生较大分歧,故向梅州市蕉岭县消委会求助。

消委会在受理当天便立即组织双方进行调解,最终在工作人员的耐心调解下,双方达成一致意见,由商家补偿消费者因劣质农药导致的经济损失57.5万元,纠纷得以解决。事后消费者向梅州市蕉岭县消委会送来锦旗表示感谢。

案例4:不发货还不退款 社区团购"霸王条款"侵权

深圳市消委会于2021年1月收到45宗关于社区团购的投诉,有众多的消费者反映,此前他们曾在某团购App上购买货品,但商家并未在所约定时间内发货,对此消费者在联系客服后,被告知是因为其所购商品当前处于缺货状态,因此仍需要等待,但经过多日后消费者仍迟迟未能收到货品,申请退款也被以"下单超出七天的订单不予退款,只能赔偿3元代金券"的理由遭到客服拒绝。

经调查,深圳市消委会发现该团购App下属某平台经济头部企业,此次造成大规模投诉的原因是平台工作人员因工作疏忽,产品的上下架管理工作未能及时做好,导致商品在缺货一段时间后仍在线上进行售卖,最终导致无法发货而引发大量投诉。消委会调解员要求该商家立即对平台进行整顿和查漏补缺,及时与消费者沟通,了解消费者的具体诉求,根据消费者的要求尽快发货或退费补偿,最终成功化解纠纷。

案例5:平台商家泄露个人信息 消费者维权获得赔偿

陈小姐于2020年7月在某网购平台购买了一盒电动牙刷。2021年8月,陈小姐突然接到一个自称上述网购平台的"客服"的电话,在电话中"客服"表示因自己工作上的疏忽,不小心给陈小姐开通了该店铺的白金会员,因此让陈小姐通过其提供的链接自行取消办理该业务。陈小姐在事发突然之下没有考虑太多,便按照其要求操作,但当陈小姐按"客服"要求完成操作后却发现银行账户被转走4050.19元。陈小姐向广东省消委会投诉,要求商家赔偿其损失。

在刚开始调解时,商家并不愿意承担责任,经调解员耐心的普法教育以及反复的沟通协调，最终商家同意全额补偿陈小姐的损失 4050.19 元。

案例 6：退货运费纠纷

2022 年深圳市消保委接到一宗投诉，消费者诉称在某购物平台购买了某公司的智能门锁，在购买前消费者再三与客服确认，该门锁的型号适合在其门上安装。但门锁到货后，消费者却发现与自家门并不匹配，无法安装，遂申请退货退款，在门锁寄回后，消费者要求卖家承担运费但被拒。

经调查，一方面，案涉门锁确实无法安装在有天地锁的防盗门上，在购买前，由于消费者没有将原门锁的实际情况以及相关图片告知客服，导致客服无法做出准确判断；另一方面，商家也没有在商品详情界面对安装要求做出标注，遂由双方各承担 50% 运费，双方达成一致。

第四节　成渝地区双城经济圈

一　投诉概况和相关数据

（一）四川省消委会 2020—2022 年消费投诉情况分析[①]

2020 年，四川省各级保护消费者权益委员会（含成都市消费者协会，以下简称"消委组织"）共受理消费者投诉 51408 件，解决 50300 件，投诉解决率 97.84%；为消费者挽回经济损失 6412.59 万元；2021 年共受理消费者投诉 52830 件，解决 51702 件，投诉解决率 97.86%；为消费者挽回经济损失 5374.07 万元；2022 年，四川省消委组织共受理消费者投诉 54189 件；解决 52476 件，投诉解决率 96.84%；为消费者挽回经济损失 6159.33 万元，其中因经营者有欺诈行为消费者获得加倍赔偿金额 25.78 万元。全省各级消委组织接受消费者咨询 7.65 万人次。

[①] 参见四川省市场监管局网，http://scjgj.sc.gov.cn/scjgj/c104529/2022/1/10/c9c1901d3e28419387b701ba0bb9c781.shtml；http://scjgj.sc.gov.cn/scjgj/c104492/2023/1/12/38afe0a4356d4263b7ae28d1a607ed8e.shtml。

1. 投诉基本情况

（1）按投诉性质分析

表 3-18　　　　　　　　投诉问题按性质分类情况表

投诉性质	2022年下半年 投诉数量(件)	2022年下半年 投诉比重(%)	2022年上半年 投诉数量(件)	2022年上半年 投诉比重(%)	2021年下半年 投诉数量(件)	2021年下半年 投诉比重(%)	2021年上半年 投诉数量(件)	2021年上半年 投诉比重(%)	2020年下半年 投诉数量(件)	2020年下半年 投诉比重(%)	2020年上半年 投诉数量(件)	2020年上半年 投诉比重(%)
质量	10032	36.51	10277	38.48	11474	40.25	9063	37.26	8808	32.56	7621	31.28
售后服务	4371	15.91	5108	19.12	4368	15.32	3893	16	3284	12.14	2198	9.02
合同	3275	11.92	3115	11.66	3429	12.03	2932	12.05	2703	9.99	2368	9.72
价格	3256	11.85	1957	7.33	2763	9.69	2743	11.28	2062	7.62	4900	20.11
虚假宣传	1458	5.31	2033	7.61	2301	8.07	2643	10.87	2059	7.61	1457	5.98
安全	2250	8.19	1673	6.26	1869	6.56	1038	4.27	857	3.17	459	1.88
假冒	802	2.92	603	2.26	499	1.75	507	2.08	347	1.28	301	1.24
计量	653	2.38	483	1.81	407	1.43	433	1.78	286	1.06	350	1.44
人格尊严	193	0.7	256	0.96	159	0.56	147	0.6	114	0.42	59	0.24
其他	1190	4.33	1193	4.47	1237	4.34	925	3.8	6528	24.13	4647	19.08

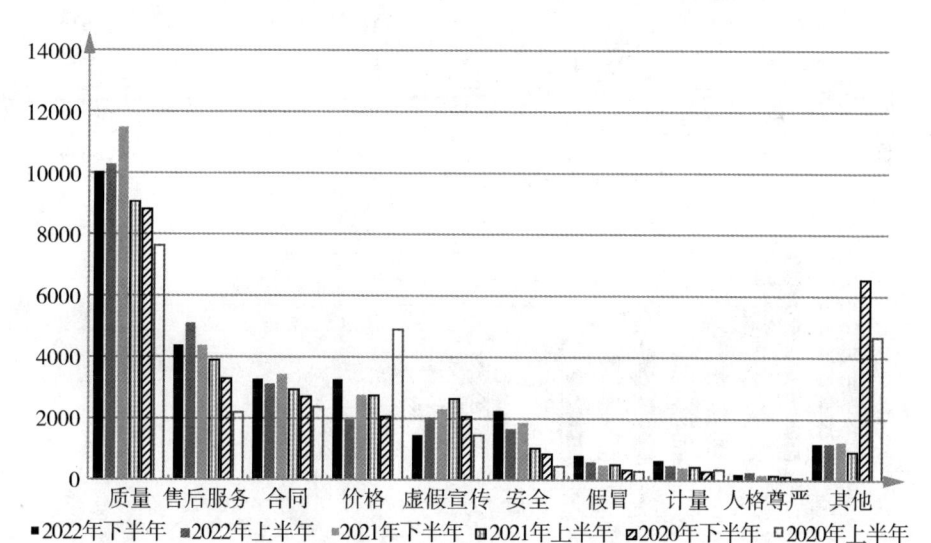

图 3-28　投诉量按性质分类趋势图（单位：件）

2020—2022年，从统计数据来看（见表3-18、图3-28），质量问题在此期间居投诉总量之首,且 2021 年下半年有明显上升趋势,成为消费者投诉的最主要方面;售后服务在 2022 年上半年有明显增长,下半年有所下降;价格问题在 2022 年下半年有较明显增长;虚假宣传问题总体呈现下降趋势;其余问题基本持平。

(2) 商品类投诉分析

表 3-19　　　　　　　　　商品大类投诉量变化表

商品大类	2022 年 投诉数量(件)	2022 年 投诉比重(%)	2021 年 投诉数量(件)	2021 年 投诉比重(%)	2020 年 投诉数量(件)	2020 年 投诉比重(%)
食品类	8059	25.61	6870	21.91	6144	19.9
家用电子电器类	5327	16.93	5373	17.14	4465	14.46
服装鞋帽类	4646	14.76	3994	12.74	3898	12.63
房屋及建材类	3514	11.17	4481	14.29	3259	10.56
日用商品类	3205	10.18	3693	11.78	3494	11.32
交通工具类	2145	6.82	2680	8.55	2524	8.18
首饰及文体用品类	1490	4.73	1528	4.87	1247	4.04
烟酒和饮料类	1483	4.71	1321	4.21	819	2.65
医药及医疗用品类	1358	4.31	1194	3.81	4739	15.35
农用生产资料类	242	0.77	219	0.7	279	0.9

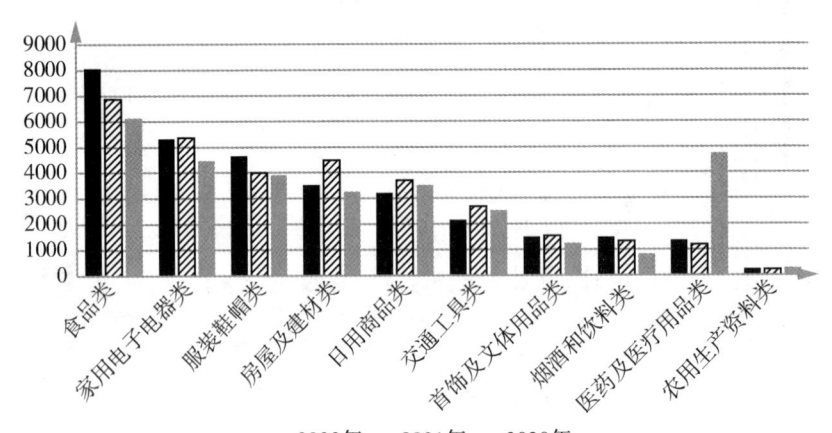

图 3-29　商品大类投诉量趋势图(单位:件)

按商品种类来分（见表3-19、图3-29），受疫情影响，2020年消费者投诉前三位分别是食品类、医药及医疗用品类、家用电子电器类；2021年，随着有关部门对医疗用品价格的管制，房屋及建材类取代医疗及医疗用品类进入前三；2022年投诉前三位则是食品类、家用电子电器类以及服装鞋帽类。其中，食品类和服装鞋帽类呈现逐年上涨的趋势，一定程度上反映了人们的生活消费逐渐回归正常。

（3）服务类投诉分析

按服务种类来分（见表3-20、图3-30），2020—2021年消费者投诉数量前三位均为生活社会服务、销售服务和文化娱乐体育服务；2022年房屋装修及物业服务类取代文化、娱乐、体育服务类进入前三。总体来看教育培训服务类和互联网服务类投诉近年来增长较为迅速，生活社会服务类和房屋装修及物业服务类投诉也是呈现逐年增长趋势。

表3-20　　　　　　　　　服务大类投诉量变化表

服务大类	2022年 投诉数量（件）	2022年 投诉比重（%）	2021年 投诉数量（件）	2021年 投诉比重（%）	2020年 投诉数量（件）	2020年 投诉比重（%）
生活社会服务类	8306	41.14	8093	43.6	7195	44.24
销售服务类	3700	18.33	2641	14.23	2989	18.38
房屋装修及物业服务类	2262	11.2	2128	11.46	1415	8.7
文化娱乐体育服务类	2187	10.83	2577	13.88	2511	15.44
教育培训服务类	1190	5.89	1098	5.91	423	2.6
互联网服务类	1166	5.78	353	1.9	193	1.19
通信服务	627	3.11	833	4.49	796	4.89
公共设施服务类	558	2.76	488	2.63	338	2.08
旅游服务类	323	1.6	409	2.2	436	2.68
卫生保健服务类	263	1.3	196	1.06	121	0.74
邮政业服务类	193	0.96	352	1.9	404	2.48
保险服务类	92	0.46	93	0.5	200	1.23
银行服务类	24	0.12	46	0.25	24	0.15

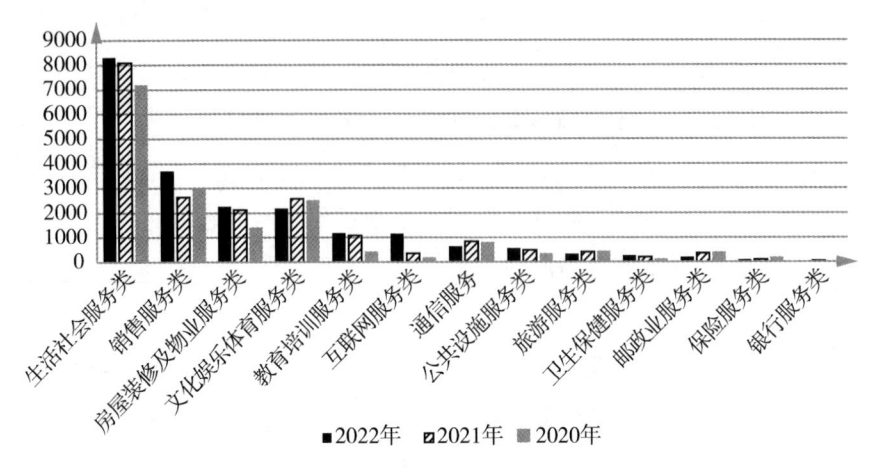

图 3-30 服务大类投诉量趋势图（单位：件）

2. 投诉特点及热点分析

（1）质量投诉居榜首。从投诉性质来看，质量类、售后服务类投诉占比分别位列投诉榜第一、第二位，同时该两类投诉较去年同期增幅也位居前两名。质量是产品和服务的生命线，售后服务是质量的重要保障，消费者投诉反映的问题主要表现为：一是购买的商品存在质量问题较多，经营者不按三包规定进行退换货等售后服务；二是经营者将所出售商品的质量问题归因到消费者身上，单方面认定其属于人为损坏，拒绝提供三包服务；三是在同意进行售后维修的经营者工作拖延，使得产品修理时间过长。

（2）房屋及建材类投诉上涨迅猛。2021 年房屋及建材类投诉共 4481 件，与 2020 年相比较增加了 1222 件，增长高达 37.5%，是所有商品类别中投诉增幅最大的种类。购房一直是广大消费者日常生活中的重大事件，很大程度上直接关系到消费者的幸福指数。作为大宗消费品合同当事人，与经营者相比，消费者相往往是处于弱势地位，只能通过介绍、宣传资料等，以及在经营者的引导下经历完一整套购房流程。在这整个消费过程中，由于部分经营者的虚假宣传、口头承诺、合同陷阱、房屋质量等问题，导致该领域非常容易产生消费争议。

（3）教育培训服务投诉持续增长。2021 年涉及教育培训服务方面的投诉有 1098 件，与 2020 年相比较增长 159.6%，位居服务类投诉的增幅榜首。原因是随着当年"双减"政策的出台，校外培训的纠纷直线上升，消费者投诉的问题主要有以下方面：一是校外教育培训虚假宣传，夸大培训效果和师资力量等情况；二是合同履行问题，部分校外培训机构签订合同之后，未能按合同约定履行义务。

（4）网络消费投诉日益增多。在如今的生活中，消费者只需要通过电脑、手机、电视等，无需外出便可以购买商品或服务，省时又省力。但由于网络消费的虚拟性和跨区域性，容易导致消费者无法完全掌握商品或服务的真实信息，消费者合法权益受到侵害的情形时有发生。网络消费纠纷主要表现在三方面。一是低价诱惑。经营者以远低于市场一般价格的价格进行宣传。然而超低价的商品往往存在风险，致使消费者误入消费陷阱。二是虚假宣传。部分经营者在宣传产品或服务时，夸大其功能或效用，实物与样品相差甚远。三是退货困难。特别是在电视购物栏目中，消费者通过电话远程订购的商品，经常会遇到无法联系经营者或者不接受七天无理由退货的情况。

（5）预付式消费纠纷热度不减。预付式消费的主要特点就是先付钱后消费，如今预付式消费在美容美发、洗浴、洗车、洗衣、健身等多个领域广泛存在，消费者必须先履行支付义务后才能享受权利，这使得消费者往往处于被动地位，还会因为部分经营者的诚信意识缺失而导致消费者维权困难。消费者投诉的问题主要表现在：一是经营者利用格式条款限制消费者退卡、转卡权利或变相收取高额违约金或者转卡手续费；二是经营主体变更，消费者后续消费事宜未妥善处置，导致消费者无法继续消费；三是关门跑路事件频发，导致消费者消费受阻、维权成本高。

（6）涉疫消费纠纷依然存在。在疫情期间，由于对相关涉疫商品的需求量增加，价格、质量、配送服务等问题的投诉较为突出。主要问题有：一是部分商品的价格浮动较大，经营者未明码标价；二是质量问题，如团购生鲜食品等出现损坏、腐烂等；三是捆绑消费，集中反映在蔬菜包、药品包等急需品中捆绑其他商品进行销售；四是被"砍单"，即商家在消费者下单后拒绝发货或加价发货；五是快递配送不及时、丢失、损坏等；六是受疫情影响导致的退费争议。

（7）出现新模式推广陷阱。消费者在刷视频、看新闻时经常有推广话费充值等弹窗广告出现，引发大量投诉，其主要问题表现在三方面。一是隐藏重要规则，诱导充值，赠送的话费有各种限制条件。二是需要捆绑指定 App。该类广告诱导消费者充值并由此获取消费者的个人信息。三是售后服务无保证，消费者维权难。

（8）医美投诉成为社会焦点。在人们生活消费逐渐恢复正常的情况下，医疗美容也成为了新的投诉热点。投诉的问题主要有：一是过度营销，制造"容貌焦虑"；二是价格混乱，没有明码标价，捆绑消费；三是虚构资质或未按规定公示；四是没有签订书面合同，消费者售后没有保障；五是消费者维权举证难。

（9）售后服务类投诉较为突出。主要问题有：一是经营者承诺无法兑现，包括退货条件、售后义务等；二是售后服务反馈不及时，智能客服、线上客服、电话语音客服等往往会造成沟通不通畅，消费者投诉问题无法及时处理；三是在疫情等情况下，由于售后需求的增加，造成售后服务质量下降；四是收费项目及标准不透明。

（二）重庆市消保委 2020 年—2022 年消费投诉情况分析[①]

2021 年，重庆市各级消委会共受理消费者投诉 41209 件、同比增长 72.24%，解决 39231 件、同比增长 62%，解决率为 95.2%，为消费者挽回经济损失 7486.94 万元、同比增长 108.48%。其中，因经营者有欺诈行为得到加倍赔偿的投诉 977 件，加倍赔偿金额 113 万元，同比分别增长 197.9%、163.1%；向有关行政主管部门移交案件 2182 件，全年共接待消费者来访和咨询 2 万余人次；受理川渝跨区域消费投诉 521 件，解决 521 件，为川渝两地消费者挽回经济损失 299.26 万元。

2022 年，重庆市消委系统共受理消费者投诉 27070 件，及时办结 26527 件，及时办结率 97.99%，为消费者挽回经济损失 3476.20 万元；因经营者有欺诈行为得到加倍赔偿投诉 920 件，加倍赔偿金额 47.08 万元；接待消费者来访和咨询 24386 人次；共受理川渝异地消费投诉 477 件，解

[①] 参见 http：//scjgj.cq.gov.cn/zfxxgk_225/gsgg/qtgg/202201/t20220111_10292647.html；https：//zycpzs.mofcom.gov.cn/html/quweicunzhen/2023/2/1676017597422.html。

决468件，解决率98.11%，为两地消费者挽回经济损失264.32万元。

总体而言，呈现以下四个方面的特点：

1. 投诉总量首次突破4万件

2021年，重庆市受理消费者投诉总量首次突破4万件，与2020年相比增长1.83万件，增速高达78.89%。

据全国消费者协会投诉与咨询信息系统显示，2021年重庆市受理消费者投诉总量在全国省级消协组织中排名第8位，在西部12个省市（自治区）中排第二位，多于云南1.72万件、陕西3.02万件、贵州3.22万件，仅比四川少1.1万件。

2. 移动互联网终端成为消费者投诉的主要方式

2021年，重庆市消费者权益保护委员会（以下简称"重庆市消委会"）官方微信公众号共登记消费者投诉38476件，占总量的93.37%，同比增长269.7%；通过信函投诉1190件，占总量的2.8%，同比减少32.61%；通过来访投诉1422件，占总量的3.45%，同比减少52.39%（见图3-31）。

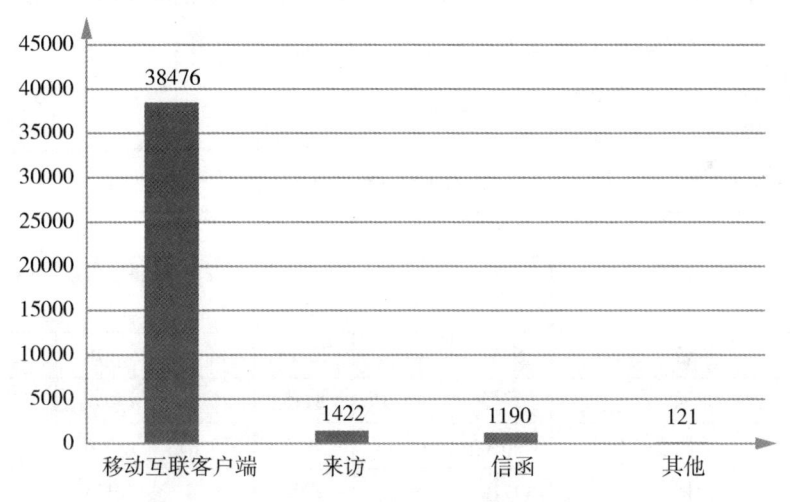

图3-31 2021年消费者投诉方式变化图（单位：件）

3. 服务类投诉首次超过商品类投诉

按投诉类别来分，2021年，重庆市各级消委会受理商品类投诉20548件，占总量的49.85%；受理服务类投诉20661件，占总量的50.15%，服务类消费投诉首次超过商品类投诉（见图3-32）。这说明重庆市居民的消费结构和消费方式正在不断转型升级，消费需求已从满足日常需要向追求品质转变，消费品类从商品为主向商品和服务并重转变。

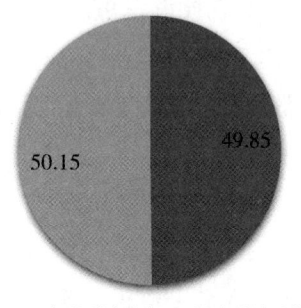

图 3-32 2021年消费者投诉类别分布图（%）

按投诉性质分类，2020—2022年质量、合同、售后服务均位居消费者投诉的前三位，其中质量问题比重呈上升趋势；售后服务投诉比重逐渐下降；合同问题在2021年迎来高峰后，2022年有所下降；其他问题基本持平（见表3-21、图3-33）。

表3-21　　　　　　　　　按投诉性质分类情况表

商品大类	2022年 投诉数量（件）	2022年 投诉比重（%）	2021年 投诉数量（件）	2021年 投诉比重（%）	2020年 投诉数量（件）	2020年 投诉比重（%）
质量	9451	44.7	10725	34.56	5518	28.88
合同	3445	16.3	8175	26.34	4059	21.24
售后服务	3030	14.33	4911	15.83	3926	20.55
价格	1718	8.13	2704	8.71	2115	11.07
安全	1386	6.56	1475	4.75	1054	5.52
虚假宣传	1288	6.09	1908	6.15	1571	8.22
假冒	385	1.82	515	1.66	378	1.98
计量	367	1.74	529	1.7	290	1.52
人格尊严	71	0.34	90	0.29	197	1.03

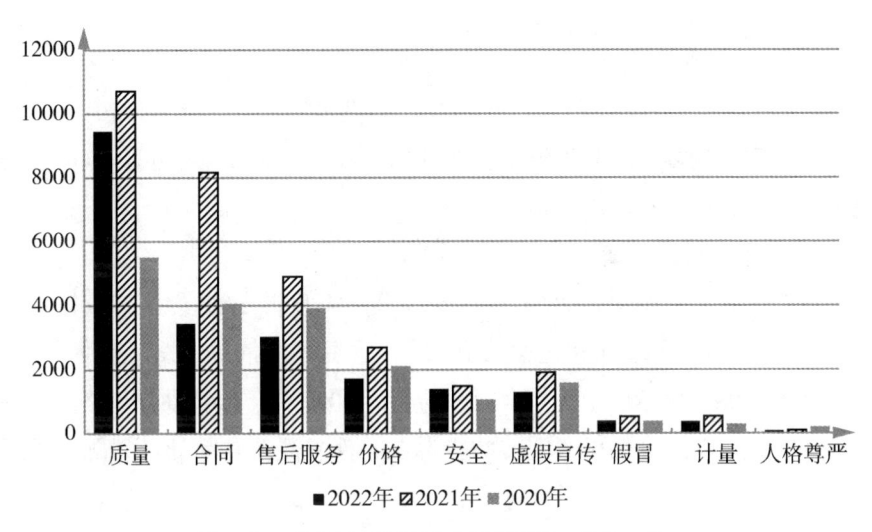

图 3-33 按投诉问题性质分类趋势图（单位：件）

4. 消费者投诉量分布较多的区域均在主城区

据全国消协的投诉与咨询信息系统显示，重庆市受理消费者投诉量居前五位的区县分别是：渝北区（5595件）、九龙坡区（3984件）、江北区（3823件）、渝中区（3631件）、沙坪坝区（2936件），以上5个区共受理消费者投诉19969件，占总量的48.46%，接近总量的一半。

而到了2022年，投诉量居前五位的区县分别是江北区（3862件）、沙坪坝区（2894件）、渝北区（2776件）、九龙坡区（2339件）、江津区（1170件），该5个区占总量的48.18%，也接近总量的一半。

以上数据说明居民随着区域的经济活跃度越高，消费需求就越旺盛，诉求就越多，投诉数量与经济发展水平呈正相关关系。

消费者投诉热点问题分析：

1. "双减"政策颁布后，校外教育培训类投诉量创历年来新高

2021年，重庆市各级消委会共受理校外教育培训类投诉3063件，同比增长138.92%，创历年来新高。其中，非学科类教育培训投诉1838件，约占总量的60%；学科类教育培训投诉1225件，约占总量的40%。消费者反映的主要问题有：一是虚假宣传；二是合同问题；三是退款难。

2. 生活、社会服务类投诉量首次跃居首位

2021年，重庆市各级消委会共受理生活、社会服务类投诉7121件，占总量的17.28%，同比增长166.31%。消费者投诉的主要问题有：一是洗染服务问题较多；二是涉疫情旅游住宿、团费等退费难；三是生活医美服务争议增多，消费者维权难、举证难。

3. 食品类投诉增速较快，增幅居首位

重庆市各级消委会在2021年共受理食品类投诉6888件，该数据占了总量的16.71%，同去年相比增长168.22%，是增幅最快的投诉类别。

其中，涉及食品质量及安全问题的投诉4006件、涉及食品价格问题的投诉487件、涉及食品虚假宣传的投诉338件、涉及食品计量问题的投诉312件。消费者反映的主要问题如下：一是"三无"食品、过期食品以及食品在保质期内变质；二是经营者未按照有关规定明码标价以及散装售卖的食品计量不准等；三是通过网络购买的食品与经营者宣传的成分、含量不相符，存在虚假宣传或使用绝对化用语的现象。

4. 交通工具类投诉持续成为热点

据重庆市商务委统计数据显示，2021年重庆市机动车新注册数量94万辆，同比增长16.3%。与此同时，2021年重庆市各级消委会共受理涉及交通工具类投诉1878件，占总量的4.56%。

虽然交通工具类投诉量2021年首次出现下降，但经营者私自抵押车辆合格证导致消费者购买汽车后无法上牌上路，过度维修、过度保养等问题依然是消费者反映的热点问题。

5. 涉疫类投诉增速快

受疫情影响，2022年度全市消委系统受理涉疫情投诉724件，同比增长59.47%，增幅居首位。消费者投诉的主要问题有：涉及生活必需品、涉疫药物、物资等遭到经营者哄抬价格和捆绑销售。

6. 医疗美容类投诉持续增长

2022年全市消委系统受理医疗美容类投诉140件，同比增长38.61%，增幅居第二位。消费者投诉的主要问题有：一是虚假宣传；二是经营者的虚构资质、超范围经营；三是销售使用假冒伪劣产品；四是医疗档案缺失、记录不规范等。

7. 农用生产资料类投诉首次增幅超过20%

2022年全市消委会系统共受理农用生产资料类投诉129件，同比增长21.69%，首次增幅超过20%。消费者投诉的主要问题有：一是因为经营者销售劣质种子、农药、化肥、饲料等而导致农民减产减收；二是农用机械的质量问题；三是农用机械使用说明不规范，导致操作不当而引起经济损失。

8. 平台经济类投诉持续增长

2022年重庆市消委系统受理平台经济类消费投诉1601件，同比增幅1.2%；其中配送服务类投诉占比高达40%，同比增幅23.17%。消费者投诉的主要问题有：一是售后服务不到位，消费体验差；二是平台经营者没有履行审查、公示等义务，致使入驻商家存在证件不全或者不符合经营要求的情形；三是商品质量问题，假冒伪劣商品多；四是个别平台存在垄断、不正当竞争行为等情况。

二　维权概况

（一）四川、重庆市场监督管理局签署一体化合作工作方案

2020年4月2日，《深化川渝市场监管一体化合作 推动成渝地区双城经济圈建设工作方案》（以下简称《方案》）在四川省市场监管局与重庆市市场监管局的共同推动下，成功签署，此后双方将在以下八个方面开展相关合作。

《方案》明确了将把成渝地区建成"重要经济中心、科技创新中心、改革开放新高地、高品质宜居地"作为双方工作的重要目标，为此，需要达成两地的市场监管一体化，进而提升彼此的监管服务质量与效率，共同营造国际化的一流营商环境。此外，还需要强化知识产权保护，打破当前存在的市场垄断，建设统一开放、规范有序的市场体系。

第一，在市场准入共优营商环境方面，成渝地区有关部门的工作重点在于构建"同一标准办一件事"的市场准入服务系统，加上由两地协同开发的登记档案智慧查询系统，以及共同编制发布成渝地区市场主体数据分析报告，可以有效地推进数据共享和业务协同平台建设。

第二，在重点监管共守安全底线方面，通过建立两地的食品安全监管信息通报机制，有效引导两地的药品上市许可持有人开展跨省委托生产，共同探索建立现场检查结果、共享互认制度，同时建立两地的药品生产经营监管信息实时共享机制，优化重点产品联动抽查机制。

第三，在高质量发展共创竞争优势方面，通过建立两地政府质量奖、首席质量官任职资格互认、质量管理专家共享机制，建立两地的计量协作与应用服务以及检验检测认证监管专家库，积极开展两地检验检测机构联合监管检查。

第四，在执法办案共建公平竞争环境方面，两地通过建立案件移送、执法协助、联合执法等机制，搭建电商主体数据的共享通道，对推动两地电商案件数据共享及违法线索交互推送有着重要的作用。此外，建议探索建立两地的公平竞争审查工作专家咨询制度和第三方评估机制。

第五，在监管维权共护市场秩序方面，通过建立消费维权信息共享、风险预警、研判、推送机制，既有助于提升监管联动性，也有助于推动两地的市场主体信用信息共享、信用修复结果互认。反垄断、反不正当竞争以及传销等方面的案件线索，两地之间的互联互通机制也需要逐步建立。

第六，在知识产权合作共促创新发展方面，两地有关部门共同签署了《成渝地区双城经济圈知识产权保护合作协议》，并且共同举办了《西部知识产权高峰论坛》，有效推动了知识产权公共服务共享。

第七，在项目合作共推民营经济方面，积极推动民营经济协同示范区建设，通过探索县域民营经济综合改革试点以及评价机制、评价体系的建立，定期发布县域民营经济的发展排行榜，同时两地有关部门将联合发布民营经济发展报告。

第八，在人才交流共筑基础保障方面，两地应建立互派专兼职教师授课、互派干部挂职、互派干部开展专题培训、选派中高级技术人才开展技术交流的培训交流机制，并定期举办成渝地区市场监管一体化合作交流论坛。

推动双城经济圈建设，是两地市场监管迈向高质量发展的关键一步，双方应按照"总体谋划、先易后难、分步实施、逐一见效"的指导思想，为推动成渝地区双城经济圈建设共同努力。

（二）川渝消委组织携手共建跨区域维权机制

重庆市消费者权益保护委员会与四川省保护消费者权益委员会于2021年1月联合下发了《关于建立川渝异地消费维权机制的通知》（简称《通知》），该文件标志着川渝两地的跨区域消费维权合作机制得到进一步完善，从此以后，两地的消费者在任何一方因购买商品或接受服务而产生消费纠纷时，均可直接在其居住地进行投诉，从而降低消费者因往返两地而产生的维权成本，而且有利于发挥两地消委（协）的职能优势，进一步密切两地经济和消费往来，对建设繁荣的川渝消费市场有着重要作用。《通知》主要涉及以下内容。

（1）及时移转异地消费投诉。消费者在川渝区域内遭受消费侵权，可随时向其住所地的消委（协）投诉。接到投诉的消委（协）应当按照规定及时将消费者投诉转至被投诉方经营地的消费者维权组织进行处理。

（2）快速接收异地转办投诉。被投诉方所在地或经营地的消委（协）在收到转办的投诉后，应当在7个工作日内审查投诉方及被诉方的主体资格和投诉内容，并且做出是否受理该投诉的决定。

（3）认真调查调解异地投诉。当地消委（协）对于决定受理的投诉，应在40个工作日内，最长不超过60个工作日结束调查调解，并将处理结果告知消费者，同时将处理结果书面回复转出该投诉的相关消费者维权组织。

（4）强化异地从事经营活动市场主体的投诉信息通报。对于实际经营地与注册地不相符的投诉，最先接到投诉的消委（协）应及时将相关投诉信息进行跨区域通报，以便于两地消委（协）联合开展投诉处置。

（5）畅通违法案例的移送渠道。收到消费者投诉，异地经营者存在严重违法行为的，最先收到消费者投诉的消委（协）应及时向对方消委（协）提供线索，并由经营者所在地的消委（协）向当地相关行政部门移送并予以查处。

（6）规范异地移转案例办理上报。

本辖区内处理异地移转案例消委（协）以季度为时间节点，在转移时限内逐级汇总报送至上一级消委（协）。

两地各级消委（协）设置了异地消费维权联络员，一是为了加强消费维权信息交流共享，及时交换消费者投诉数据分析、维权案例和维权动态，以及联手开展维权活动；二是为了共促两地的消费环境改善，两地应针对消费维权中遇到的的热点、难点、焦点和新问题，适时组织召开专题研讨会。

（三）川渝消委组织联合约谈"联联周边游"

"下单后无法预约""未消费退款被扣手续费"……网络平台上有关"联联周边游"的"控诉"铺天盖地。在多次被约谈、处罚后，为何投诉仍居高不下、侵害消费者权益问题依然存在？4月28日，四川省保护消费者权益委员会、重庆市消费者权益保护委员会联合约谈联联周边游信息技术有限公司（简称"联联周边游"），通报存在的五大突出问题，要求其积极整改并提交整改方案。

四川省保护消费者权益委员会通报了涉及"联联周边游"的消费投诉情况以及其存在的突出问题。"联联周边游"总部设在成都市高新区，近年来，该区市场监管局、区消协收到相关投诉持续猛增，2018年至2020年共计41932件，2021年一季度更是高达12336件。2019年至2021年，重庆市12315及消委系统处理涉及"联联周边游"投诉举报1094件。

"规范是为了更好地发展。"川渝消委组织要求"联联周边游"平台：遵守法律法规，切实履行消费者权益保护的法定义务；重视消费者合法权利，整改《平台用户协议》中不公平条款内容，明示退款规则及退款流程；健全售后服务机制，及时回应消费者诉求，建立健全快速在线消费投诉问题化解机制；规范信息发布机制，提供的商品或服务信息应真实全面，充分保障消费者知情权；完善平台管理机制，提升大数据管理水平，实现相互监督；正视存在的问题，拿出切实可行的整改措施。

（四）川渝消委组织首次联合举办"2021成渝地区双城经济圈消费与发展论坛"

"2021成渝地区双城经济圈消费与发展论坛"于9月6日在内江隆重举行。本次论坛为了能更好地对成渝地区双城经济圈消费与发展进行深入交流，大会特意邀请了多位业内专家。围绕着川渝两地市场监管一体化合作、共护消费者合法权益和消费提质升级等话题业内专家发表了各自看法。

川渝异地消费维权机制建立以来，两地一直密切协作，2021年1月到8月，共受理川渝异地消费投诉496件，解决495件，为两地消费者挽回经济损失283.62万元。

论坛指出，川渝消委组织的重大政治任务是要落实好党中央的决策部署，并积极融入成渝地区双城经济圈建设。两地消委需要有更进一步的深化合作，聚焦新趋势、关注新变化、探究新问题、探索新机制；携手引领新消费、适应新模式、解决新矛盾、开创新局面；两地消委组织既要促进形成以新消费为牵引、富有内生动力的经济发展方式。还要增强对平台服务、智慧生活等领域的消费维权供给。同时要为党委政府强化要素保障、改善消费环境、全面促进消费提供决策参考。

多位业内专家从川渝加强区域联动、优势互补、激发市场活力、释放消费潜力等方面为川渝消费与发展贡献了自己的智慧。

三 典型案例

案例1：乘客给"差评"遭司机骚扰

消费者孔某于2021年8月18日乘坐网约车，该网约车为成都某科技有限公司外包给某服务平台的。在服务结束后孔某觉得乘坐体验较差，遂在该平台给予司机差评。司机发现后，对于被给差评一事感到十分不满，于是不分日夜地拨打孔某电话对其进行骚扰，怀有身孕的孔某不胜其烦。无奈之下孔某将此事投诉到消协，要求该司机对自己的行为赔礼道歉并赔偿自身这段时间的精神损失，双方协商无果。

经消协调查，消费者孔某所反映的情况属实。根据我国《民法典》以及《消费者权益保护法》的相关规定，该名网约车司机的行为已经严重侵犯了消费者的隐私权、人格尊严和个人信息保护权，并对消费者造成了身心伤害。根据我国《消费者权益保护法》相关规定，网约车司机应当依法做出赔偿。经消协人员调解，最终网约车司机向消费者孔某赔礼道歉，并且赔偿其精神损失3000元人民币；网约车公司做出对该涉案司机采取永久封号、不再合作的决定，且与涉案的外包服务平台终止合作。

案例 2：新房装修偷工减料

消费者刘先生于 2021 年 8 月 12 日与某装饰设计公司签订了住宅装修合同，合同中约定装修面积为 96.8 平米，装修款共计 12 万元，并约定工程时长 120 天。后刘先生发现，装修公司既没有按照合同上约定进行装修装饰，还存在多报少装、偷工减料等问题，经多次与装修公司协商无果，遂向达州市开江县消委投诉。

消委接到投诉后，立即派遣工作人员组织双方当事人到实地勘验，发现该房屋确实存在多处装修问题，如地板凹凸不平；儿童卧室电源插座存在严重安全隐患；三角阀存在漏水现象等等。此外，装修公司还在合同上玩文字游戏，企图重复计算费用。该公司的行为已严重违反《消费者权益保护法》的有关规定。

经消协人员调解，最终刘先生与装修公司达成协议：装修公司承诺赔偿消费者各项费用和损失合计 20000 元，此外，合同中双方约定的水电项目质保期五年条款依然有效，由装修公司来承担，其他条款失效。

案例 3：健身卡不退不转？"霸王条款"无效

消费者吕女士在当地一家健身公司办理了价值 1299 元为期两年的健身卡，并签订了协议。不幸的是，吕女士在同年 8 月确诊癌症，需要做手术且终生服药，今后也难以进行剧烈运动。于是，吕女士向健身公司申请退卡，但健身公司对此予以拒绝，理由是双方协议上明确注明了"一经售出，不转不退、仅限本人使用"的条款，因此不接受退款。无奈之下吕女士只能于 2021 年 11 月向乐山峨边彝族自治县消委投诉。

经消协人员调查，消费者吕女士所反映的情况属实。吕女士确诊癌症的情形，属于无法预见的情形，吕女士因身体无法继续运动，具备法定的合同变更或解除的条件。健身公司在本案中以格式条款来排除吕女士解除合同的权利，侵害了吕女士的公平交易权。经调解，健身公司同意一次性全额退还吕女士健身卡余额 1299 元。

案例 4：销售假冒白酒 被处十倍处罚

2018 年 1 月至 2021 年 1 月，四川重庆一带发生一起销售假冒白酒事件。四川雅安的彭某某将贴有假冒注册商标的三款白酒销往四川、重庆等地，销售金额高达923400元。其间四川达州的卫某某从彭某某处购得上述假酒，然后再销往四川、重庆等地，销售金额共计262560元。重庆云阳批发老板胡某某又从卫某某处购入假酒，再销往云阳县各乡镇副食店、酒楼等，销售金额共计52162元。后经被假冒品牌的有关企业鉴定，彭某某等人所销售的三款酒均属于假冒伪劣产品。经过重庆市万州食品药品检测所检测，上述三款假酒中其中一款被检测出环乙基氨基酸钠（甜蜜素），根据国家相关标准，属于不符合安全标准的食品。

鉴于彭某某等人的违法行为有部分属于检察机关提起民事公益诉讼的法定领域，重庆市云阳县人民检察院决定对销售不符合安全标准食品的行为提起刑事附带民事公益诉讼，并将彭某某等人销售假酒欺诈消费者的案件线索移送至市消委会。为避免多处起诉从而造成司法资源浪费，云阳县人民检察院依托川渝两地的协作机制，与四川检察机关积极沟通，最后确定由云阳县人民检察院提起刑事附带民事公益诉讼。2021年7月23日，云阳县人民检察院向云阳县人民法院提起刑事附带民事公益诉讼，公诉人要求被告彭某某等人进行赔礼道歉、赔偿损失10560.9元，并支付假酒销售价款十倍的惩罚性赔偿金105609元。12月9日，鉴于彭某某等人的行为侵害了众多不特定消费者的合法权益，也严重损害了社会公益，云阳县人民法院做出了支持检察机关全部诉讼请求的判决。

案例5：房地产公司非法收集使用人脸信息

2021年8月，永川区市场监管局在履职中发现中骏珑景台的项目销售中心购买并安装了人脸识别设备，并且在没有取得客户同意的情况下，擅自采集购房者的人脸信息，从而掌握购房者的到访途径，利用这种手段促成购房交易完成。

截至2021年8月16日，经市场监管局调查，发现已有累计759位已成交客户的人脸抓拍数据被当事人非法使用。永川区市场监管局对当事人处以罚款5万元。

案例6：沙发质量引发纠纷

2022年4月24日，消费者李先生向射洪市保护消费者权益委员会投诉，李先生声称其在某平台购买了一套四川某家具销售公司的沙发，在收货后却发现该沙发的实木框架已经明显发霉发臭，而且还有钉子裸露在外、沙发腿不平等质量问题。李先生遂通过平台投诉，平台介入协商由商家同意物流拉货时退款，但当物流上门拉货时，商家却突然反悔并拒绝退款。协商未果之下，李先生只能向消保委投诉。

经调查，射洪市消委会组织双方进行调解，在对商家进行耐心的释法说理后，双方达成调解协议，商家承诺退还沙发全款，李先生表示满意。

第五节　海南自由贸易港

一　投诉概况和相关数据

（一）海南省市场监督管理部门 2020—2022 年前三季度消费投诉情况分析[①]

2020 年，海南省市场监管部门共接收社会公众投诉举报 90636 件，其中投诉 84276 件，举报 6360 件，分别占社会公众投诉举报总量的 92.98% 和 7.02%，投诉举报按时办结率为 100%。全年共为社会公众挽回经济损失 2817.07 万元；2021 年海南省市场监管部门共接到公众投诉举报案件 101390 件，其中投诉 91399 件，举报 9991 件，分别占社会公众投诉举报总量的 90.15% 和 9.85%，举报按时办结率为 100%。监管部门全年共为社会公众挽回经济损失 2088.09 万元。

2022 年一至三季度共接收社会公众投诉举报 140675 件，其中投诉 106897 件，举报 33778 件，分别占社会公众投诉举报总量的 76% 和 24%，为社会公众挽回经济损失 1014.48 万元。

1. 社会公众诉求总体情况

（1）投诉情况

2020 年共接收社会公众投诉 84276 件，其中商品类投诉 36221 件、服务类投诉 48055 件，分别占年度投诉总量的 42.98% 和 57.02%；2021 年监管部门共接收社会公众投诉 91399 件。其中服务类共 46785 件，商品类共

---

① 参见海南省市场监管局网，https：//amr.hainan.gov.cn/zw/tjxx/。

44614件，上述两者分别占了投诉总量的51.19%和48.81%（见图3-34）。2022年一至三季度共接收社会公众投诉106897件，其中商品类投诉63101件，服务类投诉43796件，分别占投诉总量的59%和41%（见图3-34）。可以看出，与2020年相比较，2021年和2022年一至三季度的商品类投诉比重呈现上升趋势。

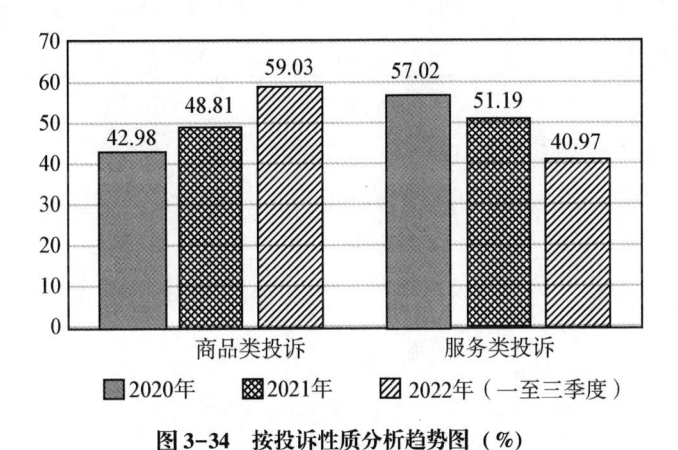

图3-34 按投诉性质分析趋势图（%）

商品类投诉方面，食品、化妆品、交通工具投诉量稳居前三。受疫情影响，2020年医疗器械投诉量飙升，进入商品类投诉前十，2021年，经过有关部门的整顿，医疗器械投诉量明显下降，由首饰类投诉取代其进入前十（见表3-22）。

2022年一至三季度食品类、化妆品、交通工具、服装鞋帽、家具用品类投诉占据前五。

表3-22 商品大类投诉排名前十变化表

商品大类	2021年(件)	商品大类	2020年(件)
食品	10012	食品	7919
化妆品	3904	化妆品	4132
交通工具	3336	交通工具	3339
家居用品	3128	医疗器械	2474
服装鞋帽	2708	家居用品	2536

续表

商品大类	2021年(件)	商品大类	2020年(件)
烟酒和饮料	1776	服装鞋帽	1951
通讯产品	1754	烟酒和饮料	1117
家用电器	1682	通讯产品	1177
首饰	1099	家用电器	1212
装修建材	1096	装修建材	845

服务类投诉方面，受"双减"政策影响，2021年教育培训服务投诉量大增，餐饮和住宿服务则有较大幅度下降，其余服务类型投诉量基本持平（见表3-23）。

2022年一至三季度餐饮和住宿服务、物业服务、停车服务、销售服务、互联网服务类投诉占据前五。

表3-23　　　　　　　　服务大类投诉排名前十变化表

服务大类	2021年(件)	服务大类	2020年(件)
餐饮和住宿服务	8100	销售服务	6962
物业服务	6310	餐饮和住宿服务	6301
停车服务	4097	物业服务	6182
销售服务	3825	停车服务	2602
教育培训服务	1930	文化娱乐体育服务	1799
文化娱乐体育服务	1787	金融服务	1721
互联网服务	1740	交通运输服务	1650
制作保养和修理服务	1520	美容美发洗浴服务	1534
专业技术服务	1408	制作保养和修理服务	1475
美容美发洗浴服务	1317	教育培训服务	1395

售后服务类投诉量在2020—2021年均位居首位，2021年接收15273件，较2020年同期的17785件降低14.12%；质量问题类投诉量在2021年大幅上升，全年共接收11254件，较2020年同期5712件增长97.02%；价格投诉、合同、计量、安全等问题的的投诉量有一定程度下降，食品安全、标准化、

广告、人身权利、不正当竞争等问题投诉量则上涨（见表3-24）。

2022年上半年，投诉排名前三位的售后服务类投诉量为11628件，质量问题类投诉量为9866件，价格投诉量为7506件，上述三类以及其余食品安全、标准化等投诉类别同比均有一定上涨。

表3-24　　　　　　　　　　投诉性质情况分析表

投诉性质	2022年上半年（件）	投诉性质	2021年（件）	投诉性质	2020年（件）
售后服务	11628	售后服务	15273	售后服务	17785
质量	9866	质量	11254	价格投诉	12211
价格投诉	7506	价格投诉	10888	合同	6344
食品安全	5204	食品安全	6363	质量	5712
标准化	3957	标准化	5775	食品安全	3483
广告	2816	合同	4616	广告	1396
合同	2461	广告	3107	人身权利	946
不正当竞争	1273	人身权利	1062	计量	937
人身权利	664	不正当竞争	1028	不正当竞争	815
		计量	883		
				安全	759

（2）举报情况

2020年共接收举报6360件，其中商品类举报3875件，服务类举报2485件，分别占举报总量的60.93%和39.07%；2021年共接收到举报9991件，其中商品类举报共5978件，服务类举报共4013件，上述两者分别占了举报总量的59.83%和40.17%（见表3-25）。

表3-25　　　　　　　　　　举报涉及消费性质情况表

举报类别	2021年（件）	比重（%）	2020年（件）	比重（%）
广告违法行为	3780	37.83	2294	36.07
侵害社会公众权益行为	1904	19.06	1238	19.47
价格违法行为	280	2.80	467	7.34

续表

举报类别	2021年(件)	比重(%)	2020年(件)	比重(%)
其他市场监管领域违法行为	896	8.97	463	7.28
网络交易违法行为	336	3.36	336	5.28
违规收费行为	324	3.24	331	5.2
食品问题	934	9.35	224	3.52
不正当竞争行为	272	2.72	198	3.11
违反登记管理行为	311	3.11	182	2.86
产品质量违法行为	370	3.70	173	2.72
合同行政违法行为	128	1.28	129	2.03
商标违法行为	85	0.85	61	0.96
传销行为	68	0.68	50	0.79
生产许可违法行为	43	0.42	50	0.79
直销违规行为	48	0.48	39	0.61
计量违法行为	59	0.60	32	0.5
医疗器械	15	0.14	31	0.49
药品问题	39	0.37	15	0.24
标准化违法行为	31	0.31	12	0.19
认证认可违法行为	22	0.22	12	0.19
化妆品问题	15	0.15	8	0.13
农资违法行为	12	0.12	6	0.09
特种设备违法行为	12	0.12	6	0.09
地理标志违法行为	2	0.02	2	0.03
专利违法行为	5	0.05	1	0.02
合计	9991	100	6360	100

举报类别排名前五的是广告违法行为、侵害社会公众权益行为、价格违法行为、其他市场监管领域违法行为以及网络交易违法行为。其中广告违法行为、侵害社会公众权益行为、其他市场监管领域违法行为在2021年有较大幅度增长。

2022年上半年，举报涉及商品类排名前列的是：一般食品、化妆品、家居用品、服装鞋帽类；举报涉及服务类排名前列的是：卫生保健社会福利、美容美发洗浴服务、互联网服务、餐饮和住宿服务、销售服务类。

2. 投诉热点问题分析

通过对商品、服务消费类型投诉数量、增减幅度和受关注程度等方面综合分析，社会公众投诉热点问题主要集中在一般食品、化妆品、家居用品、餐饮和住宿服务、物业服务五个方面。

（1）一般食品

投诉反映的问题主要集中在：食品超过保质期；食品过度包装；未明码标价；购买的食品未注明生产日期；外卖点餐收到的食物与宣传不符；食品数量不足商家拒绝补齐；餐饮店食品卫生不合格；夸大宣传食品有治愈疾病功效，欺骗社会公众；市场海鲜商贩存在缺斤短两行为；烘培店使用发霉水果制作蛋糕等。

（2）餐饮和住宿服务

投诉反映的问题主要集中在：预定的度假酒店因疫情无法出行，申请取消遭拒；餐饮店违规使用不可降解塑料管；退房时发现酒店多扣除住宿费用，申请退款遭拖延；餐馆强制收取茶位费才可提供餐具；酒店实际设施与网上宣传不符等。

（3）物业服务

投诉反映的问题主要集中在：服务收费未明码标价和公示；强制收取垃圾费；公摊费用不合理；物业高价收取小区水电费、物业管理费；小区电梯存在故障，物业拒绝维修；装修时向物业缴纳的装修押金，装修完后申请退还遭拒；小区停车费收费较高等。

（4）化妆品

投诉反映的问题主要集中在：在网络直播间购买到假冒的化妆品，要求退换遭拒；在实体店购买的化妆品实际产品与包装描述不符；通过免税店购买到破损的化妆品，要求更换遭拖延；通过海淘网购买的化妆品商家迟迟未发货等。

（5）交通工具

投诉反映的问题主要有：购买的电动自行车无法上牌；购买的汽车因商家原因违约无法提车，申请退还定金遭拒；购买的电动自行车在三包期内出现质量问题商家拒绝退换；购买的二手车现场验车时不通过，要求退款遭拒等。

3. 举报热点问题分析

2021年涉及产品质量、食品安全问题成为社会公众举报重点。主要是涉及线下实体店、网络购物平台、直播平台所销售的商品质量实际与描述不符；销售假冒伪劣商品欺骗社会公众；销售的商品以次充好；以赠品冒充正品进行出售；食品卫生环境差；以变质腐烂水果作为原材料进行食品加工；食用油多次反复使用；违规使用食品添加剂等。随着消费结构加速调整，消费领域不断拓展；社会公众的举报领域也逐渐扩大，相关举报随之增多。针对举报违法行为增多的动向，应依法核查，加大查处力度。

2022年一至三季度，消费者举报的违法行为主要集中在广告违法行为和侵害消费者权益行为方面。（1）广告违法行为增幅明显。主要有夸大功效、虚假宣传、绝对化用语等，尤其在食品、医疗美容等领域较为明显。（2）侵害消费者权益行为突出。主要反映在销售假冒伪劣产品、以次充好、产品没有保质期、拖延或拒绝消费者的退换货或维修的要求等。

二 维权概况

（一）海口海关启动"龙腾行动2021"保护海南自由贸易港消费者合法权益

2020年海口海关开始部署"龙腾行动"，其中全年共有16批次涉及千余件货物采取了知识产权保护措施，连续2年有查办的知识产权案件（2018年和2019年）入选"全国海关知识产权保护十大典型案例"。

自2021年2月1日起，海口海关根据上级指示和统一部署，再次组织和开展代号为"龙腾行动2021"的知识产权保护专项行动，务求对进出口领域知识产权侵权的违法行为进行全力打击。

海口海关锁定侵权的新型手法和新型渠道并开展有效、有针对性地打击。对输往欧美、南美、非洲还有"一带一路"沿线国家和地区的侵权货物作为重点的监管内容。另外，加强对寄递渠道当中"化整为零""蚂蚁搬家"式侵权行为的打击力度。为了能够实施精准拦截打击，切实维护消费者和权利人合法权益，海关将结合海南进出口货物贸易渠道、商品等要素筛选风险点，着重对海南自贸港进出口食品、药品、个人护理用品等加强分析研判。

首届国际消费品博览会的知识产权保护工作是海口海关本次专项行动重点工作之一，为此，构建"信息畅通、执法互助、快速维权、咨询畅通"多元化的国际消博会保护机制，通过多种渠道引导参展商做好海关知识产权备案及维护工作，并借助"12360"海关热线的快速维权渠道，对接参展企业的维权需求，提供维权方案，营造公平、有序、健康的口岸跨境贸易营商环境。

（二）海南省开展食品安全"你点我检 你送我检"活动

根据党史学习教育"我为群众办实事"活动要求，为进一步宣传食品安全知识，发动群众积极参与食品安全监管，促进食品安全的社会共治局面，海南省市场监督管理局组织开展了主题为"你点我检 你送我检"的食品安全活动。

"你点我检"活动是市场监管部门根据消费者提出的食品品种、检验项目和场所，按照食品安全监督抽检程序抽样检验，邀请公众现场观摩抽样检验过程，让公众真正变身为食品安全的参与者、见证者和监督者，并及时向公众公布"你点我检"抽检结果。活动采取线上征集抽检线索和线下抽检结合的形式，公众可以通过参与网络问卷投票提出抽检建议，根据投票结果，海南省市场监督局将随机抽选10名消费者代表前往"得票率"靠前的农贸市场、超市开展"你点我检"现场抽样执法行动。

"你送我检"活动于2021年6月14日—6月20日在海南省各地大型农贸市场或超市附近开展，以日常消费量大的蔬菜、水果、肉类、水产品、米粉、蔬菜干制品等食品为重点，围绕公众关心的农兽药残留、非法添加非食用物质（甲醛、二氧化硫、硼砂）、注水肉等热点问题，免费为公众提供食品安全快速检测服务，现场答疑解惑，保障公众食品消费安全，增强食品消费信心。

(三)《海南自由贸易港反消费欺诈规定》与《海南自由贸易港公平竞争条例》实施

2021年9月29日,海南省六届人大常委会第三十次会议审议通过了《海南自由贸易港反消费欺诈规定》和《海南自由贸易港公平竞争条例》,自2021年11月1日起施行。

《海南自由贸易港反消费欺诈规定》(以下简称《规定》)是全国首个关于反消费欺诈领域的专项地方立法,其内容主要针对的是当前存在的消费欺诈违法行为,特别是当地饱受诟病的欺客宰客行为,在遵循过罚相当原则的前提下,打击重点,加大惩戒。该《规定》引入了"双罚制",即对于经营者为单位、情节严重或者社会影响特别恶劣的消费欺诈行为,除了对经营者主体实施处罚外,还要对其法定代表人、主要负责人和其他直接责任人员进行处罚。该《规定》明确了相关主体职责和义务,首次规定交易市场开办者的审查、检查、制止和报告等管理义务,旨在形成反消费欺诈社会共治格局。

《海南自由贸易港公平竞争条例》(以下简称《条例》)共三十五条,分为总则、公平竞争政策、公平竞争审查、影响公平竞争行为、对影响公平竞争行为的调查、法律责任六章。《条例》确立了海南自贸港的公平竞争原则、明确了部门之间的职责分工,强调了公平竞争执法的衔接以及公平竞争审查制度强化的重要作用。公平竞争是国际化营商环境的核心要求,《条例》借鉴了相关国际规则,优化了本地政策上的一些难点痛点,对营造法治化、国际化、便利化的营商环境起到了重要作用。

(四)海南省重拳整治旅游消费市场欺客宰客行为

海南省市场监督管理局针对近年来旅游消费市场欺客宰客等现象仍然是投诉热点,社会公众对此类事件的反应也较为强烈的现状,在全省范围内开展为期6个月的旅游消费市场综合整治,严厉打击欺客宰客等违法违规行为。整治期间全省共立案139宗,结案88宗,罚款113.59万元。具体行动如下。

1. 持续高压整治

对于社会公众投诉较多的旅游购物、海鲜餐饮、热带水果、婚纱摄影、旅游住宿等重点行业领域，首先，加大日常监管和执法力度，其次，重罚欺客宰客等行为。

重要节假日，专门派出督导组，采用暗访等方式检查各市县的综合整治情况，务求及时发现问题，对暗访中发现的相关线索，尽快移交属地市场监管、综合执法部门，并且做到全程跟进、全程督办。

2. 高效处置舆情

根据《海南旅游消费市场欺客宰客舆情处置工作机制》的相关规定，对于旅游消费市场欺客宰客的舆情，要求"4小时内介入、原则上24小时处置完毕"。自综合整治行动开展以来，有关部门成功处置相关舆情65件，共受理涉旅投诉举报563件，均在规定时限内办结，为消费者挽回经济损失共计290.35万元。对此期间产生的欺客宰客舆情以及处置情况进行密切监测和分析，最终形成了《海南旅游消费市场欺客宰客舆情专报》印发到市县政府及工作专班成员单位，用以督促各市县落实舆情处置工作责任。

3. 强化智慧监管

监管部门通过调取目标经营场所内的视频画面及声音，为了提升监管的精准化和智能化水平，从而实现由被动监管向主动监管转变、由治标向治本转变、由事后治理向事前防范转变，实现了24小时全天候监控。

4. 积极推动立法

"放心消费在海南"创建活动一直在大力推广中，先行赔付、线下购物无理由退货以及在线解决消费纠纷等规定，为推动全省消费环境水平提质升级发挥着重要的作用。海南省市场监督管理局将持续开展专项整治，整顿旅游市场，并通过充分运用相关规定，严查各类违法违规案件，同时在有关平台发布典型案例，对不法商人形成震慑作用，为消费者营造良好的购物环境。

三 典型案例

案例1：海南京邦置业有限公司未明码标价案

海口市市场监管局龙华分局在2021年6月22日依法对海口星华海德豪庭营销中心进行检查。经监管人员调查发现，海口星华海德豪庭项目的开发商海南京邦置业有限公司在销售商品房过程中,并未按照相关法律所规定的内容和方式,对出售的商品房明码标价,该行为违反了《中华人民共和国价格法》的规定。

海口市市场监管局龙华分局据此依法对当事人做出罚款813000元的行政处罚。

案例2：海鲜店消费欺诈案

2020年12月,三亚市综合行政执法局接收到一起由三亚市市场监管局移交的案件,根据案件线索,三亚市综合行政执法局依法对三亚天涯区南海渔村海鲜店进行检查。经检查发现,当事人南海渔村海鲜店在销售海鲜过程中,存在利用不规范的秤具,通过作弊的方式骗取消费者价款,且不按照约定提供商品或者服务的行为,该行为违反了《中华人民共和国消费者权益保护法》《侵害消费者权益行为处罚办法》的规定。

三亚市综合行政执法局依法对当事人做出没收违法所得1553.63元、罚款15536.3元并吊销营业执照的行政处罚。

案例3：婚纱摄影虚构原价案

2020年12月17日,三亚市综合行政执法局接到群众举报后,根据投诉举报线索,依法对海南唯爱视觉婚纱摄影有限公司进行了检查。经查,当事人海南唯爱视觉婚纱摄影有限公司在对外销售婚纱旅拍套餐的过程中,存在虚构原价的行为,其行为违反了《中华人民共和国价格法》的规定。

三亚市综合行政执法局依法对当事人做出罚款50000元的行政处罚。

案例4：食品店经营无检验合格证明和虚假宣传案

2021年3月9日,临高县市场监管局接到群众举报,根据该举报线索,临高县市场监管局依法对临高临城红年华保健食品店进行突击检查。经查,当事人在店内销售的"钙加维生素D3咀嚼片"等多种产品,均无法提供货商资质证明以及产品检验报告,且存在虚假宣传的行为,其行为违反了《中华人民共和国食品安全法》和《侵害消费者权益行为处罚办法》的规定。

临高县市场监管局依法对当事人做出没收违法所得13800元,罚款69000元的行政处罚。

案例 5：诱骗旅行者购买旅游商品案

2022 年 1 月 18 日，保亭黎族苗族自治县市场监管局接到一起群众举报，根据举报线索，市场监管局依法对位于响水镇毛岸茶溪谷景区游客中心的响水棘源食品经营部进行检查。经查发现，当事人在其经营场所内设置了相对独立的包厢，并通过雇佣销售人员为游客授课，从而诱导消费者购买其商品的行为，该行为已违反了《海南自由贸易港反消费欺诈规定》的规定。

保亭县市场监管局依法对当事人做出罚款 3000 元的行政处罚。

第四章 消费者保护维权动态

第一节 国内消费者协会维权动态

一 消费者协会维权动态

2021年1月,中消协召开线上"网络消费领域算法规制与消费者保护座谈会",就目前算法应用在网络商品服务推荐、网络游戏及网络直播等众多领域出现的侵害消费者合法权益的问题进行了探讨。中消协秘书长参加会议并做总结,提出经营者应加强自律,切实承担应尽义务和责任,呼吁社会各界共同关注,加强算法应用的有效规制。最高人民法院研究室、中央网信办秘书局、国家市场监管总局价监竞争局、网监司有关同志和部分特邀专家、专家律师、消费者代表,以及在京主要媒体记者在线参加会议。

2021年1月,中消协联合人民网舆情数据中心发布"2020年十大消费维权舆情热点",防疫产品价格和质量问题突出,"直播带货"新问题层出不穷,"双11"复杂规则难坏"尾款人",酒店、旅游、出行退订纠纷多,长租公寓接连爆雷跑路,在线培训服务乱象频现,未成年人网游充值、打赏退款难,外卖平台"多等5分钟"被指"甩锅"给消费者,智能快递柜超时收费引不满,航司"不限次飞行产品"限制多10个消费维权舆情热点问题被集中点评。

2021年1月,中消协召开2021年全国消协组织秘书长视频工作会议。

1月21日，中消协以视频会议形式召开2021年全国消协组织秘书长工作会议。会议传达了全国市场监管工作会议精神，通报了中消协2021年主要工作安排，吉林、浙江、江西、陕西、深圳五地做交流发言。中消协秘书长做总结讲话，对贯彻落实《关于全国消协组织进一步做好新形势下消费者权益保护工作的意见》提出明确要求。

2021年1月，中消协发布2021年消费维权年主题"守护安全畅通消费"。1月26日，中消协发布2021年全国消协组织消费维权年主题"守护安全畅通消费"。中消协希望通过广泛开展该年主题活动，进一步凝聚社会力量，推进协同共治，筑牢消费安全社会基础；进一步加强理论研究，推动制度完善，筑牢消费安全法治基础；进一步突出问题导向，提升维权效能，筑牢消费安全救济基础；进一步强化消费教育，加强消费引导，筑牢消费安全市场基础。

2021年2月，中消协针对近期引发社会广泛关注的"大头娃娃"事件发布了《中消协消费警示："消"字号产品乱象多，切勿当药用》，敦促经营者依法依规依标生产，不得做出虚假或引人误解的宣传，并提醒消费者注意区分不同许可证号产品，加强防范意识，理性使用激素类药物。

2021年2月，中消协召开3·15视频直播咨询服务活动策划会，秘书长参加会议并介绍了2020年"月月3·15"咨询服务活动情况及2021年工作计划。中消协专家委员会专家、新闻专业委员会专家以及律师团律师等部分代表参加会议，并就中消协3·15视频直播咨询服务活动的形式、程序、准备、实施提出了意见建议。

2021年3月，中消协召开新闻通报会，发布《2020年100个城市消费者满意度测评报告》和《2020年60个农村集贸市场"再体验"调查报告》。中消协秘书长建议各城市政府及有关部门深入分析问题短板，进一步采取有效措施，强化消费者权益保护。

2021年3月，中消协在梳理餐饮浪费、预付费商家跑路、虚假宣传和个人信息泄露等2020年度消费安全热点基础上，面向广大经营者发出《守护消费安全倡议》，海尔、EMS、中国平安、百度、京东、携程、美团、滴滴、自如、抖音等企业代表积极响应倡议，就进一步强化产品和服务标准、保障消费安全、优化消费体验、促进绿色发展、履行社会责任做出承诺。

2021年3月,中消协发布2019—2020年"全国消费维权十大典型司法案例"及"全国消费维权十大典型司法案例提名"。案例涵盖了App用户个人信息保护、互联网终端软件"捆绑安装"、汽车消费欺诈等消费维权热点问题,相关案件及点评意见,为全国消协组织消费维权工作提供了重要参考。

2021年3月,中消协相关负责人就盲盒有关问题接受香港卫视视频采访,介绍了盲盒产品的投诉情况、侵害消费者合法权益的表现形式、中消协盲盒消费提示发布的背景和初衷、规范盲盒市场的法律等内容,提出了相关监管建议。

2021年3月,中消协组织召开商品真伪认定机制推进座谈会,深入探讨了消费者委托鉴定、鉴定机构资质和经验、商品退换货、服务收费、纠纷和争议难点等问题。中华商标协会、万商天勤律师事务所、开云中国、立峰商业、寺库网、得物平台等派员参会。

2021年4月,中消协在天津召开京津冀消费维权工作座谈会,听取各地对"双先"评选工作、城市消费者满意度测评工作、消费维权志愿者队伍建设等方面的意见建议。中消协调研组一行在天津实地调研,并与基层消协干部进行座谈,了解基层消协组织履职情况、投诉处理及投诉统计工作等情况。

2021年4月,中消协在广东省广州市组织召开城市消费者满意度测评暨"双先"工作座谈会,就消费者满意度测评工作体系、"双先"评选办法、各地消协组织建设等工作向与会代表征求意见。中消协秘书长出席会议并讲话,广东消委会、福建消保委、广西消保委、江西消保委和湖南消保委及部分被测评城市消协组织派员参会并就有关工作进行汇报交流。

2021年4月,中消协发布的《2021年一季度全国消协组织受理投诉情况分析》揭露了消费领域十大不良营销手法,提出营销活动应当合法合规、理性明智做聪明消费者、加强监管规范促销行为等意见建议。

2021年5月,中消协发布"发挥消协职责作用共同守护'舌尖上的安全'"观点指出,不法商家为获取非法利益,严重侵害了消费者的知情权、人身安全权与社会公共安全。为维护消费者合法权益,希望各级消协组织依法履职，进一步加强与政府部门的沟通协作，通过消费教育引导、消费社会监督、投诉调解、支持诉讼、依法提起消费民事公益诉讼等方式积极履行法定职责，敦促食品行业企业守法诚信经营，共同维护好正常的市场秩序和良好的消费环境。

2021年5月，中消协发布《"五一"消费维权舆情分析报告》，主要涉及出行高峰受阻及应急管理、景区拥堵疏导及文明旅游、食品安全及反浪费社会责任、网购平台盲盒销售及动物活体运输四个领域。《舆情分析报告》就"五一"期间消费维权舆情集中反映的问题提出了对策建议。

2021年5月，中消协在青岛组织召开部分省市消协组织座谈会，辽宁、山东、河南、湖北、重庆、陕西、甘肃等地派员参会并进行交流发言。其间，中消协赴山东济南、淄博、青岛等地实地调研，了解当地消协组织建设和保障情况，以及消费环境建设、消费投诉、消费维权服务联络站建设等工作情况。

2021年5月，中消协组织召开《个人信息保护法（草案）》（二次审议稿）与消费者权益保护专家座谈会，中国人民大学、中国政法大学、北京师范大学、中国社会科学院、中央财经大学等高校的专家及中消协律师团的律师参加会议。与会专家律师就《个人信息保护法》与《民法典》中关于个人信息保护规定的协调与衔接、消协组织诉讼主体资格以及部分具体条款的修改建议等进行了深入讨论。

2021年6月，中消协在京召开《中国消费者权益保护年度报告》编写专家研讨会，与会专家围绕报告编写的研究方法、报告基本框架和形式、报告涉及领域及研究重点、后续成果应用等内容发表了意见。来自国务院发展研究中心、中央党校、中国政法大学、中国社会科学院大学、对外经贸大学和人民网、中国消费者报社等单位的专家学者参加了会议。

2021年6月，中消协结合市场监管总局发布的"铁拳"行动典型案例，发布《中消协消费提示：警惕！不要让儿童玩具成为孩子的"安全隐患"》，提醒广大家长尽量避免劣质儿童玩具，玩具适用年龄与实际使用不符以及误玩非玩具产品可能给孩子造成伤害，建议在购买玩具时要认准CCC认证，并履行好监护人职责。

2021年6月，中消协发布的《2021年"618"消费维权舆情分析报告》表明,"618"期间消费维权负面敏感舆情数量同比显著下降,相关部门对平台经济的规制取得明显成效。《报告》分析了"618"期间反映的消费维权存在的主要问题,并提出对策建议。

2021年7月,中消协向国务院研究室报送《消费投诉及舆情反映的问题和相关建议》,分析了2021年以来全国消协组织受理投诉情况,建议加强预付式消费、新能源汽车、家电、餐饮等行业领域消费投诉热点、"堵点"问题研究,提出进一步强化消协组织建设、建立消费者保护工作定期研究机制等政策建议。

2021年7月,中消协召开投诉统计基础数据研究论证会。会议围绕投诉统计基础数据的采集流程、内容分类、转化运用等进行讨论。有关专家、律师、部分地方消协组织及数据公司代表参加了本次论证会。

2021年7月,中消协召开投诉信息公示数据支持研究论证会。会议围绕投诉信息公示的定义、法律依据、公示内容、公示方式、数据支持等问题进行了深入研讨。有关专家、律师,部分地方消协组织代表等参加了本次论证会。

2021年7月,中消协召开"规范盲盒市场 保护消费者合法权益座谈会",会议就盲盒营销模式中的信息披露义务、加强消费者及未成年人权益保护等进行了深入研讨。

2021年7月,中消协发布的《2021年上半年全国消协组织受理投诉情况分析》显示,2021年上半年全国消协组织共受理消费者投诉521976件,同比下降7.04%,解决412561件,投诉解决率79.04%,为消费者挽回经济损失75089万元。其中,因经营者欺诈行为得到加倍赔偿的投诉3725件,加倍赔偿金额347万元。

2021年7月,中消协在京召开第五届理事会第七次会议,深入学习贯彻习近平总书记"七一"重要讲话,总结五届理事会第六次会议以来的工作,研究部署新形势下消协组织消费维权工作,并对《中国消费者协会章程》修订、副会长增选等进行了通报。

2021年9月,中消协发布"支持重庆市消费者权益保护委员会提起个人信息保护公益诉讼"的意见,并要求各地消协组织要继续积极探索、加强研究、强化沟通、着眼实效,持续推进消费维权民事公益诉讼,努力发挥消协组织在消费者权益保护和社会监督中的积极作用。

2021年9月，中消协相关负责人约谈阿里巴巴平台治理部，就跨境纠纷处理机制、平台店铺管理机制、商品质量问题认定、假冒伪劣商品鉴别和消费者权益保障措施等进行深入沟通，督促天猫国际进一步畅通跨境消费纠纷处理渠道，切实维护消费者合法权益。

2021年9月，中消协发布消协观点：少一些套路，多一些真诚——视频平台VIP服务应依法合规、质价相符。观点指出：超前点播重自愿，逐集限制要取消；广告特权应保障，违法推送要杜绝；自动续费套路深，计费规则要公平；协议不得随意改，用户权益要落实。

2021年9月，中消协组织召开2020—2021年度消费维权先进集体和先进个人评选工作培训会，对"市监办函（2021）1471号"通知内容进行了详细解读，介绍了网上申报平台使用方法和申报程序。32个省级消协组织"双先"专项工作负责人及信息填报工作人员参加了培训会。

2021年9月，中消协组织召开2021年度100个城市消费者满意度测评项目启动会。结合项目历年执行经验、部分省市调研汇总情况和各地反馈的意见建议，中消协相关负责人就项目执行思路、测评工作执行、数据安全、应急预案等与项目监理单位和执行技术单位进行了深入交流。

2021年10月，中消协发布的《"十一"消费维权舆情分析报告》显示：国庆假期我国消费市场供销两旺，线上线下加快融合的态势显著，消费负面敏感信息主要集中在交通、景区、快递和食品消费四个方面。

2021年10月，中消协发布"《个人信息保护法》实施在即，经营者和消费者都该注意点啥？"消费提示，敦促经营者要切实落实《个人信息保护法》的相关规定，依法完善个人信息处理规则，规范个人信息处理程序，采取必要措施保障消费者个人信息安全，并提醒消费者依法保护好个人信息。

2021年12月，中消协就《珐琅鉴定与分类》等六项行业标准向全国珠宝玉石标准化技术委员会反馈意见，并就《珠宝玉石饰品售后服务规范》提出完善售后服务、加强消费者权益保护、保障消费者知情权等意见建议。

2021年12月，中消协针对近期社会舆论高度关注的加拿大鹅消费维权事件发表观点指出，尊重消费者权利、保障消费者权益是经营者的应尽义务，任何企业、任何品牌都没有例外特权。

2021年12月，中消协秘书长朱剑桥通过视频连线方式与国际消联主席、马来西亚消协联合会主席马里穆图·纳达森签署了《中国消费者协会和马来西亚消费者协会联合会加强合作谅解备忘录》。国际消联总干事海伦娜·勒伦特应邀出席签署仪式并致辞。备忘录涵盖了信息交流、组织互访、培训学习等诸多方面，旨在共同探索解决跨境消费者投诉问题。

2021年12月，中消协发布《50款App账号注销及自动化推荐退订测评报告》。《报告》显示：在是否可以顺利注销App账号方面，50款App中有20款App存在不同程度问题；在自动化推荐退订方面，50款App中有5款App存在不同程度问题。中消协已要求存在相关问题的App及时整改。

2022年1月，中消协就快手平台涉诉问题约谈北京快手科技有限公司，听取公司有关负责人就涉诉问题解决方案、相关证据资料和平台改进服务方案等问题的说明。中消协相关负责人就妥善处理消费者投诉、切实保障消费者合法权益提出具体要求。

2022年1月，中消协发布四期《晓宇说消费》消费教育短视频。1月7日至29日，中消协在抖音、快手、微博、微信视频号等平台发布第76、第77、第78、第79期消费教育短视频《加湿器你真的会用吗？》《自热火锅这样吃更放心！》《买买买的时候，这个"字"好多人都忽略了……》《坚果易霉变？一分钟教你如何挑选坚果》。视频内容分别为：提醒消费者不当使用加湿器可能会导致呼吸道疾病；介绍上海市消保委开展的20件自热火锅产品比较试验结果；提醒消费者关注包装上标示的"字号"；挑选坚果时注意有无霉变问题。

2022年1月，中消协针对肯德基推出的"DIMOO联名款盲盒套餐"发布消协观点：用"盲盒"诱导食品过度消费，当抵制！倡导消费者积极树立正确的消费观，审慎看待自身消费需求，进行科学理性的消费活动，共同抵制盲目消费、冲动消费、超额消费等不良消费行为。

2022年1月，中消协组织青年干部与清华大学法学院社会实践调研支队学生围绕企业数据合规主题进行线上座谈，就《个人信息保护法》对消费者个人信息保护的法律规定、App 账户注销中存在的问题以及消协组织在消费者个人信息受侵害时的补救方式等进行了深入探讨。

2022 年 1 月，中消协发布了 2022 年全国消协组织消费维权年主题"共促消费公平"及年主题宣传提纲、宣传海报及释义。中消协希望通过该年主题活动促进实现四个目标：一是凝聚社会力量，推动社会共识，筑牢消费公平社会基础；二是加强理论研究，促进制度完善，夯实消费公平法治保障；三是突出问题导向，坚持维权主张，加大消费公平救济力度；四是强化消费教育，加强宣传引导，壮大消费公平监督力量。

2022 年 1 月，中消协就长城欧拉好猫芯片涉诉问题约谈了长城汽车股份有限公司。中消协就妥善处理消费者投诉、切实保障消费者合法权益对该公司提出具体要求。

2022 年 1 月，中消协发布消费警示："低价≠实惠，享受物美价廉还需避开这些坑"。梳理了近年来消费者反映比较突出的四种"低价套路"，提醒广大消费者在春节期间要理性看待商家的打折促销行为。

2022 年 1 月，中消协向市场监管总局办公厅报送了《中消协关于规范引导盲盒行业有序稳定发展的建议》，从提高准入门槛、明确抽取概率、引导正向文化价值、发挥社会监督作用等方面提出规范盲盒发展的对策建议。

2022 年 1 月，中消协发布"2021 年十大消费维权舆情热点"，指出了 2021 年度消费维权舆情特征：一是消费者维权意识持续提升，对维权渠道及消费者权益保障措施更为关注；二是个别行业顽疾导致消费者权益受损事件屡屡引发舆论争议；三是部分品牌在维权纠纷处置中忽视消费者诉求，欠缺诚意，导致纠纷持续发酵。

2022 年 1 月，中消协发布的《2021 年全国消协组织受理投诉情况分析》显示，2021 年全国消协组织共受理消费者投诉 104.5 万件，同比增长 6.4%，解决 83.6 万件，投诉解决率 80.0%，为消费者挽回经济损失 15.2 亿元。

2022 年 2 月，中消协发布三期《晓宇说消费》消费教育短视频《"全能选手"晾衣架，要买吗？》《取代牛奶还能防长胖，植物奶真有这么神？》《购买滚筒洗衣机，这四点尤其注意！》。视频内容分别为：介绍电动晾衣架与滚筒式洗衣机的比较试验结果；提醒消费者选购与使用电动晾衣架、滚筒洗衣机的注意事项；指出当前消费者普遍存在的植物奶认知误区。

2022年2月，中消协向市场监管总局报送了《校外教育培训消费者权益保护问题及对策建议》，提出完善政策法规、加强监管协调、强化社会保护等意见建议。

2022年2月，中消协发布的《2022年春节消费维权舆情分析报告》显示，2022年春节期间消费吐槽主要集中在出行、购物和休闲娱乐三个方面，热点消费场景中的痛点与堵点仍然表现为消费诉求与供给质量无法精准适配以及消费升级建设尚需持续深入推进。

2022年2月，中消协组织律师团律师在微博上开展"月月315"活动，集中解答了网络消费者提出的有关网络购物、保险服务、虚假宣传以及产品质量等9个方面的问题。

2022年2月，中消协向财政部条法司就有关完善反垄断、反不正当竞争制度保障和政策举措问题，提出了强化反垄断反不正当竞争领域消费者权益保护、推动完善消费者保护制度政策体系、充分发挥消协组织作用等意见建议。

2022年2月，为了更好地了解消费者对消费公平与安全、新消费与传统消费、消费维权与信心等方面的感知体验诉求意见，中消协启动"共促消费公平"年主题调查活动，相关调查结果将于2022年"3·15期间"向社会发布。

2022年2月，中消协向市场监管总局办公厅报送了《未成年人线上线下过度消费问题及对策建议》，提出加强法律制度建设、强化政府监管、丰富优质供给等意见建议。

2022年2月，中消协向市场监管总局执法稽查局反馈了《盲盒经营活动规范指引（征求意见稿）》的修改建议，从规范指引适用范围、社会监督方式、经营者不正当价格行为等方面提出意见建议。

2022年3月，中消协举办"中消协3C家电网上消费教育基地入驻京东"揭幕仪式，秘书长出席并致辞。该基地由中消协和北京市消协主办，由中国家电研究院提供技术支持，从3月2日起正式入驻京东App，为消费者提供有关3C家电消费的信息咨询服务。

2022年3月，中消协启动"慧眼计划"，通过与品牌方、专业鉴别机构等合作建立商品真伪鉴别机制，为各级消协组织调解消费者投诉以及开展消费监督工作提供支撑。此前，中消协已联合中国商业企业管理协会全面升级"企业售后服务电话查验宝"中的名表维修板块，作为中消协实施"慧眼计划"的一项具体举措。

2022年3月，中消协发布《低脂饱腹的肉薯片真的减肥吗？》《零糖零脂的食品真的能减肥？》《减肥神器暴汗服真有那么神？》《高性价比的润唇膏大测评》4期《晓宇说消费》消费教育短视频。分别介绍相关薯片、润唇膏比较试验结果；提醒消费者"0糖"并非真的无糖；购买、使用减肥相关产品的注意事项。

2022年3月，中消协发布《2021年校外教育培训领域消费者权益保护报告》指出，当前校外教育培训行业存在合同纠纷多、售后问题难解决、虚假宣传手段多、预付式消费风险大等问题。其还提出了完善相关立法、进一步明确监管主体及其职责、建立日常监管执法机制、加大培训机构违法行为查处力度、发挥行业自律作用等政策建议。

2022年3月，中消协发布《2021年网络消费领域消费者权益保护报告》指出2021年我国网络消费领域消保工作取得的重要进展，及侵害消费者合法权益的主要情形，并提出再次修改《消费者权益保护法》、尽快出台《消费者权益保护法实施条例》、加快推进小额诉讼制度的全面落地、整合建立协同监管特别机制、督促平台加强管理、建立健全消费者投诉和预警机制等政策建议。

2022年3月，中消协发布的《2021年100个城市消费者满意度测评报告》显示：2021年全国100个城市消费者满意度综合得分为80.6分，总体处于良好水平，连续4年呈现稳步上升态势。

2022年3月，中消协在人民网演播厅举办2022年"3·15国际"消费者权益日线上主题活动，发布了2022年中消协年主题调查结果和"2020—2021年度消协组织维护消费公平十大典型案例"，启动了"优化消费体验 共促消费公平"大型公益活动，公布了"2021消费维权年度人物"。国际消联总干事海伦娜·勒伦特代表国际消联通过视频方式为主题活动寄语。

2022年3月，中消协发布的2022年"共促消费公平"消费维权年主题调查结果显示，日常消费中有六成受访者表示公平感知总体良好，但也有超六成受访者曾遭遇不公平对待，受访者对线上经营者的信任度低于线下经营者。

2022年3月，中消协组织开展"月月315"在线咨询服务活动，中消协律师团4位律师共回答消费者咨询的16个话题，涉及网络购物、售后服务、预付式消费、食品安全以及年主题解析等。

2022年3月，中消协就网络消费相关问题接受央视"焦点访谈"节目采访，就网络消费投诉涉及的主要问题、消费维权难点、《最高人民法院关于审理网络消费纠纷案件适用法律若干问题的规定（一）》等进行了解读。

2022年3月，针对消费者在中消协微博评论区大量留言反映"云裳羽衣"游戏停服问题，在中消协的关注和推动下，腾讯旗下"云裳羽衣"游戏运营团队发布公告，中止停服流程，承诺继续提供相关游戏服务。

2022年3月，中消协接受人民日报社采访，就网络购物所涉七天无理由退换货、购物赠品与宣传不符、赠品售后服务等相关问题从法律规定及消费者如何依法维权等方面进行了解读。

2022年4月，中消协发布4期《晓宇说消费》消费教育短视频。4月2日至22日，中消协发布《抗幽牙膏是智商税吗?》《脱发是洗发水惹的祸?》《当心！你买的全麦面包可能是"假"的》《运动好物速干衣，你选对了吗?》消费教育短视频，提醒消费者选购牙膏、全麦面包、速干衣与护理头发的注意事项。

2022年4月22日，中消协发布了首个《中国消费者权益保护状况年度报告（2021）》（简称《年度报告》）。《年度报告》全面梳理了我国消费者权益保护事业发展进程，客观总结了社会各方在消费者权益保护工作中的成绩，详细分析了2021年以来我国消费者权益保护工作面临的问题和挑战。

2022年4月，中消协联合十四家行业协会发出"反对商品过度包装践行简约适度理念"倡议。倡导经营者积极履行社会责任，向市场供给更高质量、更加绿色环保低碳的产品；倡导消费者在个人和家庭消费时，树立科学、理性的消费观念，尽量购买和选用资源节约型产品，遇到过度包装等浪费行为，主动投诉举报。

2022年5月，中消协发布的《"五一"消费维权舆情分析报告》显示，"五一"期间（4月30日至5月5日）消费维权问题集中在交通出行、产品质量、网络游戏、游乐项目四个方面。

2022年5月，中消协、中残联共同发出"共促残疾人消费公平、维护残疾人权益"倡议。倡导社会各界共同增强残疾人消费意识、提高残疾人消费能力与消费品质，优化残疾人消费环境，促进残疾人全面发展。

2022年5月，中消协开展"月月3·15"活动，邀请中消协律师团律师通过微博平台，就消费者集中反映的食品安全、预付费、电子产品售后、网络购物等问题进行了回复，指导消费者依法合理维权。

2022年5月，为落实"共促消费公平"消费维权年主题，维护消费公平，提升消费体验，5月17日，中消协发布活动启事，公开征集消费领域"不公平格式条款"问题线索。

2022年5月，中消协发布儿童节消费提示。5月26日，中消协发布《近视能被治愈？别被商家忽悠了！》儿童节消费提示，提醒儿童、青少年及家长近视防控"抓早抓小"是关键，勿轻信所谓的"治疗近视"广告，科学用眼加上适量的户外活动才是"良药"。

2022年6月，中消协发布《2022年"618"消费维权舆情分析报告》（简称《报告》）。中消协利用互联网舆情监测系统对6月1日至6月20日期间相关消费维权情况进行了网络大数据舆情分析，并于6月30日发布该《报告》。《报告》从产品质量、快递配送、价格促销和直播带货四个方面列举典型案例，分析了"618"重点消费舆情，并提出了应对建议。截至7月4日，《工人日报》、《北京商报》、《新民晚报》、人民网、中国网、央视网、新浪网、搜狐网、腾讯网、网易网、中国经济网、中国新闻网、澎湃新闻网等媒体及网站予以报道及转载5980篇次，引发舆论关注。

2022年7月15日，中消协在京召开第五届理事会第八次会议暨"双先"表彰大会。会议以习近平新时代中国特色社会主义思想为指导，全面总结第五届理事会第七次会议以来的工作，研究部署新形势下消协组织消费维权重点工作，通报第五届理事会第七次会议以来理事变更情况，并对

2020—2021年度全国消协组织先进集体和先进个人进行表彰。会上，十二届全国人大常委会副委员长、中消协会长张平做工作报告，市场监管总局党组书记、局长罗文致辞，中消协常务副会长张茅主持会议，市场监管总局党组成员、副局长（正部长级）、中消协副会长秦宜智通报2022年常务理事会审议结果、宣读"双先"表彰决定。

2022年7月8日，中消协有关负责人约谈优酷信息技术（北京）有限公司，就广告权益、自动续费、不公平格式条款等向企业提出改进建议，敦促企业遵守相关法律规定，切实维护消费者合法权益。

2022年8月，中消协启动月饼过度包装情况专项消费监督工作。8月5日，中消协应邀出席"2022（第二十八届）中国月饼文化节"开幕式，并宣布启动月饼过度包装专项消费监督工作，鼓励广大消费者主动参与社会监督，可向当地市场监管部门、消协组织提供线索。该专项工作是中消协与中国焙烤食品糖制品工业协会联合开展的。

2022年8月22日、25日，中消协发布了两批次"不公平格式条款系列点评"，主要涉及网络购物领域存在的单方变更服务协议、擅自扩大不适用七日无理由退货商品范围和教育培训领域存在的不公平格式条款、不恰当免责声明等条款。

2022年9月2日，中消协组织召开部分省市消费者满意度提升行动调研专题视频会议，8个省级消协和22个城市消协代表就消费环境建设、消费监督和消协组织机构建设等问题进行汇报交流，研究提出了进一步提升城市消费者满意度行动计划。

2022年9月9日，中消协与中国焙烤食品糖制品工业协会联合发布的《月饼过度包装专项消费监督工作报告》显示，今年市场上月饼过度包装问题大为减少，月饼包装"瘦身"效果显著。

2022年9月15日，中消协向全国专项办报送《关于联动开展老年消费教育宣传活动情况的报告》，总结了中消协今年5月以来，为有效配合打击整治养老诈骗专项行动，联动各地消协组织开展老年消费教育活动，以及开展"老年防坑防骗公益调查活动"、编印"全国打击整治养老诈骗专项行动"系列公益宣传资料等工作成效。

2022年9月6日—28日，中消协先后发布了网络游戏、医疗美容、房屋、汽车及车险等领域不公平格式条款点评意见，对网络游戏领域不公平限制账号及虚拟道具使用、医疗美容领域预付卡超期不退余额、房屋领域擅自扩大不可抗力适用范围、车险合同中减轻保险公司责任等不公平条款进行了点评。

2022年9月16日，中消协召开《中国消费者权益保护状况年度报告（2022）》项目启动会，中消协秘书长彭新民出席会议并提出工作要求。与会专家学者就2022年年度报告编写工作进行了深入交流。

2022年9月22日，中消协召开"消费者权益保护视域下的经营者集中评测指数研究"专家论证会。中消协秘书长彭新民参加会议，介绍了相关工作的背景，就评测指数设计的科学性、可靠性、有效性提出了明确要求。

2022年9月29日，中消协就严格落实企业主体责任等问题约谈特斯拉公司，中消协秘书长彭新民参加约谈会，要求特斯拉公司以问题为导向，积极回应消费者关切，多换位思考，积极承担企业主体责任。

2022年10月9日，中消协发布经营者集中对消费者影响的认知调查问卷，启动经营者集中对消费者影响的认知调查工作，就商品价格、服务水平、商品和服务存在的联系、商品优惠、商品质量等方面问题开展调查。

2022年10月11日，中消协发布了"通信领域不公平格式条款点评"，对通信领域存在的未向消费者告知服务真实情况、事先拟定消费者放弃权利等不公平格式条款进行了点评。

2022年10月12日，中消协发布新能源电动汽车消费与公共充电桩使用网络调查问卷，启动新能源电动汽车消费与公共充电桩使用网络调查工作，就新能源电动汽车续航里程不足、充电时间慢和充电基础设施数量少、排队久、安装难等问题开展调查。

2022年10月21日，中消协约谈小米科技有限责任公司，中消协相关负责人就消费者近期反映突出的小米11售后政策变更问题提出处理意见，督促小米公司妥善解决消费者诉求。

2022年10月27日，中消协发布App适老化情况调查问卷，启动App适老化情况问卷调查工作，就老年消费者上网频率、熟练程度、对手机软件满意度、上网时遇到的问题、手机软件功能及服务、改进意见等开展调查。

二 各省、市、自治区消费者协会维权动态

1. 北京市消费者协会

2021年4月，北京消协近期开展的智能锁比较试验结果显示，部分企业生产或经销的智能锁样品存在安全风险。为此，4月7日，北京消协邀请部分行业协会、检测机构召开智能锁比较试验企业约谈会，乐橙、优点、忠恒等9家企业未参加约谈。北京消协对此提出公开批评，要求9家企业限期整改，消除安全隐患。

2021年4月，北京消协联合朝阳区消协、海淀区消协，对2021年第一季度投诉量排名前十的企业进行集体约谈。北京消协要求参会企业高度重视消费者权益保护工作，针对屡次出现的问题举一反三、自查自纠，认真分析企业投诉中的问题并制定有效措施，并在5个工作日内提交整改报告。

2021年9月，北京市消协发布的网购休闲服装比较试验结果显示，70款休闲服装样品中，有22件样品未达到相关标准要求。北京市消协提醒消费者在选购相关产品时，应尽量在正规的经营场所及电商平台购买有较好信誉的品牌，购买时要留存购物凭证，出现问题时可作为消费维权凭证。

2021年9月，北京市消协发布的20款酸奶比较试验结果显示，所有样品测试项目均符合相关国家标准和标签标识要求。5款常温酸奶中的乳酸菌已失去活性，但品质类项目与低温酸奶无明显差异。

2021年9月，"东城区人民法院驻东城区消费者协会诉调对接工作站"在东城区消协正式揭牌成立，这是北京市消协系统建立的首家消费维权诉调对接工作站。该工作站整合了区法院、区消协、区市场监管局等相关部门力量，是由区法院、区消协联合建立的消费纠纷化解平台。

2021年10月，北京市消协号召消费者使用合同示范文本。近年来，预付卡消费投诉纠纷一直居高不下。消费者权益受到损害后，往往因没有签订合同或合同约定不明确导致维权难。10月11日，北京市消协号召消

费者使用合同示范文本，并建议登录北京市市场监管局官网，下载合同示范文本，仔细阅读和检查合同内容。

2021年10月，北京市消协发布的童装比较试验结果显示，70款童装样品中有13款不符合相关标准，占比近二成，其中不乏H&M、纤丝鸟、千趣会、松山棉店等知名品牌。

2021年10月，北京市消协联合河北省消保委发布的京冀网络直播带货消费调查结果显示，调查选取的电商平台80个样本及带货网红明星20个样本中，共发现33个涉嫌违法违规的行为，主要涉及虚假夸大宣传、言行低俗、价格误导、不按规定公示证照信息、未落实"7天无理由退货"规定、未以显著方式提示私下交易风险等问题。

2021年12月，北京市消协发布的滚筒式洗衣机比较试验结果显示，40款样品电量、水量消耗较少，均能达到GB12021.4 2013的1级要求，部分样品能够在仅消耗较少电能的情况下，使用标准固体洗涤剂和液体洗涤剂均达到较好的洗净效果等。

2021年12月，北京市消协发布的调味品比较试验结果显示，15款酱油产品食盐含量大多在20克/100毫升左右，不同工艺酱油产品食盐含量差别较大。北京市消协建议消费者关注调味料中"隐性盐"问题，合理搭配食用调味料。

2021年12月，北京市消协发布的吸油烟机比较试验结果显示，14个品牌共计30款吸油烟机样品性能指标均符合相关标准和能效标识明示值要求。

2022年1月，北京市消协发布的代餐粉比较试验报告显示，所有样品的卫生指标检测全部符合相关标准要求，未发现食品安全风险隐患。一半样品存在标签标识问题，个别样品中维生素指标实测值低于标签值。

2022年1月，北京市消协发布的智能门锁比较试验报告显示：美国西屋、箭牌、KingKu劲固、摩萨迪、科裕这5个品牌样品存在被假指纹解锁的情况；优点、箭牌、忠恒、KingKu劲固、黑帆、摩萨迪等10个品牌样品存在可以用复制卡解锁的情况；美国西屋、KingKu劲固、黑帆、摩萨迪、魅锁这些品牌的智能门锁样品存在可使用面部打印照片解锁的情况。

2022年3月，北京市消协发布的互联网消费大数据"杀熟"问题调查结果显示，有86.9%的受访者有过被大数据"杀熟"的经历。网络购物中的大数据"杀熟"问题最多，其次是在线旅游、外卖和网约车。85.4%的受访者认为大数据"杀熟"主要体现为同一时间不同用户购买相同商品或服务的价格不同，79.9%的受访者还认为主要体现为多次浏览后价格自动上涨。

2022年3月，北京市消协发布的二手车交易消费调查结果显示，"人人车"平台存在隐瞒车辆过户次数、隐瞒车损问题，"瓜子二手车"涉嫌泄露个人信息，多个平台存在宣称可出租车牌等问题。

2022年3月，北京市消协发布的互联网消费捆绑搭售问题调查结果显示，当前仍然存在互联网企业误导消费者购买其搭售商品或服务的问题。北京市消协建议有关部门尽快完善有关法律法规，消费者在网上购买商品或服务时要选择正规渠道。

2022年6月，北京市消协倡议：践行绿色低碳消费，养成节能环保习惯。6月15日，北京市消协在第10个"全国低碳日"向广大消费者发出倡议：勤俭节约，理性消费；低碳出行，节能环保；爱惜粮食，反对浪费等。

2022年7月，北京市消协通报食安问题企业名单。7月16日，北京市消协针对近期市、区市场监管局发布的食品安全问题进行了通报，整理了存在食品安全问题的企业名单。据7月1日—15日发布的通报统计显示，田老师红烧肉有2家门店存在食安问题，满记甜品、沪上阿姨、华莱士等分别有1家门店存在食安问题。

2022年9月1日，为提前谋划2023年消费调查工作，北京市消协组织召开2023年消费维权调查研讨会，深入分析了当前消费热点、难点问题，并就如何开展针对性消费维权工作进行了深入交流。相关调查机构、大型互联网平台以及部分消费者代表参加了研讨会。

2022年9月9日，北京市消协发布的大数据"杀熟"问题调查报告显示，七成多受访者认为仍然存在大数据"杀熟"现象，六成多受访者表示有过被大数据"杀熟"经历。

2022年10月26日，北京市消协发布家用投影机比较试验结果，被测试的5款热销家用投影机产品中只有1款投影机的实测投影亮度与标注值相匹配。

2. 天津市消费者协会

2021年1月，天津市消协发布消费警示，要求对消费者诉求置之不理的康辉国旅及时退费给消费者。据悉，消费者刘女士于2019年与康辉国旅签订合同，后因疫情未能出行，且无法联系到康辉国旅，于是向天津市消协投诉，要求康辉国旅尽快退款。天津市消协根据相关调查反馈情况，发布了该消费警示。

2021年1月，天津市消协在组织召开的促进家居行业服务质量提升座谈会上，建议该行业进一步推广使用由天津市市场监管委制订的合同示范文本，同时提醒广大消费者，在进行家居、家装消费时选择使用合同示范文本、认真约定相关内容，更好地维护自身权益。

2021年5月，天津市消协向"冲锋衣"生产销售企业发出公开信，要求相关企业积极履行法定义务、严格产品质量、规范销售宣传、提高服务意识，不断提升品牌知名度和美誉度等。

2021年9月，为帮助消费者提升选购辨别酒品的知识，天津市消协联合天津市酒类流通行业协会，依托宜宾五粮液股份有限公司在天津设立的首家"五粮液产品鉴定服务站"开展"五粮液产品真伪辨识免费咨询"公益活动。

2021年12月，天津市消协发布2021年第11号消费警示："58同城"的"深度清洁"仅明示"收费方式按平米"，未告知消费者超过时长的收费标准和依据，侵犯了消费者的知情权，要求"58同城"按照约定和承诺提供相应服务，恪守诚信经营的基本原则。

2022年1月，天津市消协发布的新能源汽车充电桩使用需求及满意度调查报告显示，公共充电桩配置尚不能满足车主需求，47.5%的车主仅使用公共充电桩，23.6%的车主公用、私人充电桩均用，仅29.0%的车主仅使用私人充电桩。

2022年2月，天津市消协发布消费警示，指出"雍祥府"开发商应就商品房质量问题与单方更改消费者所购房型为"无障碍户型"的违约行为，积极主动履行保修义务，并对其造成的损失承担赔偿责任。

2022年3月，天津市消协携手国家金银饰品质量检验检测中心举办

"珠宝首饰消费明白看"公益活动，网购的和消费者个人所持有的珠宝首饰及贵金属饰品均可进行免费复核并告知结果。活动还向消费者宣传珠宝贵金属消费常识，指导消费者依法维权。

2022年4月，天津市消协发布2022年3号消费警示：商家闭店不退款，预付费前要三思。李女士因忆江南闭店，请求退卡退费，但商家要求其将前两次已用完的赠送金额扣除，即退卡后不但不能退费，李女士还需向忆江南补交费用。李女士遂投诉至市消协。在确认联系信息后，市消协先后向该公司发出调查函和催办函，但在规定时间内均未收到任何形式的回复。4月15日，天津市消协发布2022年3号消费警示。对该起投诉反映出的相关问题，市消协已通报至属地相关行政部门，同时警示忆江南正视投诉并承担违约责任。

2022年8月，天津市消协警示德邦物流履行保价约定。8月15日，天津市消协发布消费警示称，德邦快递漠视消协依法履职，德邦快递要正确认知自身社会责任，以诚实信用原则积极配合消协调查调解，提高快递质量安全，依法依规履行保价约定。

2022年8月25日，天津市消协组织部分消费者代表，到中华老字号企业进行消费体察活动，近距离了解市场情况、品牌故事、经营理念、制作工艺、生产过程等，并进行消费教育及中秋消费体察座谈会。

2022年8月26日，天津市消协和天津贝壳房地产经纪有限公司联合开办的房地产交易消费教育学校正式成立。消费教育学校向普通消费者提供房地产交易相关的消费知识，促进有志于维护消费者合法权益的企业共同参与、推动消费维权社会共治。

3. 河北省消费者协会

2021年6月，河北省消协、北京市消协联合发布的直播带货消费问卷调查结果显示，有29.5%的人对网红明星直播带货的总体印象是"质次价高，体验较差"；还有23.2%的人认为网红明星直播带货"与一般直播带货差别不大"。

2021年10月，河北省消协在河北省范围就公共场所停车是否在显著位置有标价公示牌、是否存在霸王条款、是否出具正规发票等情况进行了调查，收回有效问卷18423份。调查数据显示，91.5%消费者对当前公共场所停车服务表示满意。

2021年12月，截至2021年年底，河北省消协依托家具装饰、现代物流、美容美发等12家行业协会建立"消费者投诉联络站"，涵盖会员企业近7000家，在16家重点企业建立"消费维权服务站"，涵盖连锁企业1200多家，在河北省范围依托社区招募消费维权志愿者并建立"消费维权志愿者服务站"62个。

2022年1月，河北省消协发布的读写作业台灯和儿童青少年读物商品比较试验结果显示：绝大多数读写作业台灯表现较好，相关企业提前应用了新标准；儿童青少年读物适用《近视防控卫生要求》需要加快步伐。

2022年2月，河北省消协首批13家消费者投诉联络站在省住宅与房地产业协会、省家政行业协会等协会建立。

2022年3月，河北省消协发布的河北住宅小区物业服务满意度调查结果显示，全省住宅小区物业服务满意度综合得分为75.4分。部分物业服务存在采用限制业主使用电梯、限水限电等不当方式催缴物业费，收费项目、标准不透，共用设施维护不及时等问题。

2022年6月16日，河北省消协微信公众号组织开展"618网络消费知识有奖竞答"活动。参与答题25521人次，同时向社会发布"618"网络购物消费提示。

2022年8月8日，河北省消协、保定市消协到曲阳县调研指导消费维权工作及组织建设情况，重点围绕社区消费维权志愿者服务站、企业消费维权服务站以及"体验河北品质消费"示范单位遴选等重点环节进行深入指导。

2022年8月23日，河北省消协在石家庄市举行"共促消费公平扩大消费需求"大型社会公益活动启动仪式，部分行业协会、企业单位代表参加启动仪式。

4. 内蒙古自治区消费者协会

2021年10月，内蒙古自治区消协受理公路设卡违规收费投诉取得实效。内蒙古自治区消协近期接到消费者有关乌兰布统景区企业在国家公路上设卡收取押金问题的投诉后，派工作人员到景区现场取证调查，核实涉事公司违反我国《消费者权益保护法》《公路法》等相关法律法规情况。

10月12日，自治区消协联合自治区广播电视电台记者与当地交通部门、文旅部门，就涉事公司设卡收取押金问题进行座谈，要求其立即停止侵犯消费者合法权益，并提出相关规范管理建议。10月14日，涉事公司已将公路设卡拆除。

2021年10月，内蒙古自治区消协联合包头市消协开展消费体察系列活动，先后走访、体察了固阳县商标品牌馆、固阳县农牧业产业园区、稀土高新区公平交易人民调解委员会调解室等消费维权工作站（点），并组织召开了"携手助力区域品牌发展，助推农民脱贫增收"座谈会。

2021年12月，内蒙古自治区消协发布的儿童餐椅（高椅）比较试验结果显示，20款样品中，标称为"星博士""IVOLIA""传奇贝贝"3款样品的物理机械安全性能不符合相关标准要求。

2022年3月，内蒙古自治区消协与《财会信报》官方网站合作开设了"消费维权"宣传专栏，持续发布消费维权法律法规解读、消费维权典型案例、消费教育公益宣传片、消费提示警示等内容，倡导消费者充分了解"共促消费公平"消费维权年主题涵义，并将其内涵融入日常生活中。

2022年5月11日，内蒙古自治区消协召开促进共享电动自行车消费安全座谈会，通报了共享电动自行车安全状况消费调查结果，就相关问题对各共享电动自行车运营企业提出整改要求和建议。各企业代表表示，立即进行全面自查与整改。

2022年9月16日，内蒙古自治区消协和呼和浩特市消协、呼和浩特市市场监管局、赛罕区市场监管局共同举办"共促汽车消费公平"月月315暨质量月宣传活动，向消费者宣传讲解相关法律和消费知识，向汽车企业发出共促汽车消费公平倡议。

2022年10月14日，内蒙古自治区消协发布防疫期间线上购物消费提示：一是仔细甄别线上购物平台；二是保留好线上消费凭证；三是做好自身防护和验货。

5. 吉林省消费者协会

2021年3月，吉林省消协公布的《网络直播购物消费者满意度调查报告》显示，购物体验的整体满意度为84.0分，假货过多和无法真实体验产品、虚假宣传现象严重、物流配送慢等问题反映相对较多。

2022年3月，吉林省消协、省市场监管厅联合召开"3·15"国际消费者权益日新闻通报会，通报了2021年保护消费者合法权益工作成果和部分家用电器国货品牌认知度及品质认可度调查结果。结果显示，产品的耐用性能是影响国货家电品质的主要因素，消费者对国货家电品牌认知度总体得分较高，超过八成的消费者表示更愿意优先考虑国货家电品牌，过半消费者看好国货家电制造行业的发展趋势。

2022年5月，吉林省消协发出杜绝餐饮浪费倡议。5月17日，吉林省消协向广大消费者发出倡议：从我做起，从现在做起，崇尚合理膳食，杜绝餐饮浪费，对违背法律规范和公序良俗的餐饮浪费行为要敢于投诉举报、批评纠正，争做绿色节约消费的监督者。

2022年6月7日，吉林省消协向社会公开征集消费领域"不公平合同格式条款"线索，深入挖掘消费领域存在的不公平合同格式条款，共促消费公平。

2022年7月4日，吉林省消协携手省律师协会共同建立老年人消费维权绿色通道，设立、公布老年消费者投诉咨询热线电话，并安排专职工作人员负责受理，通过信息对接专线将老年消费者咨询投诉信息流转至省律师协会，由省律协提供免费法律咨询。

2022年8月，吉林省消协与行业协会共建消费维权矩阵联盟。8月11日，吉林省消协联合省银行业协会、省保险行业协会、省律师协会等9家行业协会举办了行业协会消费维权矩阵联盟启动仪式，共同建立消费维权重大（突发）事件会商、投诉受理协办、新闻宣传联动等协作机制。

6. 辽宁省消费者协会

2022年3月，在推进珠宝玉石首饰行业诚信经营座谈会上，辽宁省消协梳理分类珠宝玉石首饰消费投诉中存在的以假充真、以次充好，虚假概念欺骗，以及旅游中非理性消费等问题。为促进相关消费投诉问题解决，辽宁省消协决定在相关机构的支持下，建立珠宝玉石首饰行业消费维权服务站，并举行了揭牌仪式。

2022年11月，辽宁省消协应沈阳市中级人民法院邀请，参加消费者权益保护公益诉讼司法协作联席会议，本次会议旨在提升消费民事公益诉讼的司法保护效能，进一步推进消费者权益保护民事公益诉讼工作进程，切实保护消费者合法权益。

2022年11月，辽宁省消协与辽宁省市场监督管理局、沈阳市市场监督管理局共同开展网络购物专题消费教育活动，引导消费者科学、理性地进行网络购物，强化消费者维权意识，依法维护自身合法权益，促进安全、公平的营商环境建设。

7. 黑龙江消费者协会

2021年1月，黑龙江省消协发布的《社区团购消费调查报告》显示，多数消费者认为，社区团购配送快、商品多样丰富、价格便宜。近两成消费者每天都用社区团购平台下单购买瓜果蔬菜等生活必需品，近四成消费者平均2—4天会通过社区团购平台下单购买一次。

2021年3月，黑龙江省消协开展"守护安全畅通消费"公益直播活动，从消费维权年主题、大健康产业消费升级以及新经济模式等方面为消费者进行解读，倡议行业经营者共同守护百姓消费安全，做好防疫常态化环境下大健康行业消费升级。

2022年9月，黑龙江省消协开展走进有机农场消费体验活动。9月22日，黑龙江省消协组织义务维权监督员、媒体代表，走进哈尔滨中央红有机农场开展消费体验活动，让消费者全方位了解有机蔬菜种植、有机猪、鹅饲养过程。

8. 上海市消费者权益保护委员会

2021年1月，上海市消保委会同浦东新区消保委发布的《上海热门文化旅游景点数字化服务评价报告（2020）》显示，东方明珠、上海动物园和上海震旦博物馆成为2020年数字化能力提升最快的景点，公园类平均分跃居第一。

2021年2月，上海市消保委发布酱油检测结果，并介绍酱油的挑选方法：一要分清酱油种类；二要看酱油的质量等级，等级越高，鲜度越好；三要注意"减盐酱油"，其含盐量比普通酱油低，消费者可按需购买。

2021年4月，上海市消保委召开行业单位委员座谈会，表示将与27家行业单位委员携手开展相关消费维权工作：一是针对消费者反映的典型问题共同制定出台相关标准和规则，通过市消保委微信公众号进行宣传；二是通过"每日一案"和专门栏目的开设，向消费者高频推送消费提示和消费知识；三是将与行业组织联合策划开展活动，向消费者宣传上海的好产品、好服务。

2021年7月，上海市消保委召开"跨国公司与消费者权益保护研讨会"，特斯拉、苹果、优衣库等在沪跨国公司总部相关负责人参加会议。会议就搭建跨国公司与消费者沟通平台、帮助跨国公司更多了解中国消费者需求、建立消费者权益保护定期研讨机制等问题进行了深入沟通。

2021年9月，上海市消保委组织召开消费者权益保护外企圆桌会议，市消保委主任方惠萍出席会议，7家外企的相关负责人参加会议。市商务委和市外资协会就共同维护外企及消费者的权益进行了交流发言，市市场监管局、市消保委相关负责人回应了企业代表的问题和建议。

2021年9月，上海市消保委联合澎湃新闻对37款市面上常见的"刷酸"产品（指含酸的化学制剂，将其涂在皮肤表面，可导至皮肤可控性损伤后促进新的皮肤再生）进行了评测，测试结果显示，不少刷酸产品存在酸浓度过高，超过相关规范高限（6%）浓度，另有一些产品存在PH值偏低等情况。上海市消保委提醒广大消费者，要正确认识"刷酸"，判断自身是否适合"刷酸"，并选择适合的酸，消费者在"刷酸"后还要注意防晒。

2021年10月，上海市消保委对过期面膜进行的微生物测试结果显示，过期3个月面膜菌落总数超标300倍。有关专家指出，菌落指数超标易导致面膜的营养成分被破坏，消费者如使用过期面膜，可能会引起细菌感染，产生过敏。

2021年10月，上海市消保委向消费者揭露手游诱导充值四大套路：一是赠送付费道具，使玩家顺利上手并产生粘性，营造舒适感；二是系统创造困难，并通过优惠诱使玩家开始购买道具以解决困难，让玩家从克服困难中获得成长感，形成充值习惯；三是利用玩家之间的PK所造成的成就感诱导消费者用更多钱购买更强力的道具；四是当玩家想离开时，利用玩家不愿体验失败感的错觉，诱导其继续充值。

2021年10月，上海市消保委发布《住宅装饰装修质量验收规范》团体标准。《规范》从消费者角度出发，针对室内装饰装修过程中水电、泥木、涂装、竣工四大节点的验收要求和验收方法提出要求，指导消费者及时发现施工质量问题。

2021年10月，上海市消保委公布的外卖"食安封签"使用情况测评结果显示，虽然规范使用食安封签的商家仍是少数，但有意识为外卖"封口"的商家已越来越多。部分规模较小的"个体户"仍爱使用传统打结方式，封签意识还不够到位。

2021年12月，上海市消保委就退换货条款的公平性和合理性问题约谈加拿大鹅，要求其提交《更换条款》的正式说明。12月2日，加拿大鹅向上海市消保委提交了《更换条款》的情况说明。上海市消保委认为其提交内容空洞，希望加拿大鹅能就退换货条款等内容提交详细说明。12月9日，经与上海市消保委磋商，加拿大鹅更新并优化了《加拿大鹅中国大陆地区退换货服务承诺》，做出14天免费更换承诺。

2021年12月，上海市消保委与新闻晨报·周到联合发布的轻食产品测评结果显示，4款热销的轻食产品中，FitBee（活力轻食）的健身达人藜麦饭之虾仁减脂版样品和沙野轻食的蛋白多多鸡胸热能碗样品存在热量高、热量低标问题，其中沙野轻食样品实测能量是标示能量的169.6%。

2021年12月，上海市消保委发布的快递公司保价费调查结果显示，大部分快递公司设置单票最高声明价值或实际价值上限，一般为2—3万，而京东单票保价上限为30万元，德邦最高声明价值可以达到100万元。对于承保的物品快递公司之间差异较大，如圆通不承保发票、票据、文件等无法核实真实价值的物品，而百世可以承保文件类物品等。

2021年12月，上海市消保委联合上海市邮政管理局发布快递消费提示：一是快递企业应通过隐私协议征得消费者同意，并在面单上对敏感字段进行脱敏、去标志化处理；二是消费者要不断提升安全意识，主动在寄送快递时勾选、开启"隐私面单"服务，隐藏手机号码等用户个人信息的关键内容；三是相关电商平台与快递企业要协同配合，推动上下游企业联合建立隐私面单体系，有效保障个人信息安全。

2021年12月，上海市消保委发布的20款车载空气净化器比较试验结果显示：安全性测试方面，所有产品的有害物质释放均符合相关标准要求；除菌性能方面，Haier车载空气净化器CJ50A样品、PHILIPS怡动车载空气净化器GP7101样品表现最好；净化能力方面，样品之间差别较大，部分样品还出现关键性能参数不标称、虚标,甚至涉嫌虚假或夸大宣传的情况。

2021年12月,上海市消保委发布的"业主预看房"制度调查结果显示,10个精装修楼盘中,有3家精装修新房销售人员口头承诺可以提前验房,有2家销售人员口头表示是"交房当天验房",另有5家销售人员表示目前还无法给出明确答复。

2021年12月,上海市消保委公布的暖宝宝保暖效果测试结果显示,最高温度排行依次为南极人、暖火、仁和、云南白药、维康、小林等品牌样品,其中仁和、云南白药、南极人、维康和暖火等品牌样品升温都较快,最高温度持续在第2—4小时,第6小时之后降温速度较快。

2021年12月,上海市消保委公布的虾肉饺子测试结果显示:水晶虾饺内馅几乎只有虾仁,搭配少许的肉和笋;虾肉蒸饺内馅基本由虾和猪肉对半搭配,再加入少许蔬菜;传统虾肉水饺会用少许虾肉或一只虾仁搭配猪肉、韭菜、玉米、笋等。

2021年12月,上海市消保委发布的网络游戏"适龄提示"调查结果显示,部分网络游戏适龄提示较为混乱,包括不同应用商店关于适龄提示的标准和做法不一样、同一款游戏在不同的商店显示的适龄提示不一致等。

2022年1月,上海市消保委发布的润唇膏比较试验报告显示,20款润唇膏样品即时和长效保湿效果差别显著,但不同形状、不同颜色样品间的差异不明显。

2022年1月,上海消保委发布的宠物尿垫吸水性能测试报告显示,12款宠物尿垫样品间的吸水性能存在明显差异,但都没有渗漏情况发生。

2022年1月,上海市消保委公布的充电暖手宝测评结果显示,福袋暖手宝、泡泡女孩暖手宝、飞行熊暖手宝和暖宠暖手宝4款样品表现较好。上海市消保委提醒消费者:一是优选USB充电暖手宝;二是检查产品相关标识;三是避免长时间使用,谨防低温烫伤;四是挑选具有过充保护设计的产品等。

2022年2月,上海市消保委公布的中西火腿测评结果显示:中西火腿制作工艺差异大,中式火腿含盐量较高;各款火腿中不同种脂肪酸含量差异明显；不宜以腌制、加工时间的长短作为判断火腿品质的依据；火腿在加工过程中胆固醇含量未明显增加。

2022年2月，上海市消保委发布的烧烤取暖器测试结果显示：部分五面型烧烤取暖器工作状态下的边壁温度可达250℃以上，在日常使用过程中，如果将取暖器长时间靠近可燃物放置，很有可能引起火灾；五面型烧烤取暖器虽有CCC标志，但实际销售的产品与认证产品在结构上并不完全相同。

2022年2月，上海市消保委召开第四次外企消保圆桌会。会议结合当前营商环境、消费市场，以"安商稳商"为主题，紧扣"3·15"重要节点，深入研究了消费领域舆情应对及权益保护问题。

2022年3月，上海市消保委检测发现，25件样品测出对生物体有害的物质烷基酚（AP）和烷基酚聚氧乙烯醚（APEO），其中9件样品含量超过100mg/kg。上海市消保委建议，消费者在选购假发时应重点关注产品的质量和安全性。

2022年3月，上海市消保委发布的20款美发直发器比较试验结果显示，不同材料的发热面板对头发热损伤程度有显著影响。

2022年3月，上海市消费者权益保护基金会在上海成立。基金会经上海市民政局和上海市社会组织管理局批准，由上海市消保委牵头，联合上海国盛有限公司、光明食品有限公司等7家大型企业和公益性基金会共同发起。

2022年3月，上海消保委发布的智能家居设备安全性能测试报告显示，当前智能家居存在消费者个人信息易遭泄露、隐私难以保障、居家安全面临风险等安全漏洞。

2022年3月，上海市消保委公布的草莓药物残留测试结果显示，所有样品的27项药物残留均符合相关标准，未检出自媒体提到的某些特定药物残留。

2022年4月，上海市消保委就不法商家趁疫情坐地起价问题发表观点。4月13日，上海市消保委发表观点，正告趁疫情坐地起价牟取暴利的不法商家，不要以为全社会都在忙于抗疫保供就有了可乘之机，只要做了不义之事、谋了不义之财就一定会受到法律严惩。此外，上海市消保委呼吁消费者对不法商家切勿姑息，保留好相关证据积极向政府部门和上海市消保委举报反映。

2022年4月，上海市消保委呼吁生活物资团购和采购中要做到"两个弄清"和"三个尽量"。4月21日，上海市消保委呼吁消费者在团购中要做到"两个弄清"：一是要弄清"团长"的"身份"；二是要弄清团购产品的实际销售者。呼吁相关单位在采购中要做到"三个尽量"：一是尽量向品牌方直接采购；二是尽量选择上海消费者平时购买较多的产品；三是尽量与监管部门提前沟通对接。

2022年5月1日，上海市消保委就费列罗相关产品召回事宜专门问询了费列罗贸易（上海）有限公司。该公司表示，其并未进口涉事产品，但不排除有消费者通过跨境电商、海淘、转口贸易等渠道购买，建议消费者联系原购货渠道进行退货处理。

2022年5月8日，上海市消保委就百果园出售变质水果发表观点：品牌方不能一味追求扩张速度，而疏于对加盟店的管理和监督；门店是否属于加盟店是涉及商品与服务质量的重要信息，消费者依法享有知情权，品牌方有义务向消费者明示。

2022年6月，上海消费者权益保护基金会成立。6月30日，上海市消保委联合多家企业和上海市教育发展基金会共同发起成立上海市消费者权益保护基金会。该基金会将资助开展消费者教育引导、消费公益诉讼、消费社会监督、商品和服务比较试验等活动；资助开展消费者权益保护方面的研究和交流；援助提起诉讼；资助消费者权益保护志愿活动；奖励为消费者权益保护事业做出突出贡献的组织和个人等。

2022年7月，新版《上海市消费者权益保护条例》出台。7月27日，修订后的《上海市消费者权益保护条例（修订）》发布，已于8月1日起正式施行。新《条例》的最大亮点之一，是对直播带货、盲盒经济等新兴业态经营者的义务做出特别规制，助力营造安全放心的消费环境。

2022年8月，上海市消保委对App获取用户信息发表观点。8月4日，鉴于个别App存在获取"身体传感器信息"权限以及"健康与健身"数据，且未明确说明获取目的等问题，上海市消保委发表观点认为，各类App向消费者收集使用个人信息都应当具有明确、合理的目的，如索取与

App 自身功能实际需要无关的权限，有过度索权嫌疑。

2022 年 10 月，上海市消保委发布国庆假期受理消费投诉情况分析。10 月 9 日，上海市消保委就国庆假期消费投诉情况发布分析报告。国庆长假期间，上海市消保委共受理消费投诉 4554 件。投诉分析显示：实体店消费回暖，消费者期盼线下无理由退货；政策补贴释放消费潜能，家用电器类商品人气火爆；出游需求旺盛，共享单车、网约车投诉明显增长。

2022 年 10 月 11 日，上海市消保委发布的 9 款临期食品测评结果显示，饮料类临期食品维生素 C 含量降低，临期食品酸价和过氧化值发生变化。

2022 年 10 月 13 日，上海市消保委发布的 23 款牛排产品比较试验结果显示：原切牛排蛋白质含量要高于调理牛排；不同品种、不同部位的牛排脂肪含量差异明显；原切牛排和调理牛排都是胆固醇含量较低的肉制品。

2022 年 10 月 19 日，上海市消保委发布的 20 款茶包安全性测评结果显示，其安全性都符合标准要求，但很多茶包未明确标注生产许可信息。

9. 江苏省消费者权益保护委员会

2021 年 1 月，江苏省消保委公布的二手交易平台消费调查体验报告显示，明确禁止发布的信息和商品在二手交易平台上频频出现，部分平台甚至涉嫌默许售假。调查结果还显示，17.1%的消费者遇到过"假货""盗版"问题；10.2%的消费者曾遭遇"出具涉假鉴定报告"问题。

2021 年 1 月，江苏省消保委就售卖假货、违规发布信息等问题，对闲鱼、转转、58 同城等 12 家二手交易平台开展集体、公开约谈。据悉，江苏省消保委此前的一项调查发现，一些二手交易平台涉嫌默许售假，发布盗版网课、低俗漫画等相关信息，甚至成为色情交易引流平台。

2021 年 3 月，江苏省消保委提起的全国首例"开机广告"公益诉讼终审胜诉。江苏省高级人民法院做出二审判决，维持乐融公司侵犯消费者选择权和公平交易权应予整改的一审判决。江苏省高院审理认为：乐融公司销售的智能电视为消费者提供的设置开机照片、视频功能只赋予了消费者选择看开机照片、视频或是开机广告的权利，并未赋予消费者拒绝观看开机广告或其他开机照片、视频的权利，不当限制了消费者选择权的范围，因此该功能不能免除或替代经营者的法定义务。

2021年4月，江苏省消保委发布的《线上保险消费调查报告》显示，线上保险消费满意度为73.22分。信息披露不全、续保时无理由涨价、捆绑销售、客服专业度低等问题较为突出。

2021年4月，江苏省消保委发布的《动画领域侵害未成年人成长安全消费调查报告》显示，未成年人动画片部分内容失当，经常涉及暴力犯罪元素。报告选取包括《熊出没》《小猪佩奇》《名侦探柯南》等21部有代表性的未成年人动画片共梳理出1465个问题点，主要集中在用语、场景、剧情等方面。

2021年5月，江苏省消保委提起的假冒"星巴克"咖啡公益诉讼案一审胜诉。此前，为维护消费者合法权益，江苏省消保委就假冒"星巴克"咖啡侵权案依法提起消费民事公益诉讼。5月13日，江苏省无锡市中级人民法院做出一审判决，判令涉案食品公司在国家级新闻媒体上公开向消费者赔礼道歉，并支付三倍惩罚性赔偿金2172万元。

2021年5月，江苏省消保委发布的《数字化背景下客户服务便利度消费调查报告》显示，52.9%的消费者表示曾遇到过"机器人"答非所问、客服"踢皮球"等问题，影响消费体验。

2021年6月，江苏省消保委与省餐饮协会就"扫码点餐"问题联合发出倡议，要求江苏省餐饮服务企业：一是增强完善服务意识；二是提供人工缴费及扫码缴费等多种服务方式，支持现金、电子支付等多种支出方式；三是注意保护消费者个人信息安全。

2021年6月，江苏省消保委与南京海关工业产品检测中心等8家大型检验检测机构签署消费者权益保护合作协议。根据协议，检验检测机构将为省消保委提起的公益诉讼提供免费的检测服务，为江苏省及地市级消保组织支持的、由消费者提起的诉讼提供优惠的检测服务，还接受江苏省内消保组织委托，为经济上确有困难，所诉纠纷确需检验检测的消费者减免检验检测费用。

2021年7月，江苏省消保委发布的《PC端应用软件网络弹窗调查报告》显示，有78%的消费者遇到过网络弹窗，装机工具类网络弹窗问题突出，其次是影音类、系统工具类。从不同渠道下载的应用软件中，暴风影音、360安全浏览器、360安全卫士、小鸟壁纸4款应用软件网络弹窗内容涉嫌低俗或虚假宣传问题。

2021年9月，江苏省消保委发布的《婚恋交友平台服务状况消费调查报告》显示，网络婚恋交友平台存在网站会员无信息审核、实体门店信息审核形同虚设、网站成为线下门店引流工具、中介费用较高但效果不明、退款遇阻等问题。《调查报告》建议：扩大网络婚恋交友平台实名制认证范围，进一步明确信息使用、储存、保护职责和使用方式。

2021年10月，江苏省消保委发布的《大闸蟹电商销售服务规范》涉及基本要求、大闸蟹品质要求、线上大闸蟹蟹卡服务要求、售后服务以及消费纠纷解决与消费引导等方面内容，对网购大闸蟹缺斤短两、虚假发货，蟹券兑换难、蟹券标注与实际不符、商家倒闭，大闸蟹产地、蟹扣造假等问题做出了明确要求。

2021年12月，江苏省消保委发现，百度、喜马拉雅、豆瓣、微博、虎扑、华为音乐、番茄小说和联享家等App开屏广告界面稍有摇晃就会自动进入广告详情页面、跳转打开广告相关软件甚至直接进入软件下载页面的情况，且部分软件设计的"摇一摇"功能极易触发。江苏省消保委认为，"摇一摇"开屏广告模式以误导方式诱使用户进入广告页面，变相强迫消费者观看广告的行为，涉嫌侵犯消费者的自主选择权。

2021年12月，江苏省消保委公布的淀粉肠测试结果显示：1根炸淀粉肠经过油炸约等于半碗米饭的热量。淀粉类食品在高温烹调下易产生丙烯酰胺。江苏省消保委建议，尽可能避免连续长时间或高温烹饪淀粉类食品。

2022年2月，江苏省消保委发布的预制菜消费调查报告显示，超八成消费者有购买预制菜经历，超六成消费者表示菜品口味不佳。此外，食材不新鲜、偷工减料、图文不符等问题相对突出。

2022年2月，针对消费者揭露海底捞在会员系统中给顾客贴标签（主要包含体貌特征和个性需求等）问题，江苏省消保委表示，企业应当正视消费者的合理诉求，对消费者画像的采集和使用应坚守法律底线。

2022年3月，江苏省消保委发布的《银行开卡消费调查报告》显示：近八成消费者遭遇过故意误导、捆绑搭售等问题；有七成消费者在办卡时被告知人工窗口不受理，必须通过机器办理；被调查的 16 家银行人工窗口均不办理开卡业务，只能通过智能机器操作。

2022 年 3 月，江苏省消保委发布的迷你家电比较试验分析报告显示：样品安全项目检测均符合标准，但在性能项目检测中，电饭煲、电烤箱和电水壶样品中有个别样品存在问题。13 款电水壶样品中，有 8 款沸水断电时间指标不符合相关标准。

2022 年 4 月 6 日，江苏省消保委发布的网购平台预售行为调查结果显示，各网购平台均存在时间为 8—45 天不等的预售行为。江苏省消保委认为，超长预售实际上是商家利用经营优势地位，将产品备货的库存成本、时间成本完全转嫁给消费者，属于实质的不公平经营行为。

2022 年 4 月 8 日，江苏省消保委发表观点：积分换购应是实惠，决不能成为"口惠"。经营者将产品价格标注过高，实质上降低了积分效力和兑换力，侵害了消费者实质利益。4 月 13 日，江西省消保委就积分换购问题发布消费警示，提醒广大消费者在积分商城购物时要提高警惕，保留好积分商城购物截图、消费页面等凭证，同时呼吁经营者自觉保障消费者的合法权益。

2022 年 4 月 11 日，江苏省消保委发布的 App 用户协议调查结果显示，App 冗长协议中的加粗条款很难对消费者起到显著提示的作用。江苏省消保委建议，互联网企业应当积极响应，对复杂的协议提供重要条款摘要，或将涉及权利义务的重要条款以简明易懂的表格、图文等形式展现，促使消费者对格式条款中重要内容实现无障碍阅读。

2022 年 4 月 28 日，江苏省消保委发布的江苏省公交卡服务消费调查报告显示：普通公交卡供应不足，部分城市的公交工作人员默认只提供主题卡；公交卡退费难普遍存在，卡费不退的比例达到 84.4%，卡内余额不可退比例为 31.3%。

2022 年 5 月 19 日，江苏省消保委发布的《新能源汽车行业不公平格式条款调查报告》显示，新能源车企格式合同的部分条款对消费者不公平、不合理，具体包括：协议交易对象不明，损害消费者知情权；车企单方修改权无限制，侵犯了消费者自主选择权和公平交易权等。

2022 年 5 月 25 日，江苏省消保委发布的《"儿童彩妆"产品比较试验分析报告》显示：不少儿童彩妆化妆品存在产品信息不规范的问题；个别企业没有得到相应的资质，涉嫌虚假宣传和欺骗消费者。

2022年6月7日，江苏省消保委就"新能源汽车行业不公平格式条款"的最新情况及后续整改落实问题，约谈了相关新能源汽车企业。比亚迪、长安、长城等13家车企参加了约谈。

2022年6月，江苏省消保委就亚马逊在中国停止kindle电子书店运营发表观点。有消息称，亚马逊将于2023年6月30日在中国停止kindle电子书店运营。6月10日，江苏省消保委发表观点认为，企业根据市场经济对自身经营战略进行调整无可厚非，但不能因此忽视消费者的合法权益和正当诉求。相关企业应负起应有的社会责任，认真接纳消费者意见、正视消费者需求，出台更多有利于保护消费者合法权益的善后政策。

2022年7月20日，江苏省消保委对必胜客售卖落地面包事件发表观点：食品安全始终是消费者关心的头等大事，餐饮企业要想在激烈的市场竞争环境中走得长远、走得稳健，更应在食品安全卫生上下功夫。商家对此都应引以为戒，建立健全食品安全管理制度，提高食品生产、销售等全链条的透明度，让生产销售食品的一切行为都在阳光下操作，在监督中运行，守护消费者舌尖上的安全，构建更加健康的食品消费市场。

2022年7月26日，江苏省消保委就老年人健身消费需求发表观点：老年群体享受运动保障是作为消费者的基本权利之一，健身房等经营者通过一刀切方式拒绝老年群体消费，既不符合现状，也不符合法律规定，是通过经营优势不公平对待消费者的典型表现。

2022年8月27日，江苏省消保委会同江苏省市场监管局发布《江苏省线下实体店无理由退货规定》：在全省全面推动线下实体店购物无理由退货承诺，通过给予消费者充分的选择权和后悔权，进一步释放消费潜力，促进消费持续恢复。

2022年10月9日、18日，江苏省消保委分别就《线下实体店无理由退货服务规范（征求意见稿）》和《江苏省消费者权益保护委员会消费投诉信息公示实施办法（征求意见稿）》及实施方案向社会公开征求意见。

10. 浙江省消费者权益保护委员会

2021年2月，浙江省消保委联合杭州银行开展了"理性投资防范金融诈骗攻略"主题金融讲座，向消费者揭示了新型网络电信诈骗的常见"套路"，通过列举网络投资中的典型案例，传授辨识金融诈骗的方法，提高消费者防范意识与维权能力。

2021年3月，浙江省消保委发布的《浙江省汽车消费投诉调查情况分析报告》显示：宝马、奥迪、奔驰等成为被投诉榜前3位。报告分析指出了当前汽车消费领域存在的服务乱象：强制捆绑消费，剥夺消费者选择权；金融贷服务不规范，收费乱象投诉集中；无保养不包修，三包责任履行不到位等。

2021年3月，浙江省消保委发布的《禁塑令调查体验评价报告》显示：310家商场、超市、药店、书店、农贸市场、外卖企业中，有139家企业仍在使用不可降解塑料袋；商场、超市整体情况较好，大部分都已经在使用可降解塑料袋，但外卖服务和农贸市场情况相对较差。

2021年4月，浙江省消保委发布的全装修住宅消费报告显示：装修合同对主材规格参数等约定不明确、商品房买卖合同补充协议存在霸王条款、全装修住宅与样板房不一致等问题较为突出。多数消费者对开发商施工监管相对缺位、业主无法参与监管表示不满。

2021年5月，浙江省消保委召开"省级消费教育基地座谈会"，围绕基地2020年工作开展情况、2021年工作计划及如何发挥基地作用更好开展消费教育工作等进行讨论和研究。

2021年7月，浙江省消保委发布了由浙江消保委、省标准化研究院、省建筑装饰行业协会三家单位主编的《家庭居室装饰装修服务规范》团体标准，该标准就家庭居室装饰装修服务的基本规定、咨询、设计、预算报价及合同签订、施工组织、质量验收、工程结算与交付、投诉及争议处理等内容提出规范要求。

2021年9月，浙江省消保委就顺丰快递提供"签收确认"收费增值服务侵害消费者合法权益问题发表观点指出：按有关规定，快递公司应将快件投递到约定的收件地址、收件人或者收件人指定的代收人，告知收件人或者代收人当面验收，认为顺丰快递"签收确认"收费增值服务是对已收费项目拆分再重复收费，涉嫌违法。

2021年10月，在浙江省消保委和浙江省商务厅等部门开展"同心助力共同富裕"联合开展的社区公益服务活动上,来自浙江省商贸劳模工匠公益团队、浙江省家用电器流通协会等 100 多名志愿者,为消费者免费修理家电,解答消费者家电疑难问题。

2021 年 12 月,浙江省消保委、省市场监管局、省家庭服务业协会联合发布的《浙江省医院陪护服务合同(示范文本)》明确了医院陪护服务合同类型,厘清了主体间法律关系,规范了医院陪护服务涉及主体的权利义务。

2021 年 12 月,浙江省消保委发布的直播带货消费体验结果显示:17 名主播中,5 名主播存在夸大宣传、使用绝对性广告语、与其他直播间进行价格对比等问题;80 款直播样品中,29 款样品不符合相关国家标准。

2022 年 5 月,浙江省消保委召开《浙江省实施〈中华人民共和国消费者权益保护法〉办法》修改意见征求座谈会。5 月 20 日,浙江省消保委组织相关行业协会召开《浙江省实施〈中华人民共和国消费者权益保护法〉办法》修改意见征求座谈会,相关行业协会及专家学者分别对住宅装修、保健品、预付式消费、网络交易、汽车三包等领域提出了具有针对性和可操作性的意见与建议。

2022 年 5 月 31 日,浙江省消保委发布《十大危害未成年人权益行为分析报告》,公布了一批当前侵害未成年人权益的典型案例,包括"盲盒"诱导未成年人过度消费、无底线营销食品危害未成年人身心健康、食品中非法添加金银箔粉吸引未成年人消费等行为。浙江省消保委呼吁全社会关注未成年人权益保护,提高未成年远离侵害防范意识,共同为未成年人健康成长营造良好的消费环境。

2022 年 6 月,浙江省消保委举行"浙江省时尚定制消费教育基地"授牌仪式。6 月 9 日,浙江省消保委在浙地珠宝举行"浙江省时尚定制消费教育基地"授牌仪式,帮助消费者初步了解和掌握各类黄金珠宝的定制流程,提高理性消费能力,避免盲目消费。

2022 年 6 月,浙江省消保委、杭州市消保委党支部联合开展"三为"专题实践活动。6 月 16 日,浙江省消保委党支部以助力浙江经济、推广浙江品牌、提升浙江品质为抓手,结合规范网络平台经营、助力特色伴手礼评选、直面快递行业痛点等亟待解决的难点问题,联合杭州市消保委党支部前往顺联动力、朱炳仁铜制、顺丰杭州公司开展"三为"服务工作。

2022年6月22日，浙江省消保委联合浙江省高院、浙江省市场监管局发布《关于全面加强消费者权益保护"共享法庭"建设进一步深化消费纠纷诉调对接工作的通知》，要求全省各级人民法庭将积极协同各市、县（市、区）市场监管局、消保委设立消费者权益保护"共享法庭"，2022年年底前实现市、县两级消保委全覆盖，并在问题较为集中、消费纠纷较为多发的基层消保委分会先行设立。

2022年6月，浙江省消保委举办"共促消费公平 防止养老诈骗"消费教育活动。6月29日，浙江省消保委、杭州市电信武林营业厅、杭州市公安局天水派出所在"浙江省智能消费教育示范基地——杭州电信武林营业厅5G馆"共同举办幸福学堂防诈专题活动，通过讲解真实案例、分析受害者心理、情景再现等方式警示老年朋友提高自我防范意识，避免上当受骗。

2022年8月9日，浙江省消保委第五届委员会第二次全体会议在杭州召开，传达学习中消协第五届理事会第八次会议精神，回顾总结上半年工作，持续推动消费者权益保护"一件事"改革，再强调再部署下半年重点工作。

2022年8月31日，浙江省消保委联合省食品工业协会召开抵制过度包装工作座谈会，倡导自觉抵制过度包装，将相关规定落在实处，促进月饼行业健康发展。

2022年10月10日，浙江省消保委联合温州市消保委开展未成年人消费观现状调查结果显示：未成年人的零花钱来源以父母为主，消费自主且多样，但仍以线下为主。大额消费、超前消费、线上充值等未成年人消费问题需要引起重视。

2022年10月27日，浙江省消保委、杭州市消保委组织消费维权志愿者走进广汽丰田杭州湖滨银泰新能源销售体验中心，向店内消费者开展消费维权知识宣传活动，讲解消费者在购车时应该注意的事项。

11. 安徽省消费者权益保护委员会

2021年2月，安徽省消保委、浙江省消保委先后与美团签署战略合作协议，双方将就"互联网+"时代消费者权益保护、消费投诉绿色通道建设互通、生活服务领域消费大数据研究等多方面展开合作。

2021年3月，安徽省消保委公布的安徽省禁限塑新规消费专题调查结果显示：虽然大中型商超和较大规模餐饮店禁塑情况执行较好，但被调查的31.9%的企业存在问题，其中被调查的药店均未使用可降解塑料袋。

2021年3月，安徽省消保委公布的《公共服务行业消费体察报告》显示，消费者认为公共服务行业中突出问题主要是通信服务行业骚扰电话、短信，供水服务行业水压不足、水质不佳，供电服务行业在未通知消费者的情况下停电等。

2021年10月，安徽省消保委成立省家装专业委员会，按"一案一托"原则，向安徽省各级消保委组织提供家装消费纠纷调解专家意见和建议，并开展家装消费教育指导，引导消费者科学合理消费。

2021年12月，安徽省消保委成立了由安徽省消保委组织及部分大型汽车生产企业、行业专家教授、汽车商会、经营者代表、消费者代表组成的汽车专业委员会。汽车专业委员会职责包括向安徽省消保委提供汽车领域专业指导意见、接受调处相关汽车消费维权案件、创新性地开展汽车消费指导等。

2022年1月，安徽省消保委公布的快递单样本测试分析报告显示：

1111个快递单样本中，有674个样本含有二维码小广告，占比为60.7%；近4成广告为"领红包"广告，提现套路深、难度大；部分快递公司的"取件福利社"广告泛滥，影响消费体验。

2022年2月，安徽省消保委发布的家用燃气热水器品牌商服务比较体验调查结果显示，安装存在重大安全隐患、辅材使用五花八门、收费乱象丛生、安装工艺及专业水平参差不齐、承诺与实际不符5个问题较突出。

2022年2月，安徽省消保委针对近期开展的热水器安装比较体验调查中发现的问题，对樱花、老板、万家乐等11家品牌企业进行公开约谈。安徽省消保委要求各家企业在安装过程中要把安全放在首位，选择有资质的服务工程师；安装施工前要求服务人员出示收费标准，做到明明白白消费；使用服务人员提供的辅材时，要仔细检查，避免使用"三无"产品。

2022年4月22日，安徽省消保委、省品牌促进会联合召开了《放心消费示范单位认定规范》（团标）专家审定会。来自安徽大学、省质量和标准化研究院、合肥百大集团等有关领域专家参加审定会，围绕标准的范围、规范性引用文件、术语定义、基本原则和认定程序等，结合认定工作实际与相关领域实践，提出了具体修改意见。

2022年7月，安徽省消保委召开城市消费者满意度提升工作座谈会。为进一步落实中消协《关于开展联动工作调研促进消费者满意度持续提升的通知》精神，促进城市消费者满意度测评工作的数据效能，7月27日，安徽省消保委在阜阳市组织开展了城市消费者满意度提升工作座谈会，省内被测评城市的政府有关部门代表参加会议。

2022年10月14日，安徽省消保委发布的《老年人与未成年人消费投诉专项分析》显示：劣质保健品、免费低价游、虚高回报理财、养老项目投资是老年消费的投诉热点；未成年人的消费问题多表现为沉溺网络游戏、随意网络打赏、盲目消费游戏卡片和公仔盲盒。

12. 山东省消费者协会

2021年3月，在山东省消协指导下，山东省装饰消费维权办公室成立，拉开"放心消费在山东"活动序幕。其间，山东省消协联合省装饰协会开展了《"画"说装饰维权》宣传活动，普及消费者家装知识，提升消费维权能力，着力打造"放心消费在山东"。

2021年3月，山东省消协联合中国民主促进会山东省委员会举办"3·15国际消费者权益日普法宣传进校园"活动。活动采取线上线下相结合的模式，由法律志愿者宣传依法维权的重要性，讲解网络空间安全知识、个人信息保护等相关维权知识，提醒同学们不随意填写信息、注意网络信息的真实性，依法维护自身正当权益等。

2021年9月，山东省市场监管局、山东省消协、济南市市场监管局、济南市消协、济南市高新区市场监管局联合举办"质量惠民——消费体验进企业"活动。消费者代表和来自举办单位、部分省消协理事单位、有关行业人员及媒体代表等40余人参加了体验活动。与会代表围绕企业质量建设、品牌建设、企业质量文化以及消费者权益保护等方面进行了深入交流。

2021年10月，山东省消协联合省汽车流通协会向山东省广大消费者、二手汽车经营者、鉴定评估机构发出倡议：一是经营者要收售合法合规车源车辆；二是鉴定评估机构要依法出具真实有效报告；三是销售时要公开明示泡水车辆信息；四是交易合同中要注明"泡水"记录等。

2021年12月，山东省消协联合聊城市消协、东阿县消协发布阿胶消费提示，提醒广大消费者在选购阿胶产品时，可以通过看包装、查外观、闻气味、试融化、尝口感等方法辨别阿胶真伪，注意阿胶日服用量及食用方法等。

2021年12月，山东省消协、潍坊市消协联合发布潍坊萝卜消费提示，提醒消费者在选购时要注意：一是皮色深绿，肉质翠青，脆甜爽口；二是外形饱满无损伤，表皮光滑、细腻、不开裂；三是青色的部分占的比例越大越好；四是消费者在挑选时，要选择更沉的萝卜；五是用手捏一捏，选择手感结实的。

2022年1月，山东省消协公布了第三批省级消费维权工作站名单，在省化妆品行业协会、省旅行社协会等11家省级行业协会（商会）建立省级消费维权工作站。2020年至今，省消协已建站44家，基本涵盖了所有生活消费领域。

2022年3月，山东省消协联合山东特检集团、山东省珠宝玉石首饰行业协会、山东省日化行业协会，组织开展"与美丽同行"消费教育大讲堂活动，就化妆品、首饰消费知识向消费者进行深入讲解。

2022年4月1日，山东省消协、日照市市场监管局、日照市消协联合发布绿茶消费提示，提醒广大消费者在选购正宗日照绿茶时需注意感官鉴别，谨慎购买价格明显低于市场价的日照绿茶，储藏时宜采用铝箔等隔绝性能好的材料进行包装，以防串味或霉变。

2022年4月22日，山东省消协召开了第六届常务理事会第一次会议，总结了省消协第六届理事会成立以来的主要工作，审议通过了《山东省消费者协会2022年工作要点》，表决通过了有关事项等。

2022年6月，山东省消协举办"消费升级品质生活"消费体验活动，6月17日，山东省消协、济南市消协会同槐荫区市场监管局在槐荫区联合开展"消费升级品质生活"消费体验活动。邀请消费者参观了企业产品展厅和现代化生产线，进行了产品体验，并围绕释放消费潜力、促进消费升级、提高生活品质进行了交流探讨。

2022年6月，山东省消协联合多家单位开展政企联动让利于民活动。6月17日，山东省消协与山东省商务厅、省发改委、省工信厅、省家电协会联合海尔智家共同启动"海尔焕新家电节2022年惠享山东消费年暨第十三届山东家电消费节"，为提振消费信心发挥积极作用。

2022年8月，山东省消协走进企业开展消费体验和维权调研。8月2日，山东省消协到山东省太阳能协会会员单位山东力诺瑞特新能源有限公司调研，了解山东省级消费维权工作站建设和运行情况，以及有关消费升级和消费扩容政策的落地情况和实际效果，听取行业、企业和消费者代表的意见建议。

2022年8月，山东省消协发出反对月饼过度包装倡议。8月30日，山东省消费者协会、山东省焙烤食品行业协会联合发出"反对过度包装，让月饼回归食品本身属性"倡议：严守法律法规规定，落实主体责任；共同推动简约适度消费新风尚，助推产业高质量发展；加强生产经营过程管控，确保产品本质安全。

2022年10月27日，山东省消协发布磁力玩具消费提示：一是儿童要在监护人的监护下使用磁力玩具；二是要注意产品的适用年龄阶段，选购适宜的玩具；三是不要让儿童玩含有强磁性小零件的玩具；四是如果发现孩子玩小尺寸磁力玩具后有突发性腹痛、呕吐等临床症状时，应立即送医救治。

13. 江西省消费者权益保护委员会

2021年5月，江西省消保委、南昌消保委联合开展"守护安全畅通消费"消费教育进校园活动暨消费教育基地授牌仪式，授予江西经济管理干部学院为"江西省消费教育基地"。

2021年7月，江西省消保委联合江西知识产权保护中心在南昌市青山湖区京华社区开展"我为群众办实事"——平安志愿服务进社区活动，围绕放心消费环境建设工作，结合自身职能，通过悬挂宣传条幅、发放宣传资料、有奖问答等方式，重点宣传了《消费者权益保护法》、平安建设、综合治理等方面内容。

2022年2月，江西省消保委发布快递服务消费提示，提醒消费者：快递面单广告中的"免费抽""领奖品"等"福利"并不能确保真实性和安全性，看到这类广告勿轻易扫码。

2022 年 3 月，江西省消保委发布的硅胶铲比较试验结果显示：20 款样品的化学性能均符合国家食品安全强制性标准要求，但所有样品的挥发性有机化合物指标均未能达到"更严要求"，部分样品在"耐温性能测试""耐洗碗机安全测试"中表现不佳。

2022 年 5 月 25 日，江西省消保委发布的《江西省儿童读物消费调查报告》显示，不少儿童读物在内容、质量等方面均存在问题，内容问题主要集中在不良行为诱导、粗俗用语、传统暴力教育等方面。

2022 年 6 月，江西省消保委开展消费教育进乡村活动。6 月 16 日，江西省消保委携手江西省市场监管局驻村工作队、九江市消保委及相关企业，联合开展了以"共促消费公平助推乡村振兴"为主题的消费教育进乡村暨主题党日活动，向消费者介绍了农业生产资料的真假鉴别知识、常用纺织品的优劣鉴别方法、摄取食盐知识。

2022 年 10 月，江西省消保委倡议餐饮企业保留人工点餐。10 月 22 日，江西省消保委倡议，餐饮企业应始终把消费者需求放在第一位，应保留人工点餐方式，积极为老年人、未成年人等消费群体使用扫码点餐予以协助，保障消费者的公平交易权和自主选择权。同时，餐饮企业不应过度采集和使用消费者的个人信息。

14. 河南省消费者协会

2021 年 4 月，河南省消协在河南省室内环境净化行业协会设立"河南省室内环境污染投诉站"并举行揭牌仪式，公布河南省室内环境污染投诉专线。投诉站的设立，将有效地改变室内环境污染投诉处理难、举证程序烦琐、成本高周期长的局面，同时对违法失信企业起到震慑作用。

2021 年 10 月，由河南省消协、中国食品工业杂志社主办的首届中国（漯河）食品安全消费论坛在河南漯河举行。论坛以"助企发展引领消费"为主题，交流了食品消费领域发展情况，分析了食品消费面临的安全隐患，总结了食品安全管理的先进经验，有助于进一步探索完善食品安全综合治理长效机制。

2022 年 1 月，河南省消协针对"辛巴直播带货即食燕窝事件"提起消费民事公益诉讼，要求北京快手科技有限公司、辛巴、广州融昱贸易有限公司、广州和翊电子商务有限公司共同承担退一赔三的责任。

2022年3月，河南省消协发布的个人信息保护情况专项调查结果显示：网购App存在大数据"杀熟"现象；生活运营平台越用越贵；社交平台通过搜索或浏览记录推荐相关内容。个人信息被过度收集的情况主要存在于各类社交生活类App、招聘求职或教育机构、房产中介、银行、保险公司等组织机构中。

2022年3月，河南省消协发布的帆布鞋比较试验结果显示：45款样品均未检测出游离甲醛等有害物质，整鞋耐曲挠性能/耐折性能等项目均符合相关标准要求，但防滑性能、耐光色牢度（帮面）等项目检测结果存在明显差异。

15. 湖北省消费者权益保护委员会

2021年1月，湖北省消委会组织30多名消费者代表深入餐具生产企业，近距离观摩了解餐具从除渣、分拣、浸泡、高温消毒、喷淋、烘干、包装到检测等流程的复杂工艺，引导消费者通过感观和标识辨别合格餐具。

2021年9月，湖北省消委会建立居住服务消费教育基地。2021年上半年，湖北省消委会共受理房屋装修及物业服务1689件，其中查封、抵押等房屋权属问题，定金、首付被非法侵占的资金问题，购房资质、征信不良等资质问题等，投诉相对集中。9月22日，为帮助消费者防范居住服务领域消费陷阱，在开展选树消费教育基地活动中，湖北省消委会与贝壳武汉签约服务中心合作建立湖北居住服务领域首家"消费教育基地"。

2021年12月，湖北省消委会召开电商平台消费维权约谈会，介绍了《2021年双十一电商平台消费体验调查报告》相关内容，通报了《全省消委组织受理电商平台投诉情况分析报告》，并发出《消费维权劝谕函》。淘宝、天猫、拼多多、京东、唯品会、苏宁易购、考拉海购7大电商平台相关负责人参会。

2021年12月，为了儿童青少年健康茁壮成长，拥有一个光明清晰的"视"界，湖北省消委会倡导提高儿童青少年近视防控意识，学习科学爱眼护眼消费知识，定期检查、规范配镜，共同呵护好孩子的眼睛健康，营造健康用眼环境。

2022年1月,湖北省消委会公布的2021年预付式消费调查情况报告显示,湖北省预付式消费者整体满意度为73.2%,预付式消费依然有较大的服务质量提升空间。省消委会建议:一是加强行业立法,提高预付式消费领域法制建设;二是完善政府部门监管机制,提高消费市场规范性;三是消费者要树立理性消费意识,增强维权意识。

2022年6月11日,湖北省消委会联合湖北广电教育频道开展了"小手拉大手"消费教育进企业活动,邀请了湖北广电小记者团的孩子们走进格力电器武汉产业园,感受中国"智造"的科技魅力;聆听专家讲解,丰富消费知识,与专家积极互动,解答心中疑惑。

2022年7月29日,湖北省消委会发布的《2022年全省消委组织受理家用汽车产品投诉情况分析报告》显示:汽车质量、服务合同、售后服务投诉占比超过五成,是引发投诉的主要原因。其中,汽车服务合同中普遍存在"违约责任不对等"问题。

2022年8月,湖北省消委会披露汽车消费投诉七大热点。8月4日,湖北省消委会对外披露的受理家用汽车产品投诉情况分析报告显示:全省家用汽车消费领域存在质量问题、购车合同违约条款不对等、加价提车涉嫌强制消费、汽车三包服务缩水、售后维修水平低、二手车消费陷阱难识别、新能源车质量和价格争议七大热点。

16. 山西省消费者协会

2021年4月,山西省消协举办"守护安全畅通消费"山西省直销行业消费维权年主题宣讲活动,对2021年"守护安全畅通消费"消费维权年主题进行了详细解读,驻晋直销企业分支机构代表围绕开展宣传贯彻年主题活动做了交流发言。

2021年6月,山西省消协联合省零售商行业协会共同启动"百企万店七日无理由退货"承诺活动。在启动会上,来自省内多家知名零售企业的代表,结合"守护安全畅通消费"消费维权年主题,围绕无理由退货和消费维权工作展开热烈讨论,推动线下实体店落实七日无理由退货承诺。

2021年12月,山西省消协发布充电数据线消费警示,提醒消费者充电数据线存在火灾安全隐患,需要谨慎选购和使用。选用充电数据线要注意看材质、看规格、看认证标识,如充电线损坏一定要及时更换,切勿继续使用。

2022年1月，山西省消协第三届理事会第三次会议在太原召开，会议审议了省消协理事会工作报告，通过了《山西省消费者协会章程》修订案，补选了省消协会长和部分副会长、常务理事、理事。

2022年10月28日，山西省消协针对预制菜发布消费警示，提醒消费者理性看待预制菜：购买时，登录相关部门官网，查询食品生产许可证等生产资质；注意生产厂家、日期等信息，不购买"三无"产品；认真检查食品及其包装是否完好。

17. 陕西省消费者权益保护委员会

2021年3月，陕西省消保委成立大会暨第一届全委会第一次会议在西安召开。陕西消保委第一届全委会由党政机关、司法机关、有关党政部门、社会团体、新闻媒体、高等院校、研究机构及各辖市消费者组织推举的委员、消费者代表组成。

2021年12月，陕西省消保委召开消费公益诉讼案件线索研讨交流会。陕西省消保委表示，将加强与法院、检察院沟通协调与信息互联互通，强化对案件线索信息的综合利用，尽快启动诉讼程序，共同维护广大消费者合法权益。陕西省人民检察院、铜川市中级人民法院、铜川市市场监管局、铜川市消协等单位代表参加了会议。

2022年3月，陕西省消保委发布2022年十大消费提示，涉及盲盒消费、快递丢损索赔、医美行业、房地产行业、网购、代理退保等领域消费者常见的问题。

2022年5月，陕西省消保委举办食品安全知识进校园活动。5月23日，陕西省消保委联合陕西省市场监管局开展了"会烹会选会看标签"食品安全知识进校园活动。活动运用PPT、小视频、小实验、有奖知识问答和展板等方式，生动讲解了如何查看食品标签、怎样养成良好的健康饮食习惯以及不健康食品给身体带来的危害，教育学生们从现在做起从自身做起，拒绝过期食品，远离垃圾食品，多食健康食品。

18. 甘肃省消费者协会

2021年3月，甘肃省消协召开行业消费维权中心座谈会，组织各行业交流协助消协调解消费纠纷的主要工作经验。加上中国电信甘肃分公司消费维权中心，甘肃省美容美发行业协会消费维权中心，目前甘肃消协已成立 10 个行业消费维权中心。

2021 年 3 月，甘肃省消协发布的《甘肃省部分城市住宅小区物业服务调查体验报告》显示：消费者对环卫服务、保洁服务、综合服务满意度比较高，对工程维修、收支公示等满意度低。

2022 年 8 月 31 日，甘肃省消协发布了 2022 年上半年消费者投诉典型案例，主要涉及以下问题：超市价签混乱问题需引起重视；食品安全事关百姓身体健康和生命安危，食品、餐饮服务存在诸多瑕疵，农业生产技术服务关乎农民生计，却质量堪忧；家装市场部分经营者诚信缺失，以次充好、延误工期、设置陷阱、逃避责任，家装投诉依然较多。

19. 青海省消费者协会

2021 年 1 月，青海省消协发布的《2020 年青海省部分市州家装行业消费调查报告》显示：装修前大部分消费者不了解装修知识，倾向选择正规装修公司；1/4 的消费者不查看相关证照，忽视合同；消费者对去中介化、去渠道化及标准化的"互联网家装"知晓度较低；近半数消费者难分"定金"和"订金"的区别。

2021 年 6 月，青海省消协工作人员赴中国移动青海分公司开展"送法进企业"活动，为 100 余名企业职工讲解消费法律知识，引导企业优质规范服务、守法诚信经营，有效提升企业维护消费者合法权益的责任意识和技能水平。

2021 年 7 月，青海省消协发布的《我省部分市州中小学生校外文化课培训机构消费者调查报告》显示，消费者对培训机构整体满意度为 79.89 分，处于中等水平。其中，收费方式、教学配套设施、安全配套设备、收费标准、投诉处理、合同条款等指标满意度有待进一步提高。

2022 年 2 月，青海省消协公布的直播带货消费问卷调查结果显示：77.46% 的受访者对直播带货消费比较满意或非常满意；最令受访者担心的是假冒伪劣商品质量问题，占比 52.49%，其余依次是人气数据造假、虚假宣传、售后无保证。

2022 年 2 月，青海省消协发布租用移动电源消费提示，提醒消费者：租借移动电源前应看清收费规则，了解目的地是否有归还网点，避免因网点少、归还场所夜间关门等原因导致无法及时归还而被持续收费；扫码取出移动电源后应检查产品，观察是否整洁、有无变形开裂、标识标记是否明晰、能否正常充电等。

2022年3月，青海省消协联合青海省委宣传部、省委网信办、省市场监管局等单位召开新闻通报会，通报了2021年消费者权益保护工作成效。青海省各级消协组织共受理消费者投诉3316起，解决2797起，为消费者挽回经济损失402.5万元，接待消费者咨询33523人（次）；受理加倍赔偿案件33起，加倍赔偿金额19.4万元。

2022年3月，为推进解决二手汽车消费维权难问题，青海省消协联合海东市消协，在青海小峡二手车交易市场设立二手车消费维权服务站。

2022年6月，青海省消协：守护"舌尖上的安全"。6月16日，青海省消协联合省产品质量检验检测院，邀请省消协消费维权义务监督员、相关企业代表以及消费者代表，走进青海省产品质量检验检测院，开展以"提振消费信心释放消费潜力"为主题的食品安全检验检测体验活动。

2022年7月，青海省消协开展消费教育进企业活动。7月19日，青海省消协组织法律专家赴青海江河源投资集团青海天露乳业，为该企业近百名职工讲解消费者权益保护相关法律知识。

2022年8月，青海省消协倡议经营者消费者共同"限塑""禁塑"。8月5日，青海省消协向全省经营者和消费者发出倡议，倡议广大经营者和消费者积极参与到限塑禁塑行动中来，为保护生态环境贡献力量。

2022年8月，青海省消协靶向治理不公平合同格式条款。8月22日，青海省消协组织召开不公平合同格式条款法律论证会。青海省消协公益法律顾问、义务监督员、志愿者和基层消协组织30余人围绕"共促消费公平"消费维权年主题，就进一步保障消费公平，积极回应消费热点展开讨论。

2022年10月，青海省消协发布空气炸锅比较试验报告。10月8日，青海省消协公布的14款空气炸锅比较试验报告显示，12款样品在脱脂率和强制性安全要求方面，都符合标准要求，国内外品牌空气炸锅质量、性能差别较小。

20. 四川省消费者权益保护委员会

2021年5月，四川省消委会发布的《小区停放电瓶车服务及设施消费调查报告》显示：消费者较为关注小区电瓶车停放管理、硬件设施、收费标准等问题，停放成本高、停放场所进出不方便、怕被偷、充电设备不够等成为一些居民选择将电瓶车停放在房屋内的主要原因。

2021年6月，四川省消委会联合内江市消委会召开家庭装饰装修消费纠纷调处课题编制工作研讨会，围绕家庭装饰装修消费领域重点问题展开讨论，明确了《家庭装饰装修消费纠纷调处指南》编制方向与家装子课题编制内容。

2021年9月，四川省消委会、重庆市消委会联合发布了14款儿童面霜比较试验结果，提醒消费者在选购和使用儿童面霜时注意"一辨二看三查四测五防"：一是辨别"妆字号"与"消字号"；二是看清产品成分；三是查询备案信息；四是测试是否有过敏反应；五是防止产品使用不当等。

2022年3月，四川省消委会特别推出"消费安全微讲堂"系列活动，为广大消费者普及消费知识，增强安全消费意识，提醒消费者安全用气，保障自身及家人生命财产安全。

2022年6月，四川省消委会开展房地产相关领域普法活动。6月17日，四川省消委会、四川省房地产协会邀请房地产领域专业律师，从法律角度解读车位纠纷中的常见问题，为广大消费者普及有关车位纠纷的专业法律知识。

2022年6月，四川两级消协成功帮助集体投诉消费者维权。2022年3月，四川省消委会、成都市高新区消协收到消费者对"南三集粹·中国菜馆"的集体投诉，要求经营者退还储值卡余额。四川两级消协组织迅速组织联动维权，建立行政调解与司法衔接机制。6月28日，22名消费者全部收到商家退款。

2022年7月5日，四川省消委会、省高院、省检察院三部门联合出台《加强消费者权益保护协作工作机制》，明确在消费纠纷诉调对接、消费民事公益诉讼、建立健全消费者权益保护工作联动机制等方面加强协作。

2022年10月，四川消委会推行消费环节赔偿先付。10月17日，四川省消委会、省市监局联合出台的《四川省消费环节赔偿先付指引（试行）》提出，促进消费纠纷源头化解，强化消费维权社会协同共治，切实保护消费者合法权益。

21. 重庆市消费者权益保护委员会

2021年1月，重庆市消委会与重庆检察院第五分院举行座谈，共同探讨未成年人消费权益保护及公益诉讼工作，就共同建立交流机制、共享案件线索等达成共识。

2021年5月，重庆市消委会根据有关规定，就某营销策划公司非法泄漏过万名消费者的个人信息一事提起个人信息保护消费民事公益诉讼。此案是重庆市首例由检察机关支持消费者组织提起的民事公益诉讼案件，目前由重庆市第一中级人民法院立案受理该案。

2021年6月，重庆市消委会印发《"抵制食品浪费弘扬中华民族传统美德"活动方案》。《方案》要求，各地消委会要积极参与食品、餐饮行业立法立标，协助有关部门出台反食品浪费标准、规范、措施和意见，引导消费者形成自觉抵制浪费的消费习惯，要组织消费监督，督促食品、餐饮行业协会加强行业自律。

2021年7月，重庆市消委会、重庆市检察院联合举办新闻发布会，公布《加强协作配合切实做好消费民事公益诉讼工作的意见》，双方将建立对口联系、信息共享、办案协助、诉讼衔接等6项合作机制。

2021年9月，重庆市首例消费者个人信息保护民事公益诉讼案开庭审理。9月2日，由重庆市消委会起诉的个人信息保护消费民事公益诉讼案在市一中法院开庭审理，该案是该市首例由检察机关支持消费者组织提起的民事公益诉讼案件。案件在市一中法院主持下，双方当庭达成调解协议。

2021年9月，重庆市消委会制定《重庆市消费者权益保护委员会支持消费者集体诉讼工作导则》，对重庆市支持消费者集体诉讼工作进行规范和指引。

2021年10月，重庆市消委会发布的《主城都市区机动车停放服务满意度报告》显示：主城都市区机动车停放服务总体满意度得分为78.53分，处于良好水平；主城都市区机动车停放服务总体得分为83.59，满意度较高。

2021年12月，重庆市消委会党支部联合重庆市家电服务企业联合会、江北区刘家台社区居委会开展"护苗助老"家电质量安全宣传进社区党员志愿服务活动，介绍家电产品质量安全知识，提供消费维权咨询，为居民提供小家电维修、抽油烟机清洗、手机贴膜等服务。

2022年3月，重庆市消委会发布的《羽绒服清洗剂比较试验报告》显示：20款样品中，除了标称"Sheringham Prime 喜运亨"品牌样品总五氧化二磷含量可能对人体产生危害以外，其它样品均较为安全。在功能性指标方面，20款样品总活性物差别较大，其中有两款样品总活性物不符合其明示的产品执行标准。

2022年3月，由重庆市消委会提起、重庆市人民检察院第五分院支持的消费民事公益诉讼开庭审理。该案包括重庆市南川区、武隆区、江津区、北碚区、合川区的5起销售假冒洗发水消费侵权事件。案件以双方达成调解合意告结。

2022年3月，重庆市消委会联合市高级人民法院、人民检察院、文旅发展委员会、市场监管局发布2021年维护消费公平10大典型案例，涵盖教育培训、旅游、食品等行业，其中包括故意诱导、假冒伪劣、不履行约定等侵害消费者权益的违法行为。

2022年3月，重庆市高级人民法院、重庆市消委会联合印发《关于建立消费纠纷诉源治理工作机制的实施意见》。《意见》明确要求全市各级人民法院、各级消委会共同探索建立支持消费者集体诉讼制度，建立诉调对接、消费纠纷分析研判、对口联系、联合宣传4项协作配合机制。

2022年5月13日，重庆市消委会开展了新能源汽车消费体察活动。活动中，重庆市消委会与消费者代表就新能源汽车直营销售模式、产品质量及服务体系保障等话题进行了交流和讨论，要求新能源企业用心营造更加安全放心的新能源汽车消费环境。

2022年7月20日，重庆市消委会收到市第五中级人民法院对重庆市消委会发起的一起生产、销售有毒、有害食品案件的判决书，经营者依法被判处赔礼道歉，缴纳三倍惩罚性赔偿金。

2022年9月28日，重庆市、璧山区两级消委会邀请璧山区政法委、人民法院、人民检察院及相关部门代表,对璧山区涉老服务领域的不公平格式条款进行联合点评,并对相关养老及医疗机构进行维权约谈,要求限期整改。

22. 云南省消费者协会

2021年9月,云南省消协发布的鲜奶比较试验结果显示:30款(巴氏杀菌乳14款、灭菌乳16款)鲜奶样品均没有发现问题。省消协提醒消费者:一是要在正规市场选购产品;二是细看选购产品包装;三是储存条件要适宜等。

2021年12月,云南省消协发布毒性中药材消费警示,提示消费者草乌、附子等毒性中药材不能当作普通食品、普通药膳食用,呼吁消费者不采、不买、不卖、不私自加工、不聚众食用草乌、附子、附片等毒性中药材及制品,若身体确实需要服用草乌、附子,应到正规医疗机构购买经过科学炮制的产品并在医师指导下使用。

2022年7月22日,云南省消协深入西双版纳、大理、德宏、曲靖等州市开展了"三进"市场主体、送教到基层系列活动,深入走访基层消费维权服务站,详细了解消费维权服务站的投诉调解受理机制及运行现状,了解消费者在消费过程中的实际需求。

23. 西藏自治区消费者协会

2022年6月,为了引导网络交易经营者依法诚信经营,营造良好的网络营商环境和市场秩序,西藏自治区消协向全区网络交易经营者发出《依法诚信经营的倡议书》,主要从以下方面提出倡议:诚信为本、货真质优、明码实价、严格保密、强化治理、公平竞争、接受监督。

2022年8月5日,西藏自治区消协律师团在拉萨成立,律师团以保护消费者合法权益为宗旨,由46名执业律师志愿者组成,任期3年。

2022年12月,西藏自治区消协和西藏自治区检察院联合引发《关于加强消费民事公益诉讼协作配合 切实保障消费者合法权益的意见》,该《意见》明确了消协与检察机关之间协作配合的工作范围和重点,旨在强化两者的沟通协作,使消费维权法治环境得到进一步优化。

24. 湖南省消费者权益保护委员会

2021年5月,湖南省消保委与红网联合开展了四期"周周3·15律师在线答疑"活动,邀请省消保委第一届律师团律师就消费者购买、使用商品或者接受服务过程中遇到的相关法律问题,提供在线咨询服务。

2021年5月,湖南省消保委召开网络直播营销消费者权益保护推进会,就网络直播营销与消费者权益保护、促进网络直播新业态健康有序发展等问题进行研讨,有关行政职能部门负责人、高校专家学者、律师、电商企业及直播平台代表等参加会议。

2021年6月,湖南省消保委联合长沙市望城区政府在望城经开区举行绿色食品产业链消费体验活动,邀请消费者参观生产车间,了解低温牛奶、常温牛奶、发酵乳、奶粉等乳制品的生产工艺流程。

2021年9月,湖南省消保委围绕"一切为了消费者"主题召开第一届律师团研讨会,总结交流了第一届律师团工作成果,研究了更好服务"周周3·15律师在线答疑"公益活动等工作举措。

2021年12月,湖南省消保委就企业销售假冒伪劣医用口罩案提起公益诉讼。疫情期间,湖南仁丰堂医药连锁有限公司售卖假冒伪劣口罩,涉及金额297110元。12月24日,湖南省消保委将该公司及其法定代表人作为被告,向法院提起消费民事公益诉讼,请求判令被告承担三倍惩罚性赔偿责任并在《中国消费者报》公开道歉。湖南省岳阳市中级人民法院已正式立案受理。

2022年2月,湖南省消保委发布含金银箔粉食品消费提示,明确指出含金银箔粉食品存在食品安全风险,提醒消费者理性对待,不要猎奇,自觉抵制含金银箔粉食品。

2022年4月18日,《湖南省线下实体店无理由退货承诺指引(试行)》出台,标志着湖南省消费者在依法享有网购7日无理由退货权利的同时,有望实现线下实体店无理由退货。

2022年5月,湖南省消保委发出绿色消费倡议。5月9日,湖南省消保委发出绿色消费倡议:倡导广大生产经营者、消费者树立绿色消费理念,抵制过度包装行为;呼吁有关行政管理部门按照各自职责,加强对商品过度包装的监督管理。

2022年7月,湖南省消保委首例消费民事公益诉讼案获胜诉判决。7月8日,湖南省消保委收到湖南岳阳市中级人民法院民事判决书,标志着省消保委诉贺某林、湖南仁丰堂医药连锁有限公司销售假冒伪劣口罩民事公益诉讼案胜诉，省消保委提起的惩罚性赔偿、赔礼道歉等3项诉讼请求全部得到法院支持。

2022年7月，湖南省消保委开展消费教育进乡村活动。7月21日，湖南省消保委组织党员干部深入平江县伍市镇武莲村，开展以"共促消费公平，助推乡村振兴"为主题的消费教育进乡村暨主题党日活动，提升广大农村消费者的维权能力和意识，切实维护农村消费者合法权益。

2022年8月，湖南省消保委指导开展投诉接待日活动。8月4日，由湖南省消保委指导、湖南省室内装饰协会主办、省消保委律师团、保利管道协办的装修投诉接待日活动在长沙举行。投诉反映的问题有：甲醛严重超标，工程未按期完工，材料以次充好等。

2022年8月，湖南省消保委举办"消费公平与企业责任"研讨会。8月31日，湖南省消保委在长沙市举办"消费公平与企业责任"研讨会，邀请专家学者深入分析当前消费形势和消费趋势，行政部门、行业组织、企业、新闻媒体等代表共话消费维权，推动解决人民群众急难愁盼问题。

2022年10月，湖南省消保委发布无磷生活倡议书。10月24日，湖南省消保委向社会发布倡议书，倡导无磷生活，守护一江碧水：广大生产经营者要主动承担社会责任，做无磷生活的"践行者"；生产企业要以"转型升级"为契机，不生产、不使用含磷洗涤用品；经营者不进、不存、不销售含磷洗涤用品，洗涤行业不使用含磷洗涤用品。

25. 福建省消费者委员会

2021年6月，"六一"儿童节期间，福建省消委会组织围绕"儿童消费安全"主题开展形式多样的消费调查、消费教育等活动，守护儿童消费安全。其中，福州消委会开展以"守护儿童消费安全，共筑放心消费环境"为主题的儿童消费安全校园周边消费调查活动；厦门市场监管局、厦门消委会邀请企业共同走进校园，为孩子们普及了护眼、护牙知识；南平消委会联合南平市场监管局、南平市实验小学部分师生到计量所组织开展了社会实践活动等。

2021年6月，福建省消委会发布《福建消费维权100个案例评析》，通过"以案释法"的方式，为消费者提供切实可行的维权提示和案例指引，助力营造安全放心的消费环境和营商环境。

2021年10月，福建省消委会就京东制定"划线价格式条款"从而侵害众多消费者合法权益的行为，提起消费公益诉讼，最终达成和解。对此，京东表示，将删除福建省消委会诉请确认无效的"划线价格式条款"，并对划线价进行多项整改。

2021年12月，福建省消委会发布的手机充电器比较试验结果显示：20款样品中，19款样品的标记和说明、电气绝缘、爬电距离和电气间隙、直插式设备、耐异常热、抗电强度均符合相关要求；1款样品电气绝缘、爬电距离和电气间隙、耐异常热、抗电强度4个项目均不符合标准要求，存在安全隐患。

2022年3月，福建省消保委召开2022年消费维权工作信息发布会，发布了电商平台App有奖销售活动消费体验测评报告。报告显示，20款电商平台App中，14款有"免费领"模块。14款"免费领"模块中，有3款存在规则不透明问题。

2022年4月，福建省消委会约谈7家电商平台。4月8日，福建省消委会就此前电商平台App消费体验测评发现的"有奖销售规则不明""设置不公平格式条款""虚标基准价"等问题约谈了苏宁易购、淘特、美团优选等7家电商平台经营者。

2022年10月14日，福建省消委会发布汽车消费提示，提醒消费者谨慎选择汽车经销商，注意甄别经营者资质。

26. 广东省消费者权益保护委员会

2021年2月，广东省消委会发布2021年1号消费警示，提醒广大消费者在家装消费中谨慎选择商家，认真阅读合同，在签订合同时，要认清合同性质，不要轻信销售人员的低价诱导而签订代理销售合同。

2021年3月，南方日报联合广东省消委会共建的3·15"消费维权直通车"线索征集平台正式上线。如消费者遇到假冒伪劣、虚假宣传、信息泄露等消费难题或维权纠纷，进入3·15"消费维权直通车"填写信息即可实现一键投诉。

2021年5月，针对新能源汽车消费纠纷增多，广东省消委会发布新能源汽车消费提示，提醒消费者在购买或使用新能源汽车时：一是明确出行需求定位，合理选择车辆配置；二是掌握新车技术特点，注重车辆使用安全；三是重要信息写进合同，仔细核对方可提车；四是正确使用保养，依法理性维权。

2021年5月，广东省消委会公布的"线下无理由退货"消费体察结果显示，303家线下无理由退货承诺店退货流程顺畅，退款方式便捷，线下无理由退货体验整体满意度为80%。体察发现，部分承诺"线下无理由退货"的商家仍存在问题，例如未按要求在显著位置展示无理由退货公示牌，设置不符合活动指引要求的退货条件，无理由退货提示指引不充分，擅自缩窄适用无理由退货的商品范围等。

2021年6月，广东省消委会就转售实名制电话卡问题提起消费民事公益诉讼。广东省清远市人民检察院曾发布公告，赖某华等5人转售实名制电话卡的行为侵害了不特定多数公民的个人信息安全，损害社会公共利益，法律规定的机关和有关组织可提起民事公益诉讼。6月3日，广东消委会就涉盗用个人信息、侵犯消费者隐私权的赖某华等5人提起民事诉讼。最终赖某华等5人被判赔偿金人民币43385元，并公开向消费者赔礼道歉。

2021年7月，广东省消委会提起的个人信息保护领域民事公益诉讼案件，在江门市中级人民法院公开宣判，法院对省消委会提出的全部诉讼请求予以采纳，判决相关被告人于判决发生法律效力之日起10日内删除所有非法持有的消费者个人信息资料，并在指定媒体上发表赔礼道歉声明。

2021年9月，广东省消委会召开"守护安全，提升头盔产品质量"专题研讨会，会议就改善头盔产品生产、促进行业发展、推动品质消费升级等问题进行了深入讨论并发布了摩托车头盔产品比较试验结果。

2021年9月，广东省消委会组织召开"2021粤港澳消保工作交流视频会"，总结通报了《粤港消委会消费维权合作协议》《粤澳消委会消费维权合作协议》的落实情况，交流了三地消费者权益保护工作经验。本次会议是粤港澳三地消委会首次以远程视频的方式进行交流。

2021年9月，广东省消委会发布的20款老花镜样品比较试验结果显示：其是有6款样品综合表现优秀，6款样品综合表现良好，5款样品未按国家标准标注光学水平距离值关键信息，另有3款合格。

2021年10月，广东省消委会个人信息保护公益诉讼胜诉。广东省清远市中级人民法院对省消委会提起的个人信息保护公益诉讼案做出判决，判令 5 名被告人共同赔偿 43385 元，在省级以上媒体公开赔礼道歉，并支付案件诉讼费、律师费。

2021 年 10 月，广东省消委会发布常见类型 App 中非必要个人信息收集情况的调查结果，结果显示消费者普遍对商家对于个人信息的收集和使用缺乏安全感，调查还发现了 App 隐私政策不规范、默认读取用户手机应用列表、App 广告多且关闭难等问题。

2021 年 12 月，广东省消委会发布的网售"三无产品"及商品标签标识等问题调查结果显示：600 款网售商品中，有 285 款样品为"三无产品"，52 款样品实物与网页展示不一致，85 款样品附有"好评返现卡"。随后开展的"回头看"调查结果显示，京东、唯品会、快手、抖音所涉问题商品基本完成下架。而淘宝、天猫、拼多多仍有问题商品在售。

2022 年 1 月，广东省消委会在全省深入开展"经营者放心消费承诺"和"线下无理由退货承诺"，截至 2021 年年底，广东省累计创建"放心消费承诺单位"和"线下无理由退货承诺店"4.3 万家，同比增长 2 倍，线下无理由退货满意度达 8 成多。

2022 年 3 月，广东省消委会联合全省消委会向广大经营者和社会各界发出"共促消费公平共建放心消费"倡议。倡议以"促进消费公平，维护消费者权益"作为经营准则，公平对待每一位消费者，切实保护老年人、未成年人、残疾人等特殊群体消费权益。

2022 年 3 月，广东省消委会联合广东省汽车流通协会向社会发布《广东省二手车买卖合同（示范文本）》，呼吁省内二手车行业企业积极启用之，并加大宣传推广力度。

2022 年 3 月，广东省消委会发布消费不公典型案例，呼吁社会维护消费公平。案例涉及强制消费、消费诱导、"霸王条款"、不合理收费等典型消费公平问题，同时对未成年人、老人等特殊群体的消费权益保护予以关注。

2022 年 4 月 18 日，广东省消委会与香港消委会举行线上视频会议，就两地开发和建设消费投诉平台事宜进行交流与探讨，共同推动消费维权一体化，深化粤港澳大湾区消费维权合作。

2022年5月16日，广东省消委会联合广东省珠宝玉石首饰行业协会向珠宝玉石首饰行业经营者发出倡议：一是依法合规，诚实守信；二是公开透明，放心消费；三是承诺践诺，承担责任等。

2022年5月，广东省消委会曝光YY直播"侵犯消费者知情权"。消费者邹先生向广东省消委会诉称，其从未接受过YY直播平台任何直播服务，但账单显示已被扣费。广东省消委会接到投诉后，要求YY直播平台帮助邹先生核实其个人账号的消费信息。YY直播平台客服始终以账号信息属个人隐私、公司只配合公安部门调查为由，坚持让邹先生报警。广东省消委会表示，YY直播平台的行为明显侵犯了消费者的知情权，并予以曝光披露。

2022年5月30日，广东省消委会发布《2022年度互联网弹窗信息调查报告》。报告显示：消费者普遍反映互联网弹窗频繁出现、关闭难；多数消费者认为问题弹窗带来不良影响，侵害了其合法权益；部分弹窗存在诱导点击、影响正常使用等情形。

2022年6月，广东省消委会开展助农消费教育活动。6月23日，广东省消委会组织党员走进惠州龙门县龙华镇，开展以"助力乡村振兴工作推动农村消费升级"为主题的志愿服务及农村消费教育活动，为群众派发维权手册，接受维权咨询，讲解电器消费知识和金融消费注意事项。

2022年7月11日，广东省消委会发布《互联网弹窗信息问题"回头看"调查报告》，调查结果显示：弹窗问题整体改善，但仍有个别网站依然没有整改或出现新的问题，如游侠网商业推广信息未标明"广告"标识。

2022年8月4日，广东省消委会发布《广东放心消费创建宣传片》，介绍了广东消委会开展的"经营者放心消费承诺""线下无理由退货承诺"等活动的有关情况。

2022年8月5日，广东省消委会发布家用电器安全使用年限问题专项调查结果，结果显示：57.7%的受访者家里有使用超过8年的家电，大多数受访者不了解国家对家电安全使用年限的政策或规定和各类家电的具体安全使用年限。广东省消委会提醒消费者：一是厘清安全使用年限和质保期的区别；二是尽量避免使用超过安全年限的家电；三是做好维修养护和定期安全检查；四是践行绿色低碳可持续消费理念。

2022年9月14日，广东省消委会发布消费提示，提醒广大消费者识别防范"消费刺客"，仔细看清问清价格等信息。消费者若在付款时发现遭遇"消费刺客"，应该大胆说"不"，行使正当的法律权利，切不能为了面子而自认倒霉；若在付款后察觉商家存在欺诈行为，同样有权要求退货、退款。

2022年9月，广东省消委会新增3支消费者权益保护专家专业队伍。9月22日，广东省消委会举行消费维权专家团队、律师团队成立大会，49名来自各领域的专家和专业代表受聘为消费维权专家委员会专家或行业技术专家库成员，26名律师受聘为消费维权公益律师团成员。

2022年10月29日，广东省消委会发布家政服务消费提示：一是预付式消费风险大，大额预付费用须谨慎；二是仔细核对人员信息，防范夸大虚假宣传；三是清晰了解服务内容，保证价格质量对等；四是看清合同条款，拒绝不平等约定。

27. 广西壮族自治区消费者权益保护委员会

2021年9月，广西壮族自治区消委会组织开展"质量月"消费体验活动，来自星湖小学、园湖路小学的学生代表走进广西皇氏集团，参观牛奶加工过程，开展食品安全、理性消费和消费维权知识科普，活动受到了学生和家长的欢迎。

2021年12月，广西壮族自治区消委会发布的儿童配装眼镜、蛋白（质）粉、儿童内裤、卫生巾等4类商品比较试验结果显示：24款儿童配装眼镜样品中有2款样品的光学测试项目结果不符合相关国家标准；15款蛋白（质）粉样品总体表现良好，但产品执行标准不一，混淆消费者认知，不利于行业的有序发展；35款网售儿童内裤样品存在的问题主要集中在"三无产品"、标签标识不齐全、pH值不符合国家标准等；21款卫生巾样品所测项目均符合相关标准要求。

2022年2月，广西壮族自治区消委会发布家用电子取暖设备消费提示，提醒消费者在选购时要认真检查产品包装是否有3C认证标志、生产企业名称、出厂检验合格证、执行标准代号等重要信息，核对产品信息是否与说明书一致。

2022年5月，广西壮族自治区消委会发布2021年度广西城市消费者满意度结果。5月27日，广西壮族自治区消委会发布的2021年度广西城市消费者满意度测评结果显示：14个设区市消费者满意度综合得分为76.3分，比2020年上升0.7分，比2019年上升4.3分，消费者满意度得分逐年稳步提升，但消费信心稍显不足，消费生活水平处于中下游区间。

2022年6月，广西壮族自治区消委会联合多家单位开展助老主题党日活动。6月8日，广西壮族自治区消委会联合广西市场监管局、广西壮族自治区质检院、邮储银行等单位开展"守好养老钱远离消费陷阱安享幸福晚年——2022年自治区市场监管局喜迎二十大永远跟党走"主题党日活动，向老年消费者直观展示白酒、家用电器、厨房用品等商品真假辨别方式，讲解保健品市场常见的虚假宣传手法。

2022年9月，广西壮族自治区消委会等开展食品安全"你点我检·桂在行动"服务进校园专项活动。9月16日，由广西自治区消委会、市场监管局主办的2022年广西食品安全"你点我检·桂在行动"服务进校园专项活动在南宁学院举行，通过发放"你点我检"调查问卷、现场食品快检、现场互动等方式，向学生普及各类食品安全和消费维权知识。

2022年9月，广西壮族自治区消委会开展汽油消费体察活动。9月24日，广西壮族自治区消委会在南宁开展的探秘加油站的"真面目"消费体察活动中，通过对绿色能源在汽车领域的应用演示，向广大消费者普及绿色能源消费知识。

28. 海南省消费者委员会

2021年7月，海南省消委会与海南省人民检察院会签了《关于加强消费民事公益诉讼协作的意见》，该《意见》旨在进一步加强消委会与检察机关的协作，促进消费维权法治合力，切实提高消费民事公益诉讼的工作效率。

2021年9月，海南省消委会与海南省市场监督管理局、海南省室内装饰协会联合发布《海南省家庭室内装饰装修工程施工合同（示范文本）》，以引导和规范签约履约行为，维护合同当事人合法权益。

2022年1月，海南省消委会发布消费提示消费者：自觉抵制违规办法，对于参加校外培训项目要保持理性，切实地维护好自身的合法权益，做到"六要、六不要"。

2022年10月28日，海南省消委会对5类婚纱照摄影合同不公平格式条款进行了点评，涉及损失赔偿、违约金、肖像权等与消费者有重大利害关系的格式条款内容。

29. 深圳市消费者权益保护委员会

2021年1月，在深圳市消委会组织召开的新能源汽车消费顾虑答疑会上，深圳市消委会公布了《新能源汽车消费调查报告》，邀请部分新能源汽车厂家、第三方检测机构以及政府部门相关人员，对调查中消费者对新能源汽车的顾虑进行答疑并展开座谈。

2021年1月，深圳市消委会依据2019年12月1日至2020年11月30日统计的消费评价指数，公布了超市行业消费评价指数。该评价指数对9家大型连锁超市进行了评价，评价指数显示：9家大型连锁超市的消费评价指数全部达到7分（满分为10分）以上，均建立了投诉处理绿色通道，总体情况较好。

2021年1月，深圳市消委会发布《深圳市早期教育行业自律公约》，首批加入该公约的7家早教机构进行了公开承诺。《公约》明确了购买课程但尚未消费的顾客可在7天消费"冷静期"内全额退款，并且规定了早期教育机构使用消费者参加其组织的课程、活动期间摄制的任何资料，均应经消费者授权同意。

2021年2月，深圳市、区消委会共登记消费者投诉1540件，与2020年春节期间（1月24日—30日）1935件相比减少20.57%。未成年人网络游戏消费问题，电影兑换券销售及兑换问题，网络食品餐饮配送不及时，以及共享汽车、租车服务存在计费、车辆故障等问题投诉相对集中。

2021年3月，深圳市消委会发布深圳地区生鲜电商行业消费评价指数排行榜，其中，盒马鲜生、美团买菜、每日优鲜、叮咚买菜、朴朴5家生鲜平台的消费评价指数总体情况良好，上述5家平台目前均建立了投诉处理绿色通道，在投诉处理方面，能更快地响应消费者的诉求且处理成功率较高。

2021年5月，深圳市消委会、福田区消委会联合推出《扫码消费行业自律承诺》。目前已有 300 余家购物中心、百货商场自愿加入该承诺，对推动行业发展，保护消费者个人信息起到积极作用。

2021 年 5 月，深圳市消委会发布在线旅游平台行业消费评价指数排行榜，对有一定市场占有率的 11 家在线旅游平台进行了消费评价指数排名，建议消费者优先选择消费评价指数较高的经营者进行消费。

2021 年 10 月，深圳市消委会发布的无线充电宝比较试验结果显示：10 款无线充电宝样品中，8 款样品符合测试要求，水滴、科沃 2 款无线充移动电源样品均未标注宣称值，实测转换效率未达到 80%，不符合标准要求。

2021 年 10 月，深圳市消委会发布的蜂蜜比较试验结果显示：16 款蜂蜜样品中，微生物指标、抗生素、重金属锌的检测结果均符合国家标准要求，兽药残留均未检出，未发现蔗糖、碳-4 植物糖掺假的情况，其中 13 款蜂蜜样品水分含量达到《GH/T18796-2012 蜂蜜》一级品要求。

2021 年 12 月，为指引消费，加强长租公寓服务的社会监督，深圳市消委会发布长租公寓行业消费评价指数，排名前 3 的是深圳自如生活信息科技有限公司、深圳市泊寓租赁服务有限公司和汉仕公寓。

2021 年 12 月，深圳市消委会公布的线下洗衣服务调查结果显示：15 家品牌门店中，有 5 家品牌门店的服务项目和洗后效果，综合结果表现优秀；标签注明"请勿干洗"的羽绒服样品中，有 7 家品牌门店员工在取衣时表示对羽绒服采用了干洗的洗涤方式。

2022 年 2 月，深圳市消委会就引导未成年人养成良好消费习惯提出建议。春节期间，怎么处理孩子收到的压岁钱，是家长必然面对的难题。对此，深圳市消委会建议，可以根据孩子的生理发育特点，通过个人消耗型消费、社交型/关系型消费以及投资型/升值型消费方面的活动引导消费习惯。

2022 年 2 月，深圳市消委会发布的《2021 年深圳市消费投诉分析报告》显示，2021 年，深圳市、区消委会共收到投诉 210414 件，同比增长 2.6%。投诉排名前 5 的行业分别为：互联网及通信服务、教育培训、通讯电脑数码、文体旅游服务、化妆品/美容美发/整形。

2022 年 2 月，深圳市消委会发布的通报称，对深圳市东承健身管理有限公司无视市消委会的调查调解工作和消费者合理退款诉求、严重侵害消费者权益的行为进行公开谴责，并要求该公司立即整改，纠正错误的经营管理方式，妥善处置相关消费投诉。

2022年2月，深圳市消委会发布充电器消费提示，向消费者介绍了分辨正规充电器的方法：一是触外壳，充电器外壳塑料件表面应平整光滑无毛刺、色泽均匀；二是掂重量，充电器自身重量不可过轻；三是查标识，检查产品及外包装上是否印有CCC标志；四是观插头，充电器插头应加工精细、光洁、无锈蚀等。

2022年4月27日，深圳市消委会发布2022年快递物流行业消费评价指数排行榜。排行榜显示：22家快递企业均与市消委会建立先行和解通道，平均消费评价指数为6.66分，行业消费评价指数处于较高水平。

2022年5月，深圳市消委会成立首个消费教育基地。5月8日，深圳市消委会启动"消费公平，你我同行"深圳消费教育基地市民巡礼系列活动，为深圳首个消费教育基地——深圳珠宝博物馆揭牌，并组织了10余组亲子家庭参与消费教育科普互动课堂。

2022年5月24日，深圳市消委会曝光10家失信企业，并将10家停止营业且未按约定退还消费者预付款的企业及其主要负责人推送至深圳市公共信用中心，通过深圳信用网公开披露。深圳市消委会表示，将适时支持消费者对此次披露的失信企业提起诉讼。

2022年7月，深圳市消委会开展共享充电宝消费监督。7月14日，深圳市消委会召开充电设施设备之共享充电宝消费监督新闻发布会，公布了共享充电宝行业存在的5大问题，经营者问题整改率100%。

2022年7月，深圳市消委会发布全国首个健身行业自律公约。7月19日，深圳市消委会联合市文化广电旅游体育局、市体育产业协会、市健身行业协会召开深圳市健身行业"好人举手放心消费"自律公约授牌仪式，正式推出《深圳市健身行业自律公约》，首批已有9个品牌229家门店加入此公约。

第二节 国际消费者组织维权动态

一 2020年世界消费者权益日主题：永续消费

国际消费者协会（Consumers International）将2020年的"世界消费者权益日"主题定为"永续消费"，期望能引起全球更广泛地关注可持续消费，为地球及人类永续发展、为人类构建公平优质的生活环境而努力。

为保护地球环境，以及为如今和未来提供一个可持续的、公平的社会生活环境，人们需要思考制造消费品的过程及提供服务的方式。可持续消费的目的在于增加资源使用率及有效地提高公平贸易，并借此减轻贫困，让所有人透过获得食物、水、能源及医药等资源。

根据国际消费者协会的数据，食物系统所产生的温室气体排放量占全球总排放量的37%，其中以畜牧业所导致的砍伐树林、温室气体排放，以及过度用水等问题最为严重。而人类使用的塑料主要来自食品制造业，约有60%的塑料制品最后被弃置在堆填区或自然环境中。预计到2050年，全球的废物量将比同期人口增加多出一倍，达到34亿吨，但同时全球所生产的食物约有30%至40%被浪费。

当先进国家人们毫无节制大肆消费时，地球上另一端却有数亿人口仍生活在物资匮乏中，甚至无法获得最低限度的生活保障。如果每个人都毫无节制地消耗资源过活，那么再大的地球都无法满足我们的欲望。

因此，积极倡导永续消费的理念，让美丽的地球永续，无疑是留给下一代最美好的资产。

二 2021年世界消费者权益日主题：对付塑料污染

国际消费者协会（Consumers International）将2021年的"国际消费者权益日"主题定为"对付塑料污染"，并呼吁全球消保组织采取不同的措施或推广工作以响应这主题。

塑料在人们日常生活中应用广泛，但人们目前使用塑料的习惯并不具可持续性，特别是一次性塑料产品，是导致全球性的塑料污染问题的主要因素之一，且正在影响人类健康及生态系统。

国际消费者协会此前早已关注塑料污染问题并已开始采取相应行动，社会上各阶层都要进行系统性的改革，让塑料污染问题得到更有效的治理及采用可持续的消费模式。要实现此目标，可以为消费者提供更多、更易获得及更易负担的可持续性替代品、建造有效的公共回收设施，以及对消费者进行环保教育从而引导消费者做出正确选择。

今年国际消费者协会的"世界消费者权益日"主题集中于7R：Rethink（慎思）、Refuse（拒绝）、Reduce（减少）、Reuse（重用）、Recycle（回收）、Repair（维修）以及Replace（替代），提倡消费者重新检视自身的消费习惯以尽量减少使用塑料品，在可行的情况下拒绝非必要的塑料品并要求企业提供具有可持续性的替代品，减少购买及弃置塑料品的数量，重复利用塑料品以尽量延长使用它们的时间，按照当地回收指引正确弃置塑料产品，尽可能维修用品或电器。

三 2022年世界消费者权益日主题：公平数字金融

国际消费者协会公布2022年的"消费者权益日"主题为"公平数字金融"，并提出全球消费者都有权利享有安全和公平的数字金融服务。

据相关数据显示，2024年全球将有超过36亿使用数字银行服务的用户。在以往，处于弱势的金融消费者没有太多接触使用数字金融服务的途径，但经过科技的不断发展，其衍生出来的产品及服务为弱势数字金融消费者带来许多新机会。新冠肺炎疫情期间，金融支付、借贷、保险及理财的模式也在科技领域上发生了不同程度的变化。

数字金融服既为消费者带来了各种更好的消费体验，也为消费者带来了一系列挑战。例如由于缺乏工作人员解释而令消费者未能理解的各类条款、不平等条款以及诈骗等。其他的风险包括个人资料的保护、大数据可能引起对消费者的价格歧视以及在无现金社会下被忽视的一群弱势数字金融消费者。

对于"公平数字金融",国际消费者协会将其定义为不排斥任何消费者、安全、能保障个人资料及提供隐私的金融产品或服务,即所有消费者,包括弱势数字金融消费者都能有接触使用数字金融服务的途径去处理他们的财产,且受到保护、避免堕入任何诈骗或网络诱骗骗局,同时个人信息也受到保护。

四 2022 年国际消费者大会

由中国国际商会(ICC 中国)和国际商会(ICC)广告委员会共同主办的 2022 年国际消费者大会,于 2022 年 7 月 5 日至 6 日下午在线上举行。

本次大会围绕"数字时代青少年消费者权益保护""绿色可持续消费"两大主题,分别介绍了与之相关的最新政策、前沿发展、具体案例等内容。

其中,在"数字时代青少年消费者权益保护"研讨环节,来自各国的专家围绕《国际商会儿童营销行为指南》中青少年和儿童的年龄差异、营销中的儿童权利、企业十大原则等要素展开了讨论,并分析了各国青少年数字营销合规领域的法律法规,对各国的典型案例、企业实践也进行了分享。

而在"绿色可持续消费"研讨环节,专家们则介绍了《国际商会负责任环境营销传播框架》的主要内容,以及欧盟各国营销和广告中关于环境和可持续性的法律法规,共同探讨了绿色商业模式转型,分析了绿色可持续消费与企业发展之间的关系,并分享了企业在绿色消费领域的实践案例。

五 国际消费者联会区域动态

(一)亚太地区

1. 美国

2021 年 1 月,美国《消费者报告》从前期费用、月付费用、未来价值、里程、责任承担等多方面比较分析了租赁汽车与购买新车的区别,为消费者决策提供参考。

2021年2月，美国《消费者报告》收集了消费者提出的食品营养与健康饮食等方面的问题，并邀请健康和安全专家进行解答。

2021年3月，美国《消费者报告》向消费者介绍了如何限制软件位置跟踪、面部识别、智能扬声器录音等软件个人信息收集行为的方法，以保障消费者个人信息安全。

2021年4月，美国《消费者报告》向消费者介绍了如何利用Google（谷歌）隐私设置来限制Google为广告和其他目的进行个人信息收集和数据共享。

2021年5月，美国《消费者报告》通过模拟消费者日常使用手机的方式测试了10款智能手机的电池损耗，对电池寿命进行了评级，向消费者介绍了延长电池寿命的技巧。

2021年6月，美国《消费者报告》从产品质量、价格、经营场所清洁度等方面对96家杂货店及超市进行了评级，介绍了理性购物的方法与省钱的技巧。

2022年1月，美国《消费者报告》向消费者介绍了使用临时邮箱生成器避开垃圾邮件的方法。

2022年4月，美国《消费者报告》向消费者介绍了美国居民普遍纤维摄入量不足的现状、每日纤维摄入量的标准、全谷物膳食的优点以及纤维含量高的谷物。

2022年5月，美国《消费者报告》介绍了各地燃料市场的行情以及如何节约汽油、天然气的消耗与费用。

2022年6月，美国《消费者报告》公布的驱虫剂测试报告显示：四分之三的被测样品表现良好。

2022年8月，美国《消费者报告》冰箱比较试验结果显示：尽管冰箱平均预期寿命是10年，但是10年间不出故障的概率很低。

2022年9月，美国《消费者报告》为消费者提供了购买省油新车的建议。

2. 澳大利亚

2021年7月，澳大利亚消费者组织向消费者介绍了在接受流媒体服务时出现应用程序停止运行、网络掉线、视频模糊等异常情况的解决办法。

2021年9月，澳大利亚竞争和消费者委员会发布调查报告称，谷歌广告技术供应链中的主导地位损害了企业和消费者的利益。

2021年10月，澳大利亚消费者组织针对低收入消费者进行了调查与采访，并对电信行业收费与优惠计划进行了评估，以促进解决低收入人群电信负担问题。

2022年3月，澳大利亚消费者组织发现在线住宿市场"爱彼迎"秘密收集用户个人信息以评估用户是否值得信赖。

3. 日本

2021年1月，日本国民生活中心检测了15个品牌的次氯酸盐水，并根据检测结果提出了相关建议。

2021年2月，日本国民生活中心测试了25个品牌的眼镜式放大镜，并结合测试结果向企业提出了要求，给消费者提出了选购和使用建议。

2021年3月，日本国民生活中心根据近年来收到的消费者关于共享汽车服务的咨询情况，从汽车车况检查、故障问题及维修费用承担等方面向消费者提出了建议。

2021年4月，日本国民生活中心向消费者揭露了以付费接种疫苗或提高接种优先级为由索取消费者个人信息及金融信息的诈骗手法，提醒消费者提高防范意识，切勿上当受骗。

2021年5月，日本国民生活中心鉴于年轻人群医疗美容咨询量日益增多的情况，建议消费者应了解医疗美容项目的风险与副作用，不轻信医疗美容广告，提醒消费者结合自身经济情况谨慎消费。

2021年6月，鉴于近期虚拟货币类咨询增多的情况，日本国民中心提醒消费者谨慎签订合同，不要轻信商家的广告宣传与亲友的推荐。

2021年7月，日本消费者事务中心应消费者要求对腹肌锻炼辅助器进行了测试，并发布消费者使用腹肌锻炼辅助器的注意事项与常见故障类型。

2021年10月，日本消费者事务中心公布的婴幼儿食品标签问卷调查结果显示：相当部分的消费者不能正确理解婴幼儿食品标签的含义。

2021年12月，日本消费者事务中心开通了新冠疫情相关诈骗消费者热线，接受相关消费欺诈问题的咨询。

2022年1月，日本国民生活中心提醒消费者，如果遇到以新型冠状病毒为借口要求提供金钱或个人信息的情形，请勿轻信，并及时联系"新冠相关欺诈消费者热线"。

2022年2月，日本国民生活中心提醒消费者，电视购物等邮购销售没有冷静期，购物时需仔细查看退货政策。

2022年3月，日本消费者事务中心提醒消费者使用电动滑板车时注意电动滑板车是否符合安全标准。

2022年4月，日本国民生活中心揭露了经营者虚假宣传"无自费"产品的骗局，提醒消费者谨慎签订此类合同。

2022年5月，日本消费者事务中心提醒消费者需要根据自身运动习惯与体能状况制订健身训练计划，以防在训练中受伤。

2022年6月，日本国民生活中心提醒消费者小心灾后家庭维修消费陷阱。

2022年7月，日本国民生活中心提醒消费者谨慎对待卖惨博同情的水产营销电话，如有纠纷可联系消费者事务中心。

2022年8月，日本国民消费者事务中心发布《2021年度跨境消费咨询概要》指出，2021年该中心收到的跨境消费咨询量同比增加4%。

2022年9月，日本国民生活中心提醒消费者，使用文件共享软件存在版权侵权风险，应避免从事侵权违法行为。

4. 韩国

2021年9月，韩国消费者保护院发行老年人海外直购指南。

2021年12月，韩国消费者组织公布了美容整形机构相关的消费者咨询情况，提醒消费者防范美容整形机构预付费风险。

2022年1月，韩国消费者院发布的翻新家具消费满意度调查报告显示：消费者对购买和使用大体上很满意，但合同交付等问题需要改善。

2022年6月，韩国消费者院发布数据称，整形医疗服务中合同解除纠纷占比最高，提醒消费者注意整形医疗服务损害。

2022年7月，韩国消费者院发布调查报告称，部分二手交易平台存在销售无法在线或单独出售的物品问题。

2022年8月，韩国消费者院提醒消费者，购买二手车时应彻底检查是否有进水迹象。

2022年9月，韩国消费者院发布的有声书服务满意度调查结果显示：消费者对有声书服务的"可玩性"满意度较高，对服务价格的满意度较低。

5. 新西兰

2021年1月，新西兰消费者协会测试了34款烧烤炉，比较了不同种类的烧烤炉功能、燃料可持续性与优缺点。

2021年2月，新西兰消费者协会开展的不健康食品营销消费者问卷调查结果显示：78%的人认为儿童收看了过多关于不健康食品的广告，92%的人希望儿童看电视的高峰时段禁止播放不健康食品的电视广告。

2021年3月，新西兰消费者协会测试了79款手机，从手机性能、相机品质、电池寿命等方面进行了比较。

2021年4月，新西兰消费者协会测试了11款电热毯，比较了电热毯加热速度与运行成本，介绍了安全使用方法。

2021年5月，新西兰消费者协会测试了42款洗碗机，从功能、容量、噪音、周期等方面进行了比较。

2021年6月，新西兰消费者协会测试了34款笔记本电脑，从性能、外观、使用感与电池寿命等方面进行了比较。

2021年7月，新西兰消费者协会发布36款微波炉比较试验结果，从烹饪、解冻、加热性能等方面进行了比较。

2021年9月，新西兰消费者协会提醒消费者"先买后（分期）付"缺乏监管，如未按时还款，消费者将面临缴付巨额滞纳金的风险。

2021年10月，新西兰消费者协会发布51款电暖气比较试验结果，从加热效果、使用便捷性与恒温器性能等方面进行了比较。

2021年12月，新西兰消费者协会介绍了不同原因致航班取消的责任承担问题。

2022年1月，新西兰消费者协会提醒消费者在购买便携式游泳池前务必遵守安全规则。

2022年2月，新西兰消费者协会对6家运动补品店进行了神秘购物并测试，发现 6 种产品中含有非法药物，包括苯丙胺类兴奋剂、用于治疗多动症和帕金森病的处方药等。

2022 年 3 月，新西兰消费者协会对 8 种防晒霜进行测试后发现只有一种产品符合 SPF 标签要求。

2022 年 4 月，新西兰消费者协会开展的 2022 年银行消费者满意度调查显示：近六成的消费者对银行服务"非常满意"。

2022 年 5 月，新西兰消费者协会发布的洗碗机测试结果显示：洗碗机比手洗餐具的耗水量更低。

2022 年 6 月，新西兰消费者协会公布的慢炖锅比较试验报告显示：所有被测炊具烹煮的食物都可以安全食用。

6. 新加坡

2022 年 7 月，新加坡消费者协会与新加坡全国工会代表大会（NTUC）签署谅解备忘录，将为 100 万个 NTUC 会员免费提供消费者争议解决服务。

（二）欧洲地区

1. 欧盟委员会

2021 年 9 月，欧盟委员会设立欧洲卫生应急准备和相应机构，为消费者提供服务。

2022 年 3 月，欧盟消费者组织表示，欧盟和欧洲国家达成的数字市场法案将促进建立更公平的数字市场来造福消费者。

2. 意大利

2021 年 1 月，意大利消费者协会针对"iPhone（苹果手机）电池门"事件对苹果公司提起集体诉讼，代表权益受到非法侵害的意大利消费者索赔 6000 万欧元。

2021 年 2 月，意大利消费者协会向消费者揭示了不法分子盗取 WhatsApp 账户实施诈骗的新骗局，警示消费者不要向任何人提供验证消息中的 6 位数代码。

2021 年 3 月，意大利消费者协会向消费者介绍了脉搏血氧仪的功能与工作原理，并提供了相关选购建议。

2021 年 4 月，意大利消费者协会向消费者解答了疫情原因导致旅行取消后，飞机、火车、轮船、酒店退款及优惠券使用的注意事项以及相关消费者权益问题。

2021年5月，意大利消费者协会从出入境限制、核酸检测、自我隔离等方面向消费者介绍了国内外旅行的规则。

2021年6月，意大利消费者协会测试了适用于Mac OS（苹果电脑）和Windows的27款防病毒软件，从有效性、实时性与易用性等方面进行了比较。

2021年7月，意大利消费者组织对大众汽车发起的柴油门集体诉讼胜诉，法院判决大众汽车向每位客户支付3300欧元和利息，总额为2亿欧元。

2021年10月，意大利消费者组织介绍了买卖房屋的税收与优惠政策、房地产中介费用以及相关的法律法规。

2021年12月，意大利消费者组织介绍了不同材质平底锅的优缺点以及使用、洗涤平底锅的注意事项。

2022年1月，意大利消费者组织测试了26款酸奶，从营养成分、味道、包装、标签标识等方面进行了比较。

2022年4月，意大利消费者组织比较了不同能源供应商的电力与天然气报价，并向消费者介绍了转变能源供应商的方法。

2022年5月，意大利消费者组织发布15款条形音箱比较试验结果，从产品性能、易用性、网络配置等方面进行了比较。

3. 法国

2021年1月，法国消费者组织呼吁法国政府禁止在冷肉中使用亚硝酸盐，以保护消费者的健康使用。

2021年2月，法国消费者组织研究了10个专业网站以及个人交易中涉及的1000个巴黎房地产广告，发现40%广告涉嫌违规。

2021年3月，法国消费者组织针对较突出的食物浪费现象，向消费者提供了减少食物浪费的实用指南，倡导广大消费者积极采取行动，营造节约粮食新风尚。

2021年4月，法国消费者组织向消费者介绍了不同种类的食品添加剂以及欧盟相关规定，鼓励消费者将加工较少的食品作为基础饮食。

2021年5月，法国消费者组织从开展消费者教育、减少环境污染、支持地方采取举措、进行科学研究等方面向消费者介绍了国家环境卫生计划（PNSE4）。

2021年6月，法国消费者组织介绍了农药的种类、危害，欧盟与法国的相关规定，以及使用农药的注意事项。

2021年7月，法国消费者组织介绍了公寓视频监控在安全保障与行政执法方面的作用与安全隐私方面的限制。

2021年9月，法国消费者组织呼吁行政部门提高"在监管条件下获取历史核能电力"政策的上限，确保消费者获得公平电价。

2021年10月，法国消费者组织介绍了疫情期间网上办理行政手续、开具电子发票和申请社会救助的方法。

2021年12月，法国消费者组织介绍了网购遭遇质量问题、货不对板、逾期送达等问题的维权方法与14天无理由退货的操作方式。

2022年4月，法国消费者组织向消费者介绍了如何整理冰箱以保证食物的良好储存、避免变质，从而防止食物浪费的方式。

2022年5月，法国消费者组织介绍了法国2040年消除一次性塑料包装的国家政策和《循环经济反浪费法》中与减少、再利用和回收塑料制品有关的目标。

2022年7月，法国消费者组织对Kask Urban Lifestyle品牌的一款高价自行车头盔进行了测试，发现该款头盔的保护效果远不如以较低价格出售的其他型号产品。

4. 德国

2021年1月，德国消费者组织联合会对德国《包装法（草案）》进行评论表示，由于使用可重复利用包装的强制性规定适用范围较小，难以实现减少一次性废物的目标。

2021年2月，德国消费者组织联合会开展了出行领域共享服务问卷调查结果显示，共享单车与共享汽车的知晓度分别为79%和87%，但消费者仍然很少体验这些共享服务。

2021年3月，德国消费者组织联合会授予了来自13个联邦州的39所学校为消费者学校，这些学校因其杰出的消费者教育工作而受到认可。

2021年4月，德国消费者组织联合会对消费者、企业和政府进行了新冠肺炎疫情压力测试，指出强有力的消费者保护会使人们对经济发展充满信心，要求企业不得将风险和成本转移给消费者，呼吁政府制定援助政策应兼顾消费者与企业，而不是仅关注企业。

2021年5月，德国消费者组织联合会表示，在7月起禁止使用一次性塑料餐具的背景下，迫切需要政府为纸、棕榈叶和甘蔗制成的替代品制定规则，以更好地保护环境和消费者。

2021年6月，德国消费者组织联合会向消费者介绍了其组织的历史演变与近70年来消费维权大事记。

2021年7月，德国消费者组织联合会能源与建筑团队负责人指出，欧盟委员会提出的气候保护立法提案应当公平分担气候保护成本，而不是单方面加重消费者的负担。

2021年9月，德国消费者组织联合会成功起诉某健身房发送单方面延长合同期限电子邮件的行为，法院判决消费者不承担健身房因疫情关闭后合同延期的后果。

2021年10月，德国消费者组织联合会建议联邦政府保障消费者免受人工智能系统的歧视，强化人工智能系统的可追溯性和独立控制，以提高消费者对人工智能技术的信心和接受度。

2021年12月，德国消费者组织联合会开展的能源转型问卷调查结果显示：73%的人支持能源转型的目标，但仅21%的人对能源转型的速度感到满意。

2022年1月，德国消费者组织联合会呼吁对不健康食品进行全面的广告限制，在上午6点至晚上11点之间禁止通过电视、广播和流媒体播放相关广告，以保护未成年人。法国消费者组织向消费者介绍了滑雪运动的危险性、选购滑雪保险的注意事项与费用承担等。

2022年3月，德国消费者组织联合会呼吁通过修订欧盟消费者信贷指令，在放贷时更好地保护消费者。

2022年4月，德国消费者组织联合会开展的客户服务消费者调查显示：21%的消费者表示他们最近1年内在客户沟通方面有过"非常或比较消极"的体验。

2022年5月,德国消费者组织联合会发布的电信行业投诉情况显示:新《电信法》中关于合同签订与终止方面的消费者权利仍未得到有效落实。

2022年6月,德国联邦消费者协会呼吁全面监管针对儿童的营销,阻断不健康食品广告。

2022年7月,德国消费者组织联合会警告三家在线市场运营商不得发布关于翻新电子产品的误导性广告。

2022年8月,德国消费者组织联合会指出,智能手机维修费用过高,呼吁国家落实维修权。

2022年9月,德国消费者组织联合会向柏林地区法院起诉,要求确认音乐流媒体服务Spotify的价格调整条款无效,得到当地法院支持。

5. 英国

2022年1月,英国消费者组织指出,大量亚马逊卖家通过推特向买家退款以换取虚假好评。德国消费者组织联合会开展的婴儿湿巾比较试验结果显示,帮宝适和Hipp(喜宝)的产品表现良好。

2022年6月,英国消费者组织对矿物防晒霜进行测试发现,多款产品未能提供足够的防晒保护。

2022年7月,英国消费者组织指出消费者可能存在的9大防晒误区,包括涂抹防晒霜不足量等问题。

2022年8月,英国消费者组织向消费者介绍节省电费和燃气费的10种方法。

2022年9月,英国消费者组织向消费者普及智能电表的工作原理、安全性、消费者个人信息获取等消费知识。

6. 俄罗斯

2022年3月,俄罗斯联邦消费者联盟呼吁所有暂停或终止在俄经营的外国公司,在其官方网站公开宣布他们继续履行对俄罗斯消费者的所有法定或约定义务。

7. 西班牙

2022年6月,西班牙消费者和用户联合会对数百名来自马德里的年轻人进行了防伪消费知识培训。

2022年8月，西班牙消费者组织提醒消费者，来自比利时的冷冻浆果中可能含有甲型肝炎病毒。

2022年9月，西班牙消费者组织调查指出：7%的冰箱和洗碗机带有的能源标签已过期或者根本没有能源标签，对消费者具有误导性。

第三节　联合国贸发会消费者保护动态

联合国贸易和发展理事会、贸易和发展委员会、消费者保护法律和政策政府间专家组第五届会议于2021年7月5日和6日在瑞士日内瓦万国宫以线上和线下相结合的方式举行。来自73个国家和7个政府间组织的代表，包括消费者保护和竞争主管部门的负责人，以及6个非政府组织的代表参加了高级别讨论。贸发会议代理秘书长在开幕发言中指出以下内容。

（1）在新冠肺炎大流行的背景下，各国正在从紧急状况过渡到恢复性应对。消费者保护和竞争主管部门面临的第一个威胁是口罩和洗手液等与卫生有关的基本消费品供应短缺，以及一些基本家居用品哄抬价格。许多国家采取了执法或监管行动，防止哄抬价格，一些国家设定了一篮子基本消费品的参考价格上限，并将个人卫生和清洁用品的价格上限设定在疫情发生前的水平。恢复性应对包括以下原则：消费者在线上购物享有的保护水平不得低于线下；消费者有权获得无害产品；消费者应该能够获得公平、有效、透明和公正的争议解决机制，特别是在网上。在这种背景下，《联合国消费者保护准则》仍然是各国政府在中长期加强消费者保护的一个有用工具。

（2）对政府而言，这是一个千载难逢的机会，可以为更公平和更包容的市场奠定基础。目前正在进行的两场经济革命：绿色革命和数字革命可以推动这一进程。实现可持续发展目标需要所有利益攸关方：政府、企业和民间社会的加倍努力。最重要的是，需要消费者发挥主导作用。疫情将消费者推向了一个还不那么安全和友好的数字环境，国家内部和国家之间的数字鸿沟是一个需要解决的现实问题。

（3）把消费者的利益放在政治议程的首位，既要有雄心壮志，又要脚踏实地。数字消费者需要得到更多保护，线上企业需要致力于增强消费者认知，维护消费者的权利，确保线上销售产品的安全，并为消费者提供争议解决方案。

（4）需要为消费者提供可持续消费的选择，让他们有机会为更绿色的经济和负责任的生产和消费做出贡献。为此，需要加强国际合作，以便通过联合和协调的执法工作，有效制止全球贸易商的滥用行为，保护全球消费者。

一 消费者保护法律和政策回顾

会议上，消费者保护法律和政策政府间专家组对下列大会决议进行了回顾

（1）回顾第八次联合国全面审查《管制限制性商业惯例的一套多边协议的公平原则和规则》会议（2020年10月，日内瓦）通过的决议；

（2）回顾大会2020年4月2日题为"全球团结抗击2019新型冠状病毒病（COVID-19）"的第74/270号决议；

（3）回顾大会2015年9月25日题为"变革我们的世界：2030年可持续发展议程"的第70/1号决议；

（4）回顾大会2015年12月22日题为"消费者保护"的第70/186号决议通过了经订正的《联合国消费者保护准则》。

联合国贸易和发展会议第十四届大会（2016年，内罗毕）做出的决定第69段和第76段（x）项指出，"公平、合理和有力的国家竞争和消费者保护法律和政策也很重要，同样重要的还有这些领域的国际合作、信息交流和能力建设，特别是鉴于全球市场的扩张、跨国公司作用的增大、增强透明度和问责的必要性、信息和通信技术革命以及电子商务的出现"，以及贸发会议应"继续协助发展中国家和经济转型国家制订并执行竞争和消费者保护政策和法律，包括通过自愿同行审评和交流最佳做法；并结合经修订的《联合国消费者保护准则》，与其他有关国际组织一道，为竞争机构与消费者保护机构之间的国际合作提供便利"。

会议重申消费者保护法律和政策在实现《2030年可持续发展议程》方

面发挥的根本作用，包括确保消费者能够获得基本商品和服务，增强消费者权能并保护消费者免受欺诈性和欺骗性商业做法的影响，以及加强消费者教育以确保做出更知情的选择。

会议欢迎各国政府在消费者保护领域采取果断措施和干预措施，通过协调一致的国际、区域和双边行动应对COVID-19危机，并努力减轻对国内市场和消费者福利的负面影响。

会议强调消费者保护法律和政策是在相互依存的全球化世界里应对不公平的欺诈性和欺骗性商业做法的一个关键手段，为此应提高企业透明度，增强问责制，调动资源，赋权消费者，解决争议和提供补救，减轻贫困，并推行包容性社会经济政策。

会议认识到一个切实有利于消费者保护和发展的环境可包括国家和国际合作及执行措施，以应对不公平、欺诈性和欺骗性的跨境商业做法；认识到需要加强贸发会议在消费者保护法律和政策方面的工作，以加强其在发展方面的作用，造福消费者和企业；认识到防止跨境分销已知不安全消费品以及不公平或误导性商业做法的有效政策可以增强消费者信心，并为经济可持续发展提供更有利的条件；认识到按照《联合国消费者保护准则》的建议，照顾到弱势和处于不利地位的消费者在公用事业方面的消费者保护需求日益成为成员国的优先事项。

二 《联合国消费者保护准则》执行报告

根据《联合国保护消费者准则》第97（a）段，政府间专家组听取了成员国和相关利益攸关方对准则执行情况的报告。讨论嘉宾包括：巴西司法部国家消费者事务秘书处消费者事务国务秘书；德国联邦司法和消费者保护部的一名国务秘书；葡萄牙经济和数字转型部贸易、服务和消费者保护国务秘书；意大利经济发展部的一名副部长；阿根廷国家消费者保护局国家消费者保护主任；沙特阿拉伯商务部副部长顾问。

（1）巴西司法部国家消费者事务秘书处消费者事务国务秘书介绍了巴西在实施消费者网上争议解决机制（2015年投入运行）方面取得的成就。2020年，巴西规定以下企业必须参加这一机制：公共和基本服务部门的全国性或地区性企业；食品配送和个人及集体运输部门的数字平台；以及国家消费者保护系统登记的被投诉最多的200家公司。

（2）德国联邦司法和消费者保护部一名国务秘书强调，疫情继续冲击消费者的生活。他强调，为了实现《2030年可持续发展议程》，在应对全球变暖、通过促进可持续消费保护环境和生物多样性以及通过支持弱势消费者克服全球不平等问题上开展国际合作至关重要。

（3）葡萄牙经济和数字转型部贸易、服务和消费者保护国务秘书指出，多边主义是应对政府、消费者、企业和民间社会面临的集体挑战的基本载体。需要为数字转型调整政策和体制工具。当务之急是保护弱势消费者免遭掠夺性做法的侵害，包括通过大力预防过度负债，并在发生这种情况时提供支持措施。

（4）意大利经济发展部一名副部长介绍了意大利担任20国集团主席期间在消费者保护领域取得的成果，特别是举办了关于数字经济中的消费者意识、保护和区块链可追溯性的多利益攸关方论坛，为此，他感谢贸发会议协助组织了该活动。意大利继续对数字经济中的消费者保护保持高度重视，这一点被认为至关重要，其原因包括疫情期间网上交易的增加。

（5）阿根廷国家消费者保护局国家消费者保护主任重点介绍了保护高度弱势的消费者的最新情况。高度弱势的消费者指那些因年龄、性别、身体或精神状况，或因社会、经济、种族和/或文化背景导致在充分行使其消费者权利时面临特殊困难，从而被认为处于弱势地位的消费者。阿根廷的消费者保护工作优先考虑此类消费者。

（6）沙特阿拉伯商务部副部长顾问详细介绍了沙特阿拉伯在执行《联合国消费者保护准则》方面的优先事项，包括消费者隐私和数据保护；电子商务；获得基本商品和服务；保护弱势和处于不利地位的消费者；消费者信息和教育；以及保护消费者的健康、安全和福利。他指出，该国正在起草一部新的法律，以便为消费者提供替代争议解决和网上争议解决。

三 弱势消费者在公用事业方面的保护需求

在该议程项目下，消费者保护法律和政策政府间专家组举行了一次圆桌讨论。讨论开始前，贸发会议秘书处介绍了关于弱势和处于不利地位的消费者在公用事业方面的消费者保护需求的背景文件（TD/B/C.I/CPLP/22）。讨论嘉宾包括：葡萄牙经济和数字转型部消费者总局局长、南非国家消费者委员会副主席、马来西亚标准部的一名研究员、国际消费者联会总干事和世界银行数字发展业务经理。

（1）葡萄牙经济和数字转型部消费者总局局长强调，伊比利亚美洲消费者保护机构论坛的一项调查表明，不同辖区对弱势消费者有不同的定义。她指出，人们越来越关注弱势消费者，并强调需要从法律角度采取更多行动。

（2）南非国家消费者委员会副主席说明了公用事业部门中的社会脆弱性。弱势和被边缘化的消费者往往无法获得水电和电信等公用事业，也没有办法改变这方面的不利地位。有关供应、收费和供应不稳定的消费者投诉大多涉及水电。

（3）马来西亚标准部的一名研究员强调，需要制定标准和规范，为消费者提供充分可靠的信息，并建议法律应力求从不同角度，如通过消费者法或基本服务法，保护弱势消费者。

（4）国际消费者联会总干事指出，弱势消费者问题不仅涉及低收入国家的人民，而且在大多数国家都是一个相关和突出的问题。人们对可持续消费的实际成本所知甚少，一个重要考虑因素是，可持续消费是否只适合那些有钱推行的国家。

（5）世界银行数字发展业务经理强调，穷人获得公用事业的程度最低，支付的价格最高，因为他们依赖非正规途径或是靠自己。在这方面，世界银行建议在制定政策时注重扶贫战略。

嘉宾们一致认为，政策制定者应将保护弱势和处于不利地位的消费者作为优先事项，应有效针对弱势和处于不利地位的群体设计政策工具，并采取特别措施提供财政和非财政支持。为此需要采取立法行动，嘉宾们强调了在公用事业部门保护弱势消费者的政策原则，涉及供应、质量、可负担性以及有效的争议解决机制和执法问题。此外，他们还强调了教育、宣传以及分享信息和最佳做法的重要性，这些有助于更好地应对弱势和处于不利地位的消费者面临的挑战。

在随后的讨论中，一些专家强调分享信息和最佳做法很重要，有助于更好地解决与弱势和处于不利地位的消费者有关的法律和立法障碍，并指出了专门帮助这些消费者的金融咨询机构和中心的重要性。一位代表指出，贸发会议能够向发展中国家提供政策指导和支持；另一位代表强调了就提高弱势消费者意识开展区域合作的重要性；一位代表提到了消费者在金融信贷和保健方面的脆弱性；个别代表强调了争议解决机制对处理消费者投诉的重要性；关于贸发会议在更好地协助成员国满足弱势和处于不利地位的消费者的需求方面的作用，嘉宾们指出，贸发会议为政策辩论和分享经验及最佳做法提供了一个重要平台。部分嘉宾请贸发会议就公用事业方面的弱势和处于不利地位的消费者发布一项建议书。

四 新冠疫情期间及之后的消费者法律、政策和监管行动

在该议程项目下，消费者保护法律和政策政府间专家组举行了一次圆桌讨论。讨论开始前，贸发会议秘书处介绍了关于在新冠大流行期间和之后的消费者法律、政策和监管行动的背景文件（TD/B/C.I/CPLP/23）。讨论嘉宾包括：哥伦比亚工商局负责消费者保护的副局长；白俄罗斯反垄断条例和贸易部消费者保护和广告管理司司长；肯尼亚竞争管理局竞争和消费者保护处主任；以及瑞典消费者署的一名高级法律顾问。

在小组讨论中，嘉宾们特别强调了消费者在电子商务方面面临的问题，并指出由于该部门在疫情期间的增长，投诉量也在增加。这突出表明，在电子商务部门，信任是必不可少的，需要对该部门进行监管，以确保网上卖家对消费者投诉做出回应。

（1）应考虑采用替代机制来解决网上消费纠纷，同时提高商家对消费者权利的认识；

（2）关于提出了电子商务中数字平台的责任问题，电子商务部门需要有强大的跨境机制，以促进最佳做法和标准，并通过网上争议解决平台来处理电子商务中普遍存在的跨境争议；

（3）跨部门合作也是保护市场参与者的关键；

（4）应加强国际和区域合作，包括消费者保护方面的合作，以确保发

生危机时供应链不会中断；

（5）学习不同地区的良好做法是有益的；强调跨境执法合作的重要性，并指出了其中涉及的挑战，如合作缺乏法律框架、对其他辖区的法律框架和优先事项缺乏了解、资源不足和语言不通等；

（6）保护消费者的区域方针是重要工具，应提高这方面的认识，因为相互理解将鼓励国际合作。

在随后的讨论中，代表们介绍了各自国家应对疫情的经验和在疫情中采取的保护消费者的措施。一些国家，如巴西，采用了网上争议解决机制，还有一些国家，如大不列颠及北爱尔兰联合王国，设立了消费者热线，用于报告各部门在疫情期间的消费者保护案例。一位代表提到了联合王国受疫情影响的行业，如假日租赁、婚礼预订、包机和旅游以及儿童日托服务，并提到为此适用了一项很少用的法则——普通法下的合同落空原则，基于这一原则，当事人可获得退款并免除手续费。另一位代表报告了为确立与消费者有关的公平商业惯例原则而通过的建议。一位专家请贸发会议根据2020年6月发布的关于消费者权利的建议书，在《联合国消费者保护准则》第78条的基础上发布关于旅游业的准则。最后，一位代表指出，需要在疫情后继续执行这些准则，特别是在数字经济、数据保护和信息安全、电子交易、支付系统安全、食品安全和旅游业等领域。

五 审评消费者保护法律和政策方面的能力建设和技术援助

在该议程项目下，消费者保护法律和政策政府间专家组举行了一次圆桌讨论。讨论开始前，贸发会议秘书处介绍了关于审评竞争以及消费者保护法律和政策方面的能力建设和技术援助的背景文件（TD/B/C. I/CPLP/25-TD/B/C. I/CPLP/60）。讨论嘉宾包括：巴西司法部国家消费者事务秘书处消费者事务国务秘书；俄罗斯联邦消费者权利保护和人类福祉联邦监督局局长；非洲经济委员会的一名经济事务干事。嘉宾们就发展中国家的消费者保护机构在疫情期间面临的挑战以及贸发会议可提供的技术援助发表了看法。

（1）巴西消费者事务国务秘书强调，疫情改变了消费者的行为，对消费者保护机构是一个巨大挑战。她详细介绍了在对某些产品的需求异常高涨的情况下监测健康相关产品的供应链和市场价格上涨的经验。秘书处与国家数据保护局签署了一项合作协议，就涉及个人数据和消费者保护的问题开展联合行动。最后，她指出，贸发会议是一个分享经验、教育消费者和培训消费者保护机构的重要论坛。

（2）俄罗斯联邦消费者权利保护和人类福祉联邦监督局局长强调了《联合国消费者保护准则》的作用，并表示俄罗斯联邦一直在考虑并提议对消费者保护规则的修订，包括引入网上争议解决机制。

（3）非洲经济委员会的经济事务干事指出了疫情对非洲国家的影响，强调这种情况使脆弱的消费者面临更多风险，但与此同时，机遇与挑战并存。该嘉宾分享了卢旺达用无人机运送药品的例子，不仅效率高，还降低了物流成本。

在随后的讨论中，一位专家强调了网上争议解决机制的重要性。最后，一位代表提到需要贸发会议为制定监管标准或法律框架提供支持，以保证在跨境电子商务交易中尊重消费者的权利。

附：会议出席情况

1. 贸发会议下列成员国的代表出席了会议：

阿富汗	荷兰
阿尔巴尼亚	尼加拉瓜
阿尔及利亚	尼日尔
阿根廷	尼日利亚
亚美尼亚	阿曼
澳大利亚	巴基斯坦
阿塞拜疆	巴拿马
巴林	秘鲁
白俄罗斯	菲律宾
巴西	葡萄牙
保加利亚	大韩民国
布基纳法索	摩尔多瓦共和国

第四章　消费者保护维权动态

智利	俄罗斯联邦
中国	卢旺达
哥伦比亚	沙特阿拉伯
捷克	塞尔维亚
朝鲜民主主义人民共和国	南非
刚果民主共和国	南苏丹
多米尼加共和国	西班牙
埃及	巴勒斯坦国
加蓬	苏里南
冈比亚	瑞典
德国	瑞士
危地马拉	泰国
洪都拉斯	东帝汶
匈牙利	特立尼达和多巴哥
印度尼西亚	土耳其
伊朗伊斯兰共和国	乌克兰
意大利	大不列颠及北爱尔兰联合王国
日本	美利坚合众国
肯尼亚	乌拉圭
吉尔吉斯斯坦	乌兹别克斯坦
黎巴嫩	委内瑞拉玻利瓦尔共和国
马达加斯加	越南
马拉维	赞比亚
毛里求斯	津巴布韦
摩洛哥	

2. 以下政府间组织派代表出席了会议：

　　加勒比共同体

　　商品共同基金

　　东部和南部非洲共同市场

　　欧亚经济委员会

欧洲联盟

伊斯兰合作组织

西非经济货币联盟

3. 以下专门机构和相关组织派代表出席了会议：

世界银行

世界知识产权组织

4. 以下非政府组织派代表出席了会议：

普通类

国际消费者团结和信任协会

国际消费者联会

全球贸易商会议

国际法协会

高等教育学位标准化国际网络

国际标准化组织

参考文献

1. 孙佳琦、董世军：《网络游戏对青少年价值观形成影响探析》，《湖南工业职业技术学院学报》2022年4月第22卷第2期。
2. 苏竣、孙浩：《网络游戏对青少年教育期望影响研究》，《清华大学学报（哲学社会科学版）》2022年第2期。
3. 刘森林：《"装在盒子里的人"："Z世代"盲盒消费景观及其形成机制》，《中国青年研究》2022年第2期。
4. 宋振中，王谦：《人脸识别数据处理法律问题研究》，《信息网络安全》2021年增刊。
5. 杨婕：《解析我国规制个人信息泄露问题的法律路径》，《信息通信技术与政策》2021年第9期。
6. 秦倩：《个人信息保护的权利基础探析》，《重庆大学学报（社会科学版）》2021年5月。
7. 梁正、曾雄：《大数据杀熟"的政策应对：行为定性、监管困境与治理出路》，《科技与法律（中英文）》2021年第2期。
8. 杜佳璐：《用户画像之利用及保护——以个人信息保护法制定为背景》《上海法学研究》集刊（2020年第15卷总第39卷）。
9. 《盲盒过度营销、虚假宣传遭中消协点名专家：没有知情权何谈其他权益》：央广网，2021年1月28日。
10. 《"盲盒经济"：消费热潮滋生投机隐患》：央广网，2021年2月10日。
11. 北京市消协发布互联网消费大数据"杀熟"问题调查结果。
12. 人民网"人民投诉"公布2021年消费维权数据报告。

13. 2020—2022 年北京市消费者协会投诉情况分析报告。

14. 2020—2022 年天津消协投诉情况分析报告。

15. 2020—2022 年河北省投诉举报情况分析。

16. 2020—2022 年上海市消保委投诉情况通报。

17. 2021 年浙江省消保委系统受理投诉情况分析。

18. 2021—2022 年江苏省消保委发布消费投诉和舆情热点分析。

19. 2020—2022 年安徽省消保委消费投诉分析报告。

20. 2020—2022 年广东消委会系统消费投诉分析报告。

21. 2020—2022 年深圳市消委会消费投诉分析报告。

22. 2020—2022 年四川省消委会消费投诉分析报告。

23. 2020—2022 年重庆市消保委消费投诉分析报告。

24. 2021—2022 年香港消委会投诉分析。

25. 2021 年海南省市场监督管理部门投诉举报情况综合分析。

26. 2021 年香港《2021 年食物内有害物质（修订）规例》。

27. 2021 年澳门发布《消费者权益保护法》。

后　记

本书是中国消费者权益保护法研究院组织编写的第二本年度报告，历时两年有余，是团队合作的成果，汇集了众人的智慧。

本书由中国消费者权益保护法研究院名誉院长梁慧星先生任总主编，研究院院长张严方教授任主编。邬跃、高航、杨晓军、刘广琴、陈业怀、杨淑娜、林森、刘诗钰、冯嘉俊参与撰写。

在此，感谢总主编梁慧星先生集合众人的研究能量并引领研究走向，感谢中国消费者权益保护法研究院的诸位研究员辛勤撰稿、贡献智慧。另外，司法部全面依法治国研究中心高航研究员、中国矿业大学（北京）马克思主义学院乡村振兴研究中心副主任邬跃教授、北京市消费者协会杨晓军秘书长、上海市消费者权益保护基金会秘书长，原上海市市场监督管理局二级巡视员刘广琴、广东省市场监管局产品质量安全监督管理处陈业怀处长、广东省消费者委员会杨淑娜秘书长、香港特区立法会林顺潮议员办事处办公室林森主任、辽宁省人民检察院第七检察部检察官助理刘诗钰、北京保险法研究会冯嘉俊在百忙之中为本书精选材料并撰稿；北京联合大学高楚凝、对外经济贸易大学刘明哲参与了本书的中英文校稿，对本书的编撰、出版付出了辛劳。

本书的出版得到中国社会科学院、国家市场监督管理总局、北京理工大学珠海学院民商法律学院的大力支持，还得到了中国社会科学出版社张潜编辑的鼎力帮助，另外编写过程中还参考引用了专家学者的一些研究成果，特此一并表示诚挚的谢意！

消费者权益保护是我们长期关注的议题，我们将持续开展研究。编写工作是一项繁杂的工程，尽管我们秉持严谨务实的态度，但本书难免存在不妥与疏漏之处，敬请批评指正！

张严方

2023 年 9 月